Kritik des Rassismus

Ulrike Marz

Kritik des Rassismus

Eine Einführung

Reihe
theorie.org

Schmetterling Verlag

Bibliografische Informationen der Deutschen Nationalbibliothek
Die Deutsche Nationalbibliothek verzeichnet diese Publikation in der Deutschen Nationalbibliografie; detaillierte bibliografische Daten sind im Internet über http://dnb.d-nb.de abrufbar.

Schmetterling Verlag GmbH
Libanonstr. 72A
70184 Stuttgart
www.schmetterling-verlag.de
Der Schmetterling Verlag ist Mitglied von aLiVe,
der assoziation Linker Verlage.
ISBN 3-89657-699-2
2., durchgesehene Auflage 2022
Printed in the Czech Republic

Satz und Reproduktionen: Schmetterling Verlag
Druck: EuroPB, Príbram

Inhalt

1 Einleitung: Die Enge und Weite des Rassismusbegriffes

Rassentheorien wurden bereits im 19. Jahrhundert, also parallel zu ihrer Entstehung, in Frage gestellt. Eine wirksame Diskreditierung, die zu einer Abwendung vom Rassendenken führte, setzte jedoch erst nach Ende des Nationalsozialismus ein. In kritischen Schriften wurde der Rassismus noch um die Jahrhundertwende als Rassenhass bezeichnet. Einen der frühesten Einsprüche gegen das Rassendenken formulierte W.E.B. Du Bois mit seiner Schrift *The Souls of Black Folks* (1903). Eine weitere Schrift mit dem Titel *Rasse und Kultur. Eine kritische Untersuchung der Rassentheorien* (1925) stammt von Friedrich Hertz. Nun wendet sich Hertz darin aber keineswegs gegen die Annahme der Existenz von ‹Rassen›, sondern lediglich gegen die Annahme «tiefgreifender seelischer Verschiedenheiten» (Hertz 1925: VI). Doch auch Hertz stellt schon heraus, dass das Bestreben einer Hierarchisierung «fast ausnahmelos nichts anderes als wissenschaftlich bemäntelte Äußerungen des Herrschafts- und Ausbeutungstriebes» (ebd.: VII) seien.

Der Sexualforscher Magnus Hirschfeld war der Erste, der in seinem Buch *Rassismus* (1934) den Begriff Rassismus benutzte. Hirschfelds Ziel war es, die Rassentheorien zu untersuchen (und schließlich zurückzuweisen), die den Lehren vom Rassenkrieg zugrunde liegen (vgl. Hirschfeld 1938: 35). Eine explizite Definition von Rassismus findet sich bei Hirschfeld noch nicht. Es waren US-Wissenschaftler/innen, die ab den 1930er-Jahren einer wissenschaftlichen Diskussion und Kritik des Rassismus den Weg ebneten: Ruth Benedict mit *Race and Racism* (1942), Jacques Barzun mit *Race. A Study in Modern Superstition* (1938) sowie Julian Huxley und A.C. Haddon mit *We Europeans. A Survey of ‹Racial› Problems* (1935). Allein die damals etablierte wissenschaftliche Auffassung von der Existenz von ‹Rassen› zurückzuweisen, war ein Novum.

Als Kern des Rassedenkens bestimmt Ruth Benedict in *Die Rassenfrage in Wissenschaft und Politik* (1947), dass einer ethnischen Gruppe eine von Natur aus erbliche Minderwertigkeit und einer anderen Gruppe eine von Natur aus erbliche Überlegenheit zugeschrieben wird (vgl. Benedict 1947: 132). Seither haben sich innerhalb der Rassismusforschung die Bestimmungen, dessen, was als Rassismus bezeichnet wird, mehrfach verändert. Spätere Rassismusanalysen begannen beispielsweise, die in den alten Rassismusdefinitionen vorausgesetzte Gruppenzugehörigkeit zu hinterfragen und sie als eine willkürliche Konstruktion zu bezeichnen.

Hinterfragt wurde auch, ob nur der Rekurs auf Natur als wesensbestimmendes Merkmal als rassistisch anzusehen ist oder auch ein Begriff von Kultur rassistisch ist, der diese als unveränderlich und essentiell zur Bestimmung von Gruppen konzeptualisiert. Und natürlich wurde ebenso angezweifelt, dass Rassismus immer ein ausgearbeitetes Theoriegebäude voraussetzt, wie die Rassentheorien des 19. Jahrhunderts, oder ob er nicht auch als loses Geflecht von Annahmen funktioniert. So gilt es inzwischen als Konsens in der Rassismusforschung, dass der Rassismus wandelbar ist, dass er seine Form an die jeweils historischen und sozialen Umstände anpassen kann und dass sich auch die Objekte des Rassismus entsprechend ändern können. Manuela Bojadžijev stellt heraus, dass historisch verschiedene Formen des Rassismus dadurch verbunden sind, dass jeder Rassismus «eine projektive Konzeption [ist], die soziale Differenzen, soziale Hierarchien und Herrschaftsverhältnisse affirmativ zu erklären versucht» (Bojadžijev 2012: 25).

Nicht nur innerhalb der Wissenschaft gibt es kontroverse Diskussionen darüber, was genau unter Rassismus zu verstehen ist. Auch innerhalb der Linken gibt es fortwährende Auseinandersetzungen. Denn die Bestimmung dessen, was Rassismus denn überhaupt ist, hat konkrete Konsequenzen für die politische Praxis. Aus dem begrifflichen Verständnis leiten sich nicht nur die politischen Interventionen ab, es bestimmt auch den Blick auf andere Phänomene, wie etwa Antisemitismus oder Sexismus. Unser Begriff des Rassismus berührt immer auch die Frage danach, wie wir die grundlegenden Mechanismen und Funktionsweisen des Gesellschaftlichen beschreiben. Abhängig von den theoretischen Ausgangspositionen werden rassistische Phänomene ganz unterschiedlich definiert.

In diesem Buch werden verschiedene Theorien über den Rassismus vorgestellt, die jeweils deshalb etwas anderes zum Rassismus zu sagen haben, weil sie von unterschiedlichen gesellschaftstheoretischen Voraussetzungen ausgehen. Während für die eine Theorie beispielsweise die Ökonomie das alles entscheidende Primat sein mag, prägen aus Sicht einer anderen Diskurse die Gesellschaft. Wieder andere Theorien sprechen psychologischen Zusammenhängen eine große Bedeutung zu. Und diese Unterschiede stehen immer im Zusammenhang mit verschiedenen Auffassungen zur sozialen Ordnung einer Gesellschaft.

Theorien erheben sich nicht auf dem Fundament eines Rassismusbegriffs; es sind andersherum die unserem Denken zugrundeliegenden Theorien und Axiome, die die Wahrnehmung dessen bestimmen, was wir Rassismus nennen. Das ist in der Wissenschaft nicht anders als im Alltagsbewusstsein, mit dem Unterschied, dass die wissenschaftliche Perspektive ihren theoretischen Analysestandpunkt auszuweisen hat. Je nach wissenschaftlicher Disziplin werden unterschiedliche Erklärungen zur Analyse des Rassismus bereitgestellt. Während, etwas zugespitzt formuliert, die individuumszentrierte Vorurteilsforschung Rassismus eher als individuelle Verwirrung beschreibt, erklärt die Soziologie Rassismus eher zum fundamentalen Prinzip moderner Gesellschaften. Bis in die 1960er-Jahre dominierten Ansätze der Vorurteilsforschung, der Sozialpsychologie und des Behaviorismus. Doch schon in den 1950er-Jahren hatten die soziologischen Ansätze des symbolischen Interaktionismus (peer group) an Bedeutung gewonnen, und ab Mitte der 1960er-Jahre wurden marxistische und strukturfunktionalistische Ansätze sowie Theorien sozialer Konflikte sehr einflussreich: Gesellschaftstheorie wurde so zum expliziten Rahmen der Rassismusanalysen. Seit den 1980er-Jahren wiederum sind es vor allem Theorien aus dem Spektrum postkolonialer Kritik, die ein neues Verständnis des Rassismus geprägt haben.

Ist Rassismus nur eine neben vielen Unterdrückungsformen oder ist er eine zentrale Herrschaftsform moderner Gesellschaften? «Multiple Oppression» ist ein Begriff aus der Intersektionalitätsforschung, die die amerikanische Juristin Kimberlé Crenshaw angestoßen hat. Mit diesem Begriff wird die Bündelung mehrfacher Unterdrückungs- und Diskriminierungserfahrungen von einer Person erfasst, wie sie beispielsweise von schwarzen[1]

1 *Schwarz* und *weiß* zur Beschreibung von Menschen sind allgemeine Zuschreibungen, die sozial geprägt sind. Es ist zwar evident, dass Menschen unterschiedliche Hautfarben haben, die sich aber nicht in den

Frauen erlebt wird; unterdrückt sowohl wegen ihrer Hautfarbe als auch wegen ihres Geschlechts. Das Feld möglicher Diskriminierungen lässt sich im Sinne dieser Theorie erweitern um Alter, Behinderung, Klasse, Aussehen. Diesem Verständnis nach wäre rassistische Diskriminierung aber ‹nur› eine neben weiteren Diskriminierungen.

Das Problem der Enge und Weite des Rassismusbegriffes begegnet uns auch im Zusammenhang mit der Beschreibung von zwei weithin unumstrittenen Formen des Rassismus: dem biologistisch argumentierenden und dem kulturalistisch argumentierenden Rassismus. Definitionen, die einen biologistisch argumentierenden Rassismus bestimmen wollen, betonen die Abwertung und Hierarchisierung von Menschen aufgrund biologischer Merkmale und die Ausbeutung von Menschen mit der Begründung ‹rassischer› Differenz. Dieser Rassismus kann auch als alter oder traditioneller Rassismus bezeichnet werden. Eng verbunden mit der Herausstellung bestimmter körperlicher Merkmale ist die Behauptung einer natürlichen Überlegenheit einer (konstruierten) Gruppe; meist jener, die auch die ‹Rasse›-Kriterien bestimmt hat. Im Zusammenhang mit dem Kolonialismus gelten die im 19. Jahrhundert entwickelten ‹Rasse›-Theorien – also die Theorien, die Menschen in ‹Rassen› hierarchisieren – vielfach als eine gewissermaßen nachträgliche Legitimation von Ausbeutung und Sklaverei. Das heißt, es wurde nach Begründungen gesucht, warum Sklaverei und Ausbeutung von Menschen nicht verwerflich sei; mehr noch: warum Sklaverei dem natürlichen Potential dieser Menschen entspreche. So behauptete die Rassentheorie beispielsweise, dass schwarze Menschen auf die Führung weißer Menschen angewiesen seien, weil sie von Natur aus faul und antriebslos wären. Die Sklaverei entspräche demnach ihrem natürlichen Wesen insofern, dass ihre gegebenen und fehlenden Fähigkeiten optimal genutzt würden.

Dass Legitimation überhaupt nötig wurde, lässt sich mit der Durchsetzung der bürgerlichen Gesellschaft erklären. Es

---

zwei Polen schwarz und weiß abbilden und schon gar nicht in ‹Rassen› klassifizieren lassen. Wenn ich im Folgenden (außerhalb von direkten Zitaten) diese beiden Begriffe in Bezug auf Menschen und Gruppen verwende, dann in ihrer Bedeutung als soziale und politische Kategorien sowie als soziale Positionen. Mir ist bewusst, dass die Verwendung dieser Begriffe dazu beitragen kann, die Vorstellung der Existenz von menschlichen ‹Rassen› zu verlängern.

war nun erklärungsbedürftig, wie reale Ungleichbehandlung, Abwertung und Diskriminierung von Menschen mit dem aufklärerischen Postulat von Freiheit und Gleichheit kompatibel sein konnten. So abwegig heute die Vorstellung erscheinen mag, dass sich auch Aufklärer und Humanisten dieser Zeit an der Entwicklung von Rassentheorien beteiligt haben, so wenig verwundert dieses Gebaren vor dem Hintergrund, dass das aufklärerische Postulat der ‹Gleichheit› von Anfang an nicht die Gleichheit aller bedeutet hat. Auch für Juden und Frauen war der Status als freie Gleiche lange umkämpft, und dieser Kampf wurde heftig im Rahmen des bürgerlichen Emanzipationsdiskurses geführt. Schon bald aber haben sich rassistische Begründungen von diesen in Rassentheorien ausformulierten Legitimationen gelöst. Sie sind in das Alltagsbewusstsein der Menschen übergegangen. Rassismus kann folglich auch ohne ausgearbeitete Theorien und Legitimationen funktionieren.

Mit einem engen Rassismusbegriff, der nur biologistische, an Blut und Genen orientierte Argumentation als Rassismus erfasst, werden viele andere ausgrenzende und abwertende Praxen, die oft im selben Zusammenhang auftreten, aus der Rassismustheorie ausgeklammert. Die entscheidende Frage ist folglich, ob der Begriff des Rassismus exklusiv für eine bestimmte sehr enge Bestimmung und zeitlich klar umgrenzte Ideologie[2] zu reservieren wäre, was bedeutete, für andere soziale Praxen der Diffamierung, Herabsetzung und Ausgrenzung von Menschen, die einer Gruppe zugeordnet werden, andere Begriffe zu finden. Was wäre mit einem engen Begriff und was mit einem viele Formen überspannenden Begriff des Rassismus analytisch (und politisch) gewonnen? Eine enge Bestimmung hält sich stärker an die ursprüngliche Bedeutung – die Kategorisierung, Hierarchisierung und Abwertung von Menschen auf Grundlage der Kategorie der ‹Rasse›. Der britische Rassismusforscher Robert Miles, der sich immer wieder gegen eine Inflationierung des Rassismusbegriffes ausspricht, begründet dies so: Ein «inflationärer Gebrauch [verringert] nicht nur die Erklärungskraft eines Begriffs, sondern untergräbt überhaupt die Bestimmtheit,

2 Weil der Begriff der ‹Rasse› nach 1945 diskreditiert war, müsste mit einen engen Rassismusbegriff zu der Einschätzung zu kommen sein, dass der Rassismus eine Ideologie war, die im 19. Jahrhundert entstanden ist, Anfang des 20. Jahrhunderts voll entfaltet und Ende der 1940er-Jahre so gut wie verschwunden ist (vgl. Miles 1991: 194).

mit der Aussagen gemacht werden können. […] Die Fähigkeit begriffliche Unterscheidungen zu treffen, ist nicht nur im Interesse einer theoretischen Genauigkeit notwendig, sondern auch, um potentiell erfolgreiche Interventionsstrategien formulieren zu können, mit denen sich rassistische Ideologien und Benachteiligungen, die aus den dadurch ins Werk gesetzten Ausgrenzungen erwachsen, bekämpfen lassen.» (Miles 2000: 22)

Neben dem biologistisch argumentierenden Rassismus gibt es den kulturalistisch argumentierenden Rassismus, wie er sich nach dem Nationalsozialismus in Deutschland und in vielen anderen Gesellschaften durchgesetzt hat. Der alte, biologistisch argumentierende Rassismus, dessen Theorien im Nationalsozialismus Grundlage der massenhaften Vernichtung von Menschen wurden, galt als diskreditiert. Während es vor dem Nationalsozialismus normal war, sich auf Rassentheorien und die damals als fortschrittlich angesehene Eugenik zu beziehen, die sich zum Ziel setzte, die Entwicklung von ‹Rassen› künstlich zu steuern, mochte nach dem Nationalsozialismus kaum noch jemand zugeben, dass er solchen Vorstellungen anhing. Der Begriff der ‹Rasse› konnte nun nicht mehr einfach verwandt werden; die Vorstellungen jedoch, die mit ihm verbunden waren und sind, hielten sich. Diese rassistischen Ideen brauchten gewissermaßen einen neuen Container, der fortan der Begriff ‹Kultur›, manchmal auch jener der ‹Ethnie› war. Ausgangspunkt dieses kulturalistischen Rassismus ist die Behauptung, Menschen oder Gruppen verfügten über eine so starke Prägung in kultureller Hinsicht, dass diese Prägung einem unveränderlichen Wesensmerkmal gleichkomme. Wo der biologistisch argumentierende Rassismus Menschen auf ‹rassebedingte› Eigenschaften festschreibt, interpretiert der kulturalistische Rassismus Verhalten als essentielle und unveränderliche Eigenschaften einer ‹Kultur›.

Es ist ein paradoxer Nebeneffekt eines um kulturalistische Aspekte erweiterten Rassismusbegriffes, dass er in Konflikt gerade mit jenen soziologischen Theorien geraten kann, die sich aus gesellschaftskritischer Sicht fragen, wie Individuen durch spezifische gesellschaftliche Strukturen geprägt werden. Vielen Theorien über den islamischen Antisemitismus beispielsweise wird voreilig vorgeworfen, in jenem kulturalistischen Sinne rassistisch zu sein, weil sie die ökonomischen Strukturen und sozialisatorischen Prägungen betonen, die der Übernahme antisemitischer Ressentiments zuarbeiten. Doch solch eine Analyse der determinierenden Faktoren des Sozialen auf die Individuen und ihre Weltwahrnehmungen kann durchaus den Unterschied zu einer essentialistischen Sicht auf die Bedeutung der kulturellen Prägung von Menschen deutlich machen. Erst wenn der Einfluss von ‹Kultur› auf die Individuen als statisch, unveränderlich, kollektivierend und homogenisierend sowie als einzig prägend behauptet wird, lässt sich sinnvoll der Vorwurf des Rassismus erheben. Unbestritten bleibt aber, dass sich die Argumentationen von Rassisten/innen nach dem Nationalsozialismus verändert haben und diese nun nicht mehr von ‹Rassen›, sondern von Kulturen sprechen. Jede Theorie des Rassismus mit zeitdiagnostischem Anspruch hat dies zu berücksichtigen. Und deshalb ist der Begriff des kulturalistischen Rassismus, trotz der Problematik seines inflationären Gebrauchs, unbedingt zu verteidigen.

Die Rassismusdiskussion in Deutschland wurde ganz maßgeblich von Annita Kalpaka und Nora Räthzel (1999, 2017) vorangetrieben. In Anlehnung an Robert Miles (1989) definieren sie Rassismus in einem Zweischritt, da dem Rassismus eine Rassenkonstruktion vorausgehen muss. «Bestimmte (wirkliche oder behauptete) somatische Merkmale werden als Kennzeichen einer Gruppe definiert, und diese physischen Merkmale werden mit bestimmten Verhaltensweisen, Lebensweisen [...] verknüpft. [...]. Wird eine so als ‹Rasse› konstruierte Gruppe gegenüber der eigenen als minderwertig eingestuft und führt diese Auffassung zur Ausgrenzung und Marginalisierung der Gruppe, handelt es sich um Rassismus.» (Kalpaka/Räthzel 2017: 41–43; vgl. die ähnlich lautende Definition von Rassismus bei Miles 2000: 24). Mit dieser Definition wäre nicht schon die Konstruktion von ‹Rassen› als Rassismus zu bezeichnen, sondern erst die anschließende Wertung (als minderwertig), Ausgrenzung und Marginalisierung von Gruppen. Trotz dieser analytischen Trennung sagen Kalpaka/Räthzel klar, dass Rassismus gerade die «soziale Konstruktion einer Menschengruppe als ‹Rasse› ist (Kalpaka/Räthzel 2017: 41) Vielleicht lag es an dieser Widersprüchlichkeit, dass diese Unterscheidung von Rassenkonstruktion und Rassismus innerhalb der Rassismusforschung nicht nur Zustimmung gefunden hat, denn die Wertung wird bei Rassentypologien ohnehin mitgedacht. Jedoch heben

Kalpaka/Räthzel hervor, dass Rassismus mit Macht verknüpft ist, die Ausgrenzungspraxen durch die übergeordnete Gruppe ermöglichen (vgl. ebd.: 43). Wenn Rassismus also an Herrschaft und auch an subtile Formen von Macht gekoppelt ist, dann wird Rassismus nicht nur von einzelnen Menschen praktiziert und verbreitet, sondern reproduziert sich über Alltagspraxen. Als Reproduzenten rassistischer Bilder werden in der Rassismusforschung zudem die Massenmedien untersucht, die Bilder und Vorstellungen über die so genannten ‹Rassen›, ‹Ethnien›, ‹Völker›, ‹Kulturen› oder ‹Nationen› mitverbreiten. Solche Bilder liefern Muster, die sich dann in der Deutung politischer und sozialer Konflikte konkretisieren.

Die Konstruktion von ‹Rassen› muss jedoch nicht immer in Form einer pseudo-wissenschaftlichen Theorie erfolgen. Auch der Alltag wird innerhalb der Rassismusforschung als ein wichtiger sozialer Ort der Bildung und Stabilisierung rassistischer Vorstellungen angesehen. Alltag ist der Bereich des sozialen Lebens, in dem Menschen die meisten Erfahrungen machen. Dieser soziale Bereich ist maßgeblich von Wiederholung und Gewohnheit geprägt. Am einflussreichsten hat sich in dieser Hinsicht neben der niederländischen Soziologin Philomena Essed die kritische Diskursanalyse um das Duisburger Institut für Sprach- und Sozialforschung dem Alltagsrassismus zugewandt.

In diesem Zusammenhang ist für Essed der Begriff des «common sense» von großer Bedeutung. Common sense bezeichnet soziale Vorstellungen, die Substrat von Ideologien sind. Im common sense findet sich beides: die Ablehnung des Rassismus wie auch Elemente rassistischer Ideologie. In der Regel funktioniert der rassistische common sense wie folgt: Es gibt eine moralische Ächtung des Rassismus und man ist der Überzeugung, man selbst oder die Gruppe, der man sich zugehörig fühlt, könne nicht rassistisch sein. Verdeckte Formen des Rassismus werden aufgrund eines vereinfachten Rassismusverständnisses geleugnet. Entsprechend kommt es zu einer starken Abwehr bei der Konfrontation mit dem Vorwurf des verdeckten Rassismus. Die Leugnung des Rassismus ist das Ergebnis einer sozialen Einstellung, die eine rassisch-ethnische Gesellschaftsordnung für selbstverständlich hält. Rassistische Diskriminierungen wären unter Berücksichtigung auch subtiler Formen des Rassismus alle Handlungsweisen (verbal, nonverbal), die negative oder unvorteilhafte Auswirkungen auf dominierte Gruppen haben. Handelnde sind sich dabei häufig der Konsequenzen weder bewusst, noch beabsichtigen sie diese Wirkung (vgl. Essed 1991: 18–25).

Esseds Darstellungen lassen wenig Raum für Zwischentöne. Es scheint, als seien auch aktuelle Gesellschaften noch immer in weitem Maße geprägt von einer Konfrontation von dominierender weißer Gruppe mit anderen Minderheitengruppen. Die weiße Gruppe dominiert und wird entsprechend als homogen dargestellt. Darum muss auch offenbleiben, wieso bestimmte Menschen eher zu Rassismus neigen als andere. Welchen Raum für Nichtrassismus gibt es dann noch? Als Handlungsmöglichkeiten gibt es nur noch eine Selbstkritik Weißer als schuldige Rassisten/innen. Johannes Zerger spricht ein weiteres Problem bei Esseds Überlegungen an: Wenn nach Essed alle Weißen vom Rassismus profitieren, kann dann allein Bewusstmachung des Rassismus ausreichen? Rassismus ist, wie wir bei anderen Erklärungsansätzen sehen werden, nicht auf einen intellektuellen Vorgang zu reduzieren. Dem Erkennen des Rassismus muss nicht automatisch eine Veränderung der Einstellung oder des Handelns folgen (vgl. Zerger 1997: 161f.).

Zu ähnlichen unbeabsichtigten Wirkungen von Handlungen, wie der implizite Rassismus, führt auch der institutionelle Rassismus. Der Begriff des institutionellen Rassismus wurde in den 1960er-Jahren von Stokely Carmichael und Charles V. Hamilton in ihrer Arbeit *Black Power. The Politics of Liberation in America* (1967) geprägt.[3] Mit dem Begriff des institutionellen Rassismus wurde eine Veränderung des Rassismusverständnisses zum Ausdruck gebracht. Institutionen sind konkrete Organisationen: Unternehmen, Schule, Krankenhaus, Arbeitsamt etc., aber auch größere Einheiten: z.B. die Wirtschaft und das Bildungssystem. Die grundlegende Idee ist, dass Institutionen «diskriminierende Annahmen inkorporieren und diskriminierende Konsequenzen haben» (Gomolla/Radtke 2009: 43). Rassismusforschung richtet ihren Blick auf institutionelle Praxen, die der Realität pluraler gesellschaftlicher Formationen nicht entsprechen (z.B. behördliche Formulare nur in deutscher Sprache). Ausdruck des Rassismus ist die Ungleichheit bei der Vergabe von Gütern. Diese Form des Rassismus steht allerdings durchaus nicht für

3 Häufig verbindet sich der institutionelle Rassismus auch mit einem strukturellen. Teils werden diese Begriffe auch synonym verwandt.

sich allein, sondern kann als «besonders rigide Verfestigung von alltäglichem Rassismus und z.B. Rassismus in den Medien» (Jäger/Jäger 2007: 105) angesehen werden.

Ein Problem, das auch bei Robert Miles in seiner Auseinandersetzung mit dem institutionellen Rassismus angesprochen wird, ist, dass sich oft nur indirekte Schlüsse auf die Ursache des Rassismus ziehen lassen, zum Beispiel bei erhöhter Säuglingssterblichkeit (vgl. Miles 2000: 27ff.). Der Fokus der Kritik an dieser Rassismusform liegt daher eher auf den Konsequenzen von Diskriminierung als auf dem «Wie» (vgl. Gomolla/Radtke 2009:: 43f.).[4] Rassismus formiert sich in dieser Perspektive aus informellen Mechanismen. Dadurch existiert Rassismus trotz weniger (bekennender) Rassisten und Rassistinnen fort. Die Motive von Akteuren spielen hier zunächst keine große Rolle. Rassismus ist eine strukturelle Eigenschaft des Systems, d.h. kein subjektives (an Individuen gebundenes), sondern ein objektives Phänomen.

Diese Perspektive wirft einige Fragen auf: Ist es folglich richtig, davon zu sprechen, dass der institutionelle Rassismus ein Rassismus ohne Rassisten/innen ist? Und wie lassen sich so die Akteure in Institutionen, die Rassismus produzieren, kritisieren? Das Konzept impliziert, dass Akteure einerseits «total unschuldig und total schuldig» sind. «Damit ist jeder oder jede entschuldigt, da das System schuldig ist.» (vgl. Gomolla/Radtke 2009 57) Darüber hinaus steht, wie bei Esseds Überlegungen zum Alltagsrassismus, die gesamte weiße Mehrheitsgesellschaft im Verdacht des Rassismus, da sie davon profitiert (vgl. ebd.: 57).

Dieses Buch wird sich verschiedenen Rassismuskritiken zuwenden. Bevor die verschiedenen Erklärungsansätze des Rassismus jedoch diskutiert und kritisiert werden, gilt es, über die ersten Kapitel hinweg die Grundlagen der Entstehung, Entwicklung und Transformation des Rassismus darzustellen. Zunächst geht es im zweiten Kapital darum zu zeigen, wie die Rassentheorien des 19. Jahrhunderts den Begriff der ‹Rasse› etabliert haben,

4 Hier zeigt sich schon die Schwierigkeit des Begriffs: Meist lässt sich nicht nachweisen, ob Rassismus die Grundlage für die Ungleichverteilung war. D.h., es fehlt der Nachweis, dass Ungleichheiten Resultat rassistischer Diskriminierung sind; Korrelationen belegen keine Kausalitäten.

wie er im Nationalsozialismus in Kombination mit der völkischen und eugenischen Idee eine seiner destruktivsten Ausprägungen erhielt und schließlich nach dem Ende der nationalsozialistischen Barbarei als Begriff verworfen und fast vollständig durch den der Kultur verdrängt wurde (Kapitel 3). Mit welchen Begriffen die deutsche Gesellschaft und die Wissenschaften die Gewalt und Diskriminierung gegen Menschen, die als nicht dazugehörig eingestuft werden, zu fassen sucht, ist Teil der Diskussion um die Begriffe Ethnozentrismus, Ausländerfeindlichkeit, Fremdenfeindlichkeit und rassistisches Vorurteil im vierten Kapitel. Das fünfte Kapitel befasst sich mit Überlegungen, wie das Verhältnis von Rassismus zu anderen Ausgrenzungspraktiken wie Klassismus, Sexismus und Nationalismus sowie das Verhältnis von Rassismus und dem antisemitischen Ressentiment zu beschreiben ist. Mit dem sechsten Kapitel beginnt die Diskussion der verschiedenen Erklärungsansätze von Rassismus. Zunächst werden Überlegungen vorgestellt, die ökonomischen Faktoren den Vorrang bei der Entstehung und Verbreitung des Rassismus geben. Daran schließen sich im siebten Kapitel autoritarismuskritische Erklärungen an, die Rassismus neben den ökonomischen Faktoren auch in seiner sozialpsychologischen Bedeutung erfassen wollen. Wie sich der Übergang vom Vorrang der ökonomischen hin zu diskursiven Erklärungen vollzogen hat, wird im achten Kapitel anhand zweier Theorien nachgezeichnet. Den Abschluss bilden postkoloniale Perspektiven auf den Rassismus. Hier wird dem rassistischen Subjekt noch einmal besondere Bedeutung zukommen (Kapitel 9). Im letzten Kapitel werden die zentralen Fragen der Rassismusforschung zusammengetragen.

Ein zentrales Gegensatzpaar taucht in der Diskussion um den Rassismus und seiner Kritik immer wieder auf: Partikularismus vs. Universalismus. Bei aller Unterschiedlichkeit sind die verschiedenen Erklärungen des Rassismus durch eine gemeinsame Überlegung verbunden. Diese gemeinsame Überlegung betrifft die Gewichtung, Bezugnahme oder Zurückweisung universalistischer resp. partikularistischer Annahmen. Inwieweit ist, erstens, der Rassismus selbst als universalistisch oder partikularistisch zu charakterisieren und wie sind, zweitens, antirassistische Strategien – universalistisch oder partikularistisch – auszurichten? Ich habe mich zudem gegen eine chronologische Sortierung der Ansätze entschieden. Vielmehr sollen auch ältere, längst vergessene Perspektiven auf ihre Aktualität und Bedeutung befragt werden. Natürlich kann ein Einführungsband diesen Umfangs nicht alle Theorien besprechen. Vielmehr wurden die Theorien ausgewählt, die einerseits relativ einflussreich für eine linke Rassismuskritik waren und sind, sowie solche Ansätze, in denen die zentralen Fragen und Problemstellungen einer solchen Kritik am deutlichsten hervortreten.

2 Rassenkonstruktion und Rassismus

‹Rasse› ist das, von dem Rassetheoretiker sagen, dass es ‹Rasse› ist. Oder anders gesprochen: Eine objektive Kategorie von ‹Rasse› gibt es nicht. Es ist das subjektive Ermessen der Rassentheoretiker/innen, die darüber entscheiden, welche somatischen Merkmale zum Kriterium einer Rassentypologie werden und mit entsprechenden Eigenschaften (faul, dumm, phlegmatisch oder auch intelligent, stark usw.) verbunden sein sollen. Eine Abgrenzbarkeit von Menschen in ‹Rassen› als natürlich vorkommende Gruppen wird dann als Prämisse gesetzt, nicht etwa bewiesen. Christian Geulen bringt diese Willkür genau auf den Punkt, wenn er ‹Rasse› als «willkürliche Nomenklatur»[5](2018: 23) bezeichnet, weil dieser Begriff nie eine empirische Entsprechung hatte. Allein die Vielzahl verschiedener Rassentheorien, die sich darin ähneln, dass die sogenannte ‹weiße Rasse› an der Spitze der ‹Rassen›-Hierarchie steht, deutet auf diese Willkür in der Klassifikation. So ist es auch die ‹weiße Rasse›, die Rassentheoretikern zufolge mit den besten Eigenschaften ausgestattet sei. Ganz unten in der Hierarchie wurden die seit Jahrhunderten versklavten und nach Nordamerika verschifften Afrikaner/innen platziert. Dass sich darin mehr der Wunsch nach eigener Aufwertung ausdrückt als objektiv beobachtbare Eigenschaften, liegt auf der Hand.

2.1. Rassenkonstruktion

Rassentheorien suggerieren ihrer Anhängerschaft eine weitreichende Erklärungskraft. Sie ‹erklären›, warum beispielsweise Schwarze in Armut leben: weil sie sich nicht anstrengen; warum Schwarze nicht auf höhere Schulen gehen oder studieren: weil sie dumm sind; warum sie in Sklaverei leben: weil sie der Führung bedürfen usw. Soziale Ungleichheit ist in den Augen von Rassisten und Rassistinnen das Resultat von ‹rassischem› Unvermögen und nicht von rassistischer Segregation. Rassismus

5 Nomenklatur bedeutet Benennung. Bei den Rassentheorien haben wir es demnach mit einer willkürlichen Benennung, also Festlegung, von ‹Rassen› zu tun.

macht die Auswirkungen des Sozialen – die Diskriminierung, Kleinhaltung, das Verwehren von Chancen und Teilhabe usw. – zu den Eigenschaften von Menschen. Der Rassist macht aus seinen Objekten erst das, was er denkt, dass diese ohnehin schon sind. Beide, Rassentheorie und rassistische Praxis, erklären einen sozialen Vorgang als etwas Natürliches: Sie naturalisieren das Soziale.

Es ist schwierig, klare Ursprünge des Begriffs ‹Rasse› auszumachen. Analoge Phänomene gibt es schon in der Antike (vgl. Hund 2002). Eine wesentliche Prägung erfuhr der Begriff ‹Rasse› im Spanien der Reconquista, eine historische Epoche, die auch als Rückeroberung der seit dem 8. Jahrhundert arabisch beherrschten iberischen Halbinsel bezeichnet wird. Diese Re-Katholisierung dauerte bis in das 16. Jahrhundert und war verbunden mit der Vertreibung der Muslime, aber auch der in großer Anzahl ansässigen Juden. Konversion, also der Übertritt zu einer anderen Religion, wurde zu einer Art Selbstschutz für die religiös Verfolgten. Da diese erzwungene Konversion zum Christentum dazu führte, dass viele Juden und auch Mauren heimlich an ihrem alten Glauben festhielten, wurden im Verlauf des 15. Jahrhunderts und insbesondere mit dem Ende der Reconquista ab 1492 Maßnahmen eingeführt, die Zugehörigkeit anders sicherstellen und markieren sollten. Familien hatten fortan nachzuweisen, über wie viele Generationen hinweg sie schon dem Christentum anhingen (vgl. Geulen 2018: 25). «Neben das alte christliche Konzept einer ‹Reinheit des Glaubens› trat nun die Idee einer ‹Reinheit des Blutes› als zunehmend wichtiges Zugehörigkeitskriterium. Die sich daraus ergebenden Gruppen wurden ‹Rassen› genannt.» (ebd.)

Der Begriff der ‹Rasse› verbreitete sich fortan über ganz Europa und wurde zunächst im Adelsstand benutzt, um Familien und Dynastien zu unterscheiden. Die Unterscheidung erfolgte in einem Prozess der Selbst- und Fremdzuschreibung und gewann im Absolutismus (16.–17. Jahrhundert) noch einmal an Bedeutung, als es galt, den ‹Blutsadel› vom ‹Amtsadel› zu unterscheiden. In der frühen Neuzeit (15.–18. Jahrhundert) wurde der Begriff also weniger genutzt, um Hierarchien zu setzen, sondern eher um die Unterschiedlichkeit von Gruppen auf ähnlicher Hierarchieebene zu betonen (regionale und lokale Volksgruppen, Religionsgemeinschaften, Stände) (vgl. ebd.: 25f.). Dem französischen Arzt François Bernier (1625–1688) wird zugeschrieben, 1684 als erster die Unterteilung der Erde nach Menschenrassen und nicht nur nach geografischen Regionen vorgeschlagen und damit eine wirkliche Taxonomie von Menschenrassen vorgelegt zu haben.

Erst mit dem Humanismus der Aufklärung kam es zu einem Wandel im Gebrauch des Begriffs der ‹Rasse›. Mit der Aufklärung, die Freiheit und Gleichheit für alle Menschen propagierte, wurde der ‹Rassen›-Begriff genutzt, um die fortbestehende Ungleichheit im Angesicht dieser Postulate zu legitimieren. Der ‹Rasse›-Begriff wurde zum Ideologem (vgl. Geulen 2018: 26). Doch was heißt das eigentlich, dass der ‹Rasse›-Begriff zum Ideologem wird? Ein Ideologem ist Teil einer Ideologie. Im Unterschied zum normalen Vorurteil haben Ideologien eine herrschaftssichernde- und stabilisierende Funktion. Diese besteht im Rassismus darin, Menschen beispielsweise aufgrund ihrer Herkunft oder ihrer Hautfarbe auszugrenzen, ungleich zu behandeln, um anderen Menschen, die von dieser Ideologie profitieren, bestimmte Vorteile und Statusränge zu sichern.

Auch wenn es den Rassenbegriff seit ca. 500 Jahren gibt, ist seine Bedeutung für die Ausgrenzung von Menschen eng mit den sich in der Moderne entwickelnden wissenschaftlichen Klassifikationssystemen verbunden. Die Konstruktion von ‹Rassen› ist nicht das Produkt von verirrten Einzelnen, sondern sie hat in dem sozialen Raum ihren Ausgang genommen, der als Ort der Objektivität und Wahrheit gilt: den Wissenschaften. Die Gesellschaftskritik Horkheimers und Adornos kann diese Probleme, die mit der generellen klassifizierenden Logik und der Kategorisierung von Menschen verbunden sind, verdeutlichen. Im Zentrum der Kritik steht das identifizierende Denken und der allgemeine Begriff. Begriffe klassifizieren und kategorisieren durch Abstraktion von den Gegenständen, die sie bezeichnen sollen. Allein der Fokus auf bestimmte Eigenschaften von Gegenständen ermöglicht eine generalisierende Zuordnung. Der Zwang zum Konsistenten im begrifflichen Denken, das Widersprüche tilgen will und um Subsumtion bemüht ist, stellt die «allgemeinsten Beziehungen innerhalb der Ordnung her» (Horkheimer/Adorno 1997: 100). Identifizierende Begriffe sollen Sicherheit herstellen, indem sie Beziehungen zu anderen konstruierten Begriffen aufzeigen, Gleichheiten imaginieren und somit eine Welt symbolisieren, die letztlich nur durch die Willkür ihrer Beobachter entstanden ist. Die spätestens seit der

Aufklärung einsetzende extreme Wissenschaftsgläubigkeit ist mit einem kategorialen Ordnungs- und Systematisierungsbestreben verbunden. Nicht nur alles Sachliche fällt dabei unter das naturwissenschaftliche Primat des Quantifizierens, des Entdeckens von Kausalitäten und funktionaler Zusammenhänge, auch Menschen werden Dingen gleichgemacht. Das ist die Grundlage einer Theorie über die ‹Rassen› der Menschheit.

Mit der bürgerlichen Gesellschaft breitet sich ein naturwissenschaftliches Denken aus und erzeugt in allen gesellschaftlichen Bereichen Formen technischer und sozialer Kontrolle. «Was die Menschen von der Natur lernen wollen, ist, sie anzuwenden, um sie und die Menschen vollends zu beherrschen» (ebd.). Wissen wird, Horkheimers und Adornos *Dialektik der Aufklärung* (1997 [1944]) zufolge, nicht der reinen Erkenntnis wegen angehäuft, sondern mit dem Ziel, Macht zu haben und Herrschaft auszuüben. Rassentheorien können in diesem Sinn als Beitrag zu einer Erkenntnis verstanden werden, die Basis für Macht und Herrschaft ist. Diese Wechselwirkung von rassentheoretischer Erkenntnis und Herrschaft lässt sich am Beispiel der Sklaverei demonstrieren. Der angeblich wissenschaftlich verbürgte inferiore Status der schwarzen Sklaven rechtfertigte ihre Vernutzung auf den Plantagen und in Häusern von zumeist weißen Sklavenhaltern/innen. Vor diesem Hintergrund kann das wissenschaftliche Klassifikationsstreben in die Kritik des Rassismus miteinbezogen werden, ohne dessen alleiniger Grund zu sein.

Schon 1951 stellte die UNESCO in dem *Statement on the Nature of Race and Race-Differences by Physical Anthropologists and Geneticists* fest, dass der Begriff ‹Rasse› keinerlei wissenschaftliche Qualität beanspruchen kann und daher aufgegeben werden sollte. Die genetischen Unterschiede zwischen Menschen, die rein äußerlich derselben ‹Rasse› zugeschlagen werden, seien viel größer als die zwischen angeblichen unterschiedlichen ‹Rassen›. Abgesehen von äußerlichen Unterschieden gebe es keinerlei wissenschaftliche Hinweise darauf, «that the groups of mankind differ in their innate capacity for intellectual and emotional development» (UNESCO 1951: 3). Auch der Verband deutscher Biologen kritisierte 1996 in seiner *Stellungnahme zur Rassenfrage. Vielfalt der Menschen – aber keine Rassen*, das Festhalten am Begriff ‹Rasse›: «‹Rassen› sind nicht als solche existent, sie werden durch die angewandte Sichtweise konstituiert. [...] Die Einteilung und Benennung von Unterarten und ‹Rassen› täuscht eine Exaktheit vor, die der tatsächlich gegebenen genetischen Vielfalt nicht entspricht. [...] Das zähe Festhalten vieler Menschen (darunter auch Biologen) an Rassekonzepten ist nicht wissenschaftlich, sondern sozialpsychologisch begründet.» (Unesco-Workshop 1996: 71)

Neuere Forschungen von Genetiker/innen folgen diesen Ergebnissen: zu 99,9% teilen alle Menschen die gleichen Gene (vgl. dazu etwa den italienischen Populationsgenetiker Cavalli-Sforza 1999: 203). Diese Perspektive auf den Konstruktionsgehalt von ‹Rasse› steht immer wieder zur Disposition. Erst im März 2018 hat der US-amerikanische Genetiker David Reich mit dem Artikel *How Genetic is Changing our Understanding of Race* in der *New York Times* für viel Unruhe unter Biologen/innen, Anthropologen/innen und Soziologen/innen gesorgt, als er das, was er als Orthodoxie [die Annahme des bloßen Konstruiertseins von ‹Rassen›] bezeichnet, angezweifelt hat. Lipphardt und elf andere Wissenschaftler/innen der Universität Freiburg kritisieren in der *Süddeutschen Zeitung* vom 18.3.2018 Reichs Auffassung. Dieser behaupte, dass es nicht länger möglich sei, die «genetischen Unterschiede zu ignorieren, welche mit den Gruppenbezeichnungen korrelieren, die heute im US-Zensus als ‹racial terms› (oder als ‹ethnicities›) von jedem US-Bürger als Eigenzuordnung bei behördlichen Erfassungen, Volkszählungen oder Umfragen angegeben werden» (Lipphardt u.a. 2018: 13). Reich räumt allerdings ein, dass auf eine Kausalbeziehung zwischen «genetischen Varianten und äußeren Merkmalen» nicht geschlossen werden kann. Mit anderen Worten: Das, was als ‹Rasse› im Alltagsbewusstsein existiert, sind nicht die «genetischen Rassen», von denen Reich spricht. Reicht warnt sogar vor einem Missbrauch seiner Forschung im Dienste des Rassismus. Die Freiburger Wissenschaftler/innen kritisieren, dass Reichs Forschungen dennoch dabei helfen, den Rassenbegriff in der Diskussion zu halten, weil bereits viele Kommentatoren von Reichs Studie erleichtert konstatieren, dass es ‹Rassen› doch gäbe. Und sie werfen Reich weiter vor, dass er einfach die gesamte Diskussion, um die Gefahr genetischer Forschung, die sich dem Nachweis von ‹Rassen› verschrieben hat, einfach ignoriere und sich als Tabubreaker inszeniere.

Bis heute diskutiert die medizinische Forschung die Relevanz von ‹Rasse› oder rasseähnlichen Kategorien. Diese soll den speziellen körperlichen Eigenheiten und Funktionalitäten dieser ‹Rassen› entsprechen. Medizinerinnen und Genforscher fordern, das Charakteristikum ‹Rasse› in der Medizin stärker zu berücksichtigen, um den Patienten/innen mit ihren unterschiedlichen Hautfarben besser gerecht werden zu können. Ein aktuelles Beispiel ist die Diskussion um ein Herzmedikament mit dem Namen Enalapril, das bei Patienten/innen je nach Hautfarbe unterschiedlich wirksam ist. Dass die Ursache der unterschiedlichen Wirksamkeit im Zusammenhang mit sozialen Faktoren stehen könnte, kommt nur wenigen Mediziner/innen in den Sinn (vgl. dazu auch Hutson 2016: 237ff.). Die zeitgenössische Biologie, insbesondere die Genetik, eignet sich also dazu, die Existenz von ‹Rassen› zu begründen wie auch zu bestreiten. Aus einer antirassistischen Perspektive ließe sich auf solch empirische Beweise auch mit dem Argument verzichten, dass es dem Rassisten in der Regel ohnehin nicht um die empirische Richtigkeit seines Glaubens geht. Fakten haben Menschen, die rassistisch denken, noch nie sonderlich beeindruckt. Und es ist doch diskutabel, ob man sich mit dem argumentativen Bezug auf die 99,9% genetischer Übereinstimmung nicht zu sehr auf das Denken der Genetiker/innen einlässt, statt den Konstruktions- und Ideologiecharakter von ‹Rassen› aus einer sozialwissenschaftlichen Sicht zu betonen.

Doch auch die Sozialwissenschaften gebrauchen den Begriff nach wie vor; zumeist in seiner englischen Version als ‹race›. Die Intention ist zunächst eine entgegengesetzte: Sozialwissenschaften wollen nicht einen essentialistischen Begriff von ‹Rasse› als Abbild von Natur affirmieren, sondern sie verwenden ‹race› als soziale Kategorie. ‹Race› beschreibt also die soziale Realwirksamkeit der Rassenannahmen, das Sich-Selbst-Wahrmachen des Rassismus, ohne die biologische Realexistenz von ‹Rasse› vorauszusetzen. Um diese durch Gesellschaft hergestellte Kategorie geht es den Sozialwissenschaften, wenn sie die Kategorie ‹race› beispielsweise als Dimension sozialer Ungleichheit untersuchen. Dass im Englischen ‹Rasse› weiterhin gebraucht wird, dient mitunter als Legitimation für den Gebrauch von ‹Rasse› im deutschsprachigen Raum – nicht immer mit der angelsäschsischen Betonung sozialer Konstruktion. Nicht nur deshalb ist der Gebrauch von ‹race› selbst diskussionswürdig: Soziale Probleme können unter ‹race›-Relationen subsumiert werden, wo Klasse oder Macht womöglich eher in das Zentrum der Erklärung gehören. Der Begriff ‹race› fasst zumindest im US-amerikanischen Kontext allerdings auch die selbst definierten Zuordnungen und den Kampf um soziale Gerechtigkeit – nach dem Motto: Es sind zwar Rassisten/innen, die uns zur ‹race› erst machen; aber nur über die politische Artikulation dieser gewaltsam hergestellten Gruppenförmigkeit können wir überhaupt gegen den Rassismus vorgehen. Wann und wo eine solche antirassistische Aufnahme des ‹race›-Begriffes von Betroffenen wiederum in naturalisierende und essentialistische Positivierungen kippt (und warum das problematisch ist), das wird in den jüngeren Debatten um ‹Identitätspolitik› kontrovers diskutiert.

Solche Ambivalenzen kehren auch in rechtlichen Kontexten wieder. So findet sich der Begriff der ‹Rasse› nach wie vor gerade in jenen deutschen Gesetzen, die einen Diskriminierungsschutz oder ein Diskriminierungsverbot formulieren. «Niemand darf wegen seines Geschlechtes, seiner Abstammung, seiner Rasse, seiner Sprache, seiner Heimat und Herkunft, seines Glaubens, seiner religiösen oder politischen Anschauungen benachteiligt oder bevorzugt werden. Niemand darf wegen seiner Behinderung benachteiligt werden.» (GG, Art. 3, Abs. 3) In einigen Landesverfassungen, z.B. in Brandenburg, Mecklenburg-Vorpommern und Thüringen, wurden rassifizierende Begriffe bereits entfernt. In dem Positionspapier der *Initiative Schwarze Menschen in Deutschland* (ISD) vom 2.3.2015 wird die Verwendung des ‹Rasse›-Begriffs in deutschen Gesetzen ebenfalls zum Thema der Kritik. Darin fordern sie die Gesetzgeber/innen in «Bund und Ländern zur Streichung des Begriffs ‹Rasse› aus dem Grundgesetz, den Landesverfassungen und allen Gesetzestexten auf» (ISD 2015: 1).

2.2 Moderne ‹wissenschaftliche› Rassentheorien

In den vorangehenden Ausführungen kam bereits mehrmals zur Sprache, dass das rassentheoretische Denken keineswegs das Denken von verirrten oder politisch extrem rechts denkenden Menschen (gewesen) ist. Im 19. Jahrhundert war die Annahme von ‹Rassen› Teil eines gesellschaftlichen und wissenschaftlichen Mainstreams, an dem sich Philosophen, Humanmediziner, Biologen, Anthropologen, Demographen, Psychologen, Pädagogen, Sozialpolitik und schließlich ein Großteil der europäischen Bevölkerungen beteiligten (vgl. dazu Rürup 2004: 100).

Neben bekannten Rassisten und Antisemiten wie Joseph Arthur de Gobineau (1816–1882), Houston Stewart Chamberlain (1855–1927) oder Hans Friedrich Karl Günther (1891–1961) war die Annahme, dass es Menschenrassen gab, die die Wissenschaft klassifizieren kann, der Stand des wissenschaftlichen Denkens im 19. und frühen 20. Jahrhundert. Wir müssen hier nicht im Einzelnen die genauen Typologien der Rassenlehren nachvollziehen. Im Kern folgen sie stets der gleichen Logik, die sich schon in Hertz' Einschätzung ausdrückt: An der Spitze steht die so genannte ‹weiße Rasse›, gefolgt von verschiedenen in ihrer Minderwertigkeit hierarchisierten anderen ‹Rassen›. Ob dies nun drei (Günther, Gobineau), vier (Carl von Linné), fünf (Otto Ammon) oder sonst wie viele ‹Rassen› sind, variiert von Rassentheoretiker zu Rassentheoretiker und zeigt bereits die Willkür solcher Klassifikationen an. Für den Naturforscher Carl von Linné, der für Wulf D. Hund als einer der «maßgeblichen Konstrukteure der Menschenrassen» gilt, ist die Hautfarbe von Menschen die Grundlage einer von Natur aus bestehenden Gruppeneinteilung (vgl. Hund 2017: 84).

Um Menschen in ‹Rassen› zu klassifizieren, verwendete der wissenschaftliche Rassismus des 19. Jahrhunderts Haut- und Augenfarbentafeln, Haarfarbenmuster, Augenprothesen aus Glas, Gesichtsbilder-Tafeln, Modelle von Schädeln und sogar Abformungen von Köpfen und ganzen Körpern sowie präparierte Gehirne usw. Verschiedenste Apparaturen und Werkzeuge zur Vermessung des menschlichen Körpers sind in dieser Zeit entstanden. Bilder, Graphiken, Statistiken fokussierten auf Unterschiede, qualitative Andersartigkeiten und Differenzen, um durch Zählung und Vermessung wissenschaftlich zu beweisen, dass es unterschiedliche menschliche ‹Rassen› gibt. Normgebender Fixpunkt für die Disqualifizierung anderer ‹Rassen› war der ‹arische Herrenmensch›.

Nicht nur in den Naturwissenschaften war die Hierarchie von Menschenrassen wichtig. Auch die Philosophen – ob Immanuel Kant (1724–1804), Georg Friedrich Wilhelm Hegel (1770–1831), Johann Gottlieb Fichte (1762–1814) – glaubten an eine Hierarchie von Menschenrassen. Immanuel Kant sieht die «Menschheit in ihrer größten Vollkommenheit in der Race der Weißen. Die gelben Indianer haben schon ein geringeres Talent. Die Neger sind weit tiefer, und am tiefsten steht ein Teil der amerikanischen Völkerschaften.» (Kant 1923 [1802]: 316) Für Hegel ist «nichts an das Menschliche Anklingende in diesem Charakter [der Schwarzen, U.M.] zu finden» (Hegel 1989 [1830/31]: 122). Auf Fichte haben sich zahlreiche Ideologen des Nationalsozialismus, wie Alfred Rosenberg, aufgrund seines ausgeprägten Antisemitismus berufen. Auch und gerade ein Denken, das auf Differenziertheit, skeptische Selbstreflexion, Überprüfbarkeit, auf Argumentation statt bloße Autorität, Freiheit durch Aufklärung statt bloße Naturhörigkeit setzen wollte, erwies sich als anfällig für Rassismen. Es scheint fast, als wollten die Philosophen die eigenen Emanzipationskräfte (ohne die bis heute keine aufklärerische Kritik auskommt) an anderer Stelle wieder einhegen. Und diese Verstrickung bleibt ein Problem für aufklärerische Rassismuskritik bis heute. Die wenigen Stimmen, die sich gegen die zeitgenössischen Rassentheorien wandten, wurden kaum gehört und waren, wie Hund zeigt, weitestgehend inkonsequent. Wie etwa Johann Gottfried Herder (1744–1803) wiesen sie zwar die Idee der Rassifizierung von Menschen nach Hautfarbe zurück, ergingen sich aber dennoch in pauschalen und abwertenden Urteilen über Chinesen, Türken, Juden usw. und lobten die europäische Überlegenheit (vgl. Hund 2017: 88f.).

Zu dem Ziel, das aufklärerische Gleichheitspostulat einzugrenzen und die Menschen davon auszuschließen, die weiterhin ausgebeutet und vernutzt werden sollten, gesellte sich ein weiterer Antrieb, der als Zivilisierungsauftrag bezeichnet werden kann. Einen Eindruck dieses rassistisch motivierten Zivilisierungsgedankens liefert eine von Franz Giesebrecht herausgegebene Beitragssammlung aus dem Jahr 1898 zu der Frage, wie die ‹Eingeborenen› in den deutschen Kolonien behandelt werden sollten. Der Erziehungsgedanke kommt in dem Beitrag von Missions-Superintendent Merensky, eingesetzt als Missionar in Südafrika, ganz besonders deutlich zum Ausdruck. «Guter Wille, dem fremden Volke gerecht zu werden, muss aber bei jedem Weissen vorhanden sein, der mit Afrikanern leben und arbeiten will. Immer wird der Umgang mit ihnen mühsam bleiben, denn erziehen ist nicht leichte Arbeit, und der Afrikaner als einzelner, wie die afrikanische Völkerwelt im grossen und ganzen, bedarf nicht nur der Zucht, sondern der Erziehung.» (Merensky 1898: 60) Auch Giesebrecht gibt sich als Humanist, wenn er verkündet, dass «es der angestrengten kolonisatorischen Thätigkeit unserer Kulturträger gelingen wird, die Eingeborenen auf möglichst friedlichem Wege für die Zivilisation zu gewinnen» (Giesebrecht 1898: 12), statt sie auszurotten. In fast allen Beiträgen kommt klar zum Ausdruck, dass diese Erziehungspläne, um die freilich niemand gebeten hatte, stets auch mit dem nach der Aufhebung der Sklaverei entstandenen Problem zusammenhingen, wie die einheimische Bevölkerung zur Arbeit für die Kolonialisten überhaupt noch zu bewegen wäre. Insofern löst der Erziehungsgedanke die Ausbeutungspraxis nicht einfach ab, sondern sucht sie situativ angemessen fortzusetzen und zu legitimieren.

2.3 Volk und ‹Rasse› im Nationalsozialismus

Während des Nationalsozialismus wurde der Mythos vom ‹arischen Herrenmenschen› gleichsam zum Ideal einer ‹innerarischen Reinigung›. Durch Sterilisation und Ermordung von Menschen, die als degeneriert und damit gefährlich für das Phantasma der reinen ‹Rasse› eingestuft wurden, sollte diesem Ideal genügt werden. Eine wichtige Grundlage dieser Entwicklung war das völkische Denken, das die Grundlage für die Vernichtungspolitik des Nationalsozialismus gelegt hat.

Die völkische Bewegung ist eine politische Strömung, die Ende des 19. Jahrhunderts entstand und spätestens mit der Machtübernahme der Nationalsozialisten in den 1930er-Jahren Fixpunkt der Politik und des Alltags wurde. Die Historiker Uwe Puschner u.a. nennen den Ausdruck völkisch im *Handbuch zur «Völkischen Bewegung»* (1996) einen Sammelbegriff für die nationalistisch-antisemitische Rechte in Deutschland (vgl. Puschner u.a. 1996). Sie gehört untrennbar zur Vorgeschichte des Nationalsozialismus (Puschner/Vollnhals 2012: 14). Typisch für das völkische Denken war von Anfang an die Gleichsetzung von Kultur und ‹Rasse›. Das völkische Denken war eine direkte Folge der Romantik des 19. Jahrhunderts, wie George L. Mosse darlegt. Völkische Bewegung und Romantik teilen sich die Tendenz zum Irrationalen und Emotionalen als Gegenbewegung zum Rationalismus der Aufklärung.

Das Volk wurde zum ideellen Rettungsanker in Zeiten sozialer Umbrüche, hervorgerufen durch Urbanisierung, Industrialisierung und die sogenannten Freiheitskriege gegen Napoleon. Insbesondere Johann Gottlieb Fichte, Ernst Moritz Arndt oder Friedrich Ludwig Jahn kleideten ihr Denken über das Volk im Rahmen des Kampfes gegen Napoleon in heroische Vorstellungen. Dem völkischen Denken nach gilt das Volk als mit der Natur verbunden. Natur ist dabei aber nicht universell zu verstehen, sondern lediglich als Landschaft – als Heimat (Berge, Täler, Bäume, Felder, Dörfer) – mit der die Völkischen vertraut sind (vgl. Mosse 1979: 21–23). Auch Wolfgang Emmerich weist in seiner *Kritik der Volkstumsideologie* (1971) darauf hin, wie im Gefolge des deutsch-französischen Krieges der Volksbegriff für die Idee der Nation verwandt wurde (Emmerich 1971: 40f.). Das Volkstum, so Emmerich, habe sich zwischen 1770 und 1830 zum «stabilen ideologischen Syndrom» entwickelt. «Volkstum als metaphysisch-idealistische Personifizierung, die anders nicht mehr erfüllbare religiöse Bedürfnisse auffängt und säkularisiert; Volkstum als bestehende Herrschafts- und Produktionsverhältnisse verschleiernde Integrationsideologie, die gerade aufgrund ihrer psychisch regressiven, atavistischen Tendenzen aktivistisch eingesetzt werden kann; Volkstum als biologischer Organismus, der das geschichtliche Wesen des Menschen auf die Stufe der Natur zurücknimmt. Hier konnte später die Rasseideologie ansetzen.» (Emmerich 1971: 49)

Entscheidend ist im völkischen Denken zudem der Begriff der Verwurzelung. Dieser beschreibt im völkischen Denken die Verbundenheit von Mensch und Landschaft und erklärt, warum ‹Fremde› nicht zum Volk dazugehören können. Jemand, der nicht in dem angestammten Lebensraum lebt, ist nach diesem Denken entwurzelt und hat seine Lebenskraft verloren (vgl. Mosse 1979: 24). Volk gilt als historische Einheit, die sich von einer entfernten Vergangenheit bis heute organisch entwickelt hat. Charakteristisch für das völkische Denken ist darum stets der Blick zurück in eine idealisierte Vergangenheit, die als unverdorben und echt gilt. Das völkische Denken entstand als eine Ideologie, «die Fortschritt und Modernisierung entgegenstand, die das Europa des 19. Jahrhunderts verändert hatten» (ebd.: 25).

Während der Romantik wurden die inneren, ererbten Werte der Menschen betont. Das Äußere sei lediglich die Widerspiegelung des Inneren, weshalb es als opportun galt, Rückschlüsse von äußeren Unterschieden auf innere Eigenschaften zu ziehen. Wir finden in diesen Rassenlehren die Idee von der Lebenskraft wieder, die nun besagt, dass «geographisch bestimmte Rassenmerkmale von einer ‹inneren Lebenskraft› begleitet wurden» (Mosse 1979: 99). Menschen eines bestimmten geographischen Raums hätten einen für sie spezifischen Volkscharakter. Für das völkische Denken wurde insbesondere die Vorstellung des französischen Diplomaten Joseph Arthur Comte de Gobineau bedeutsam. Dieser behauptete, die ‹Arier›, die aus dem jetzigen Indien stammen würden, seien die reinste aller ‹Rassen›. Diese Reinheit, die Lebenskraft[6], werde zunehmend durch ‹Degeneration› und Vermischung zerstört (vgl. ebd.: 101f.).

Die Breitenwirkung der völkischen Bewegung war bis 1918 nicht sonderlich groß. Erst nach dem Ersten Weltkrieg erfuhr sie einen deutlichen Aufschwung durch ihre wachsende Anhängerschaft unter Studenten, Intellektuellen und Angestellten (vgl. ebd.: 104–109). Die einst elitären Vorstellungen der Völkischen wurden erst mit dem Aufstieg der Nationalsozialisten aufgegeben. Sowohl die Nationalsozialisten als auch die völkische Bewegung wiesen jene Aspekte des sozialdarwinistischen Denkens zurück, die mit Darwin das Prinzip der Evolution betonten.[7] Die Idee, dass alle ‹Rassen› primitiv begonnen hätten

6 Jedes Volk verfüge nach Gobineau über eine Lebenskraft, deren Zustand dann als gut erhalten gilt, wenn es sich nicht mit anderen ‹vermischt› hat. Diese Lebenskraft scheint eine eigenartige Verkopplung von Blut und Wesen, Natur und Kultur zu sein.

7 Darwins Evolutionstheorie beschreibt die selbstläufige Weiterentwicklung des Lebens durch Mutation und natürliche Auslese als fortschreitende Anpassung an die Umweltbedingungen. Der Sozialdarwinismus wendet diese Überlegung auf den Menschen an: Nur diejenigen wer-

und sich dann weiterentwickeln, stand nämlich der Vorstellung von der ‹deutschen Rasse› als Ausdruck absoluter Vollkommenheit entgegen (vgl. ebd.: 115).

Das vor allem völkische und schließlich nationalsozialistische Rassendenken führte so zu ‹rassenhygienischen› Bestrebungen, d.h. Bestrebungen, durch Ausrottung und Zucht dem Ideal einer reinen ‹arischen Rasse› näherzukommen. Diesen Unternehmungen lag der Glaube zugrunde, dass es eine reale biologische Gefährdung des ‹deutschen Volkes› gebe. In der täglichen Lebensführung wurde der Begriff des «rassischen Pflichtgefühl[s]» (Haug 1987: 62) wichtig, der sich nicht nur auf Fortpflanzung bezog, sondern auch auf sportliche Ertüchtigung, eine naturgemäße Lebensweise, Ernährung sowie den Konsum von Alkohol und Nikotin. Das allein reichte aber nicht aus, um dem völkischen Denken der ‹Rassenreinheit› zu entsprechen: Es bedurfte einer «planmäßigen Züchtungspolitik», wie Puschner schreibt (vgl. Puschner 2001: 174), als Maßnahme gegen die Gobineausche Diagnose vom notwendigen ‹Rassenverfall› durch Vermischung der ‹Rassen›.

Im Deutschen Reich etablierten sich sozialdarwinistisches Denken und Eugenik an den Universitäten. Die Vorstellung einer notwendigen Reinheit und Gesundheit des Volkes breitete sich aber nicht nur in den Wissenschaften, sondern auch im Alltagsleben der Menschen aus. Der ‹rassische› Reinheitsgedanke wurde angetrieben von der Vorstellung eines Kampfes der ‹Rassen›. Dieser Kampf wurde gemäß der darwinistischen Idee «survival of the fittest» täglich (auch in den Betten der Menschen) geführt. Daher musste sich die völkische ‹Rassenhygiene› ganz und gar auf die Familie konzentrieren. In der Diskussion waren, wie Puschner angibt, neben Steuerbegünstigungen für besonders kinderreiche deutsche Familien und der Besteuerung von Junggesellen auch ein Verbot von Verhütungsmitteln als «Volksvernichtungsmittel» (Puschner 2001: 174). Verschiedene Vereine widmeten sich der Ahnenpflege, um den ‹Reinheitsgrad› zu dokumentieren. Michel Foucault hat für solche Maßnahmen

---

den sich in einer Gesellschaft durchsetzen, die am stärksten sind. Das sozialdarwinistische Denken ist aktivistisch, insofern es ein Eingreifen des Menschen fordert, damit er zu den Überlebenden bzw. den Stärksten zählt. Für den Sozialdarwinismus spielen daher Überlegungen zur aktiven Auslese, insbesondere im Hinblick auf das Erbgut eine wichtige Rolle.

den Begriff der Bio-Macht/Bio-Politik entwickelt. Er bezeichnet solche Maßnahmen als Machttechniken des Staates, die auf die Bevölkerung gerichtet sind (vgl. ebd.).

Auf dem Höhepunkt der Eugenik im Nationalsozialismus wurde mit den Nürnberger Gesetzen (1935) die Forderung nach der ‹Reinheit der Rasse› zum Gesetz: Der Geschlechtsverkehr war zunächst zwischen Juden und Nicht-Juden strafbar. Ein Zusatz der Ersten Verordnung zum «Gesetz zum Schutze des deutschen Blutes und der deutschen Ehre» vom 14. November 1935 ergänzte: «Eine Ehe soll ferner nicht geschlossen werden, wenn aus ihr eine die Reinerhaltung des deutschen Blutes gefährdende Nachkommenschaft zu erwarten ist.» Wer diese gefährdende Nachkommenschaft hervorbringt, wurde am 26. November 1935 in einem Rundschreiben vom Innenministerium konkretisiert: «Zigeuner, Neger und ihre Bastarde» (Herrsching 1989: 246, zit. nach Friedländer 1998: 170), also Menschen, die als fremd- oder ‹minderrassig› galten. Wenn weiter oben noch herausgestellt wurde, dass ‹Rasse› zum nachträglichen ideologischen Konzept für die Ungleichbehandlung wurde, so sind Maßnahmen, die auf Auslese, Zucht und Reinheit der ‹Rassen› zielen, auf die Zukunft gerichtete politische Maßnahmen. Die politisch-aktivistische ‹Rassenhygiene› der Nationalsozialisten[8] ging insofern weit über die Evolutionstheorien (nicht nur eines Charles Darwin) hinaus.

Und wie so oft, wenn Rassisten sprechen, stellen sie selbst die brutalsten Konsequenzen des ‹rassehygienischen› Denkens noch als Maßnahmen zur Befriedung der Welt dar: «Nach dem Willen des Führers sind die Nürnberger Gesetze gerade nicht Maßnahmen, die den Rassenhaß züchten und verewigen sollen, sondern solche, die den Beginn einer Befriedung der Beziehungen des deutschen und des jüdischen Volkes bedeuten.» (Lösener/Knost 1936, zit. nach Friedländer 1998: 169) Dieser zynische Gedanke – dass die strenge Segregation von Menschengruppen der Schlüssel für eine friedliche Welt und damit im Kern eine antirassistische Aktion sei – finden wir noch heute in dem ethnopluralistischen Konzept der Neuen Rechten.

Es war vor allem die propagandistische Verbreitung während des Nationalsozialismus, die das völkische Denken und die da-

8 Geulen weist darauf hin, dass bereits Anfang des 20. Jahrhunderts viele Staaten die «Zwangssterilisation behinderter oder als asozial deklarierter Menschen […] in die Praxis um[setzten]» (Geulen 2018: 29).

ran ideologisch anschließende Eugenik so wirkmächtig machten. Der Begriff der Eugenik stammt von Charles Darwins Cousin Francis Gaulton, der ihn erstmals 1863 verwendete. Eugenik war wie die Rassentheorien nicht frei von Interessen. Ihr ideologischer Gehalt zeigt sich, wenn wir uns die Grundgedanken der Eugenik anschauen. Die Vorstellung, eine ‹Rasse› zu züchten, geht noch über den ‹Bestandschutz› («rassische Reinheit») der ‹weißen Rasse› hinaus. In der Eugenik soll veredelt und erhalten werden, was die ‹weiße bzw. arische Rasse› in ihrer reinen Form ausmacht. Die Eugenik diente insbesondere im Nationalsozialismus dazu, auch Menschen zu töten oder zu sterilisieren, deren Erbgut aufgrund von psychischen und physischen Krankheiten als minderwertig eingestuft wurde. So kam es im Rahmen der «Aktion T4» zur Tötung von Menschen aufgrund von Krankheiten und Behinderungen. Ziel der Tötung oder Sterilisierung war es, diese Menschen davon abzuhalten, sich fortzupflanzen und damit das defekte Erbgut weiterzugeben. Aktive Eugenik und Rassenhygiene sind heute diskreditiert, aber in bevölkerungspolitischen Strategien finden sich durchaus noch völkische Elemente.

So zielen familienpolitische Forderungen der AfD auf den Erhalt des ‹deutschen Volkes›, das diese durch geburtenstarke Migranten bedroht wähnt. Sie plant zahlreiche Subventionen von (deutschen) Familien mit Kindern und stellt Zuwanderung als ein Problem dar, das «demografische Fehlentwicklungen in Deutschland» nicht lösen, sondern verschärfen wird (vgl. (AfD Grundsatzprogramm 2016: 41). «Vielmehr muss mittels einer aktivierenden Familienpolitik eine höhere Geburtenrate der einheimischen Bevölkerung als mittel- und langfristig einzig tragfähige Lösung erreicht werden.» (ebd.) Die Voraussetzung und Folge dieser Sozialpolitik ist eine Aufspaltung der Gesellschaft in Erwünschte und Unerwünschte, in Nützliche und Unnützliche, schließlich in Deutsche und Zugewanderte. Soziale Leistungen werden nur «einer klar definierten und begrenzten Gemeinschaft» (AfD Wahlprogramm 2017: 56), man muss wohl ergänzen, einer national und völkisch bestimmten Gemeinschaft, zugestanden.

Auch Thilo Sarrazin greift in dem heftig kritisierten Buch *Deutschland schafft sich ab* (2010) die alte eugenische Idee von der Bedrohung des einen (deutschen) Bevölkerungsanteils durch die unverhältnismäßig stärkere Vermehrung eines anderen (muslimischen, arabischen) Bevölkerungsanteils auf. Er behauptet, dass Muslime weniger intelligent seien als Deutsche und geht davon aus, dass Intelligenz vererbt werde. In Sarrazins Buch spiegelt sich «das Denken in den Kategorien eines fixen ‹Pools› von Eigenschaften beziehungsweise später dann von Genen» (Weingart 2012: 24). Dem müsse der Staat mit gezielten familien-, bildungs- und sozialpolitischen Maßnahmen entgegenarbeiten, d.h. konkret: Der Staat übernimmt durch Sonderförderung und Ganztagsbetreuung in weiten Teilen die Erziehungsaufgaben der Eltern, denen ein schädlicher Einfluss unterstellt wird (vgl. Weiß 2011: 115)[9]. Sarrazin sieht nicht nur den deutschen Genpool in Gefahr, sondern vertritt auch eine elitäre Leistungsideologie, die nur deshalb von vielen seiner – selbst in prekären Lagen lebenden – Anhänger/innen bejubelt wird, weil sie sich gegen Migranten/innen richtet (ebd.).

9 Weiß arbeitet hier anschaulich heraus, wie quer Sarrazin mit seinen Ansichten, zu denen von vielen seiner rechten und rechtskonservativen Anhänger/innen steht und wie er dennoch Zuspruch für seine staatsinterventionistischen Vorschläge erntet, weil er vor allem über Muslime und Araber schreibt und so rassistische Ressentiments bespielt.

3 Die Wiederkehr der Essenz im Begriff der Kultur

Bereits in der Einleitung wurde dargelegt, dass neuere Formen des Rassismus sich kaum noch auf Blut und Gene als den Menschen prägende Kategorien beziehen, sondern der Kultur eine zunehmende Bedeutung gegeben haben. Daher versucht der sogenannte Neo-Rassismus auch den Begriff der ‹Rasse› zu vermeiden und stattdessen den der ‹Kultur› und der ‹Ethnie› zu verwenden.

3.1 Die Neue Rechte und der Ethnopluralismus

Im vorherigen Abschnitt wurde bereits der Ethnopluralismus als ein wichtiges Ideologiefragment des Neo-Rassismus erwähnt. Ethnopluralismus ist eine innerhalb der Neuen Rechten gebrauchte entbiologisierte, anti-egalitäre Gesellschaftskonzeption, die maßgeblich von Henning Eichberg und Alain de Benoist geprägt wurde. Bei Henning Eichberg ist Ethnopluralismus ein Gegenbegriff zum Ethnozentrismus (vgl. Eichberg 2007). Insbesondere an der Figur Henning Eichbergs, der vom klassischen extrem Rechten – seinem Verständnis nach – zum radikalen Linken wurde, lässt sich ein weiterer wichtiger Aspekt des Ethnopluralismus aufzeigen: der Querfrontgedanke, um dem es bereits Alain de Benoist von der Novelle Droite gegangen ist. Ethnopluralismus verbindet in mancher Hinsicht Denkfiguren der radikalen Rechten mit Denkfiguren – mancher – radikaler Linker.

Doch zuvor soll skizzenhaft dargelegt werden, was die Neue Rechte ist. Die Neue Rechte kann als direkte Reaktion auf die Diskreditierung der Alten Rechte mit ihren Ideologemen wie ‹Rasse›, Reinheit, Eugenik, Überlegenheit etc. gesehen werden. Als Phänomen des post-nationalsozialistischen Deutschland war sie seit den 1970er-Jahren organisatorisch und inhaltlich mit der Novelle Droite aus Frankreich verbunden, von der sie wichtige ideologische Impulse erhielt. Sie ist bis heute bemüht, sich gegen die Alte Rechte abzugrenzen. Zeitlich erfolgt die Abgrenzung insofern, als dass sie sich nicht in Kontinuität mit den nationalsozialistischen Inhalten stellt und ihre Ursprünge erst danach datiert wissen will. Inhaltlich grenzt sie sich vor allem durch eine Intellektualisierung rechter Inhalte ab. Beispielhaft kann hier die Gründung des Studienzentrums Weikersheim als rechts-konservativer Thinktank im Jahr 1979 genannt werden. Es folgte ein weiteres intellektuelles Zentrum mit dem Institut für Staatspolitik (IfS) in Schnellroda durch Götz Kubitschek, Karlheinz Weißmann u.a. Zentral für die Neue Rechte war schon bald die Übernahme des Hegemoniekonzeptes des marxistischen Philosophen Antonio Gramsci (1891–1937). Dieses Konzept wurde um seine emanzipatorischen Kontexte gekürzt und zu einem rein methodischen Werkzeug degradiert. Es geht der Neuen Rechten vor allem darum, eine kulturelle Hegemonie zu erlangen, um rechte Inhalte gesellschaftlich akzeptabel oder gar dominierend werden zu lassen. Dieser Hegemoniegewinn wird mit dem Begriff einer «Kulturrevolution von rechts» beschrieben, so auch der gleichnamige Titel eines Buches von Alain de Benoist. Bestimmte Bilder und Begriffe sollen neu besetzt werden, rechte Personen sollen in Führungspositionen gelangen, um von dort aus Einfluss auf die Gesellschaft auszuüben. Zu den Themen der Neuen Rechte gehören erstens die nationale Identität, die von der NS-Vergangenheit emanzipiert werden soll, hin zur selbstbewussten Nation. Das schließt fast notwendig sekundär-antisemitische Argumentationen[10] ein. Ein zweites wichtiges Thema ist eben der Ethnoplu-

10 Im sekundären Antisemitismus wird der Antisemitismus trotz und nach Auschwitz zum Antisemitismus *wegen* Auschwitz: Juden gelten dann, weil sie qua Existenz an deutsche Verbrechen erinnern, per se als Störer der ersehnten Identifizierung mit der Nation. Der sekundäre Antisemitismus wird sichtbar durchaus auch als Fortleben altbekannter Stereotype vom Juden. Er speist sich aus der Weigerung, sich mit der nationalsozialistischen Vergangenheit zu befassen und die damalige weite Verbreitung des antisemitischen Ressentiments anzuerkennen. (In diesem Punkt der Leugnung ähneln sich Rassismuskritiken wie die von Essed und Bestimmungen des sekundären Antisemitismus auf einer formalen Ebene.) Zudem umfasst diese Form des Antisemitismus die Verleugnung heutiger Formen des Antisemitismus in den NS-Nachfolgestaaten sowie die Externalisierung des antisemitischen Problems an andere Gesellschaften/Gruppen mit dem Ziel, die eigene Verstricktheit zu leugnen (vgl. dazu Stender 2011; Rensmann 1998).

ralismus, der Individuen als organisch zu einer Kultur gehörig erachtet, ein drittes ist der Anti-Universalismus, der mit einem ausgesprochenen Kulturrelativismus einhergeht und die Notwendigkeit der räumlichen Separierung verschiedener Kulturen und Völker betont.

Damit vollzieht die Neue Rechte auf verschiedenen Gebieten den Wechsel von der Natur (Rasse, Vererbung) zur Kultur, vom expliziten Hierarchiedenken (Minderwertigkeit) zum Werte- und Kulturrelativismus (Differenz) und vom räumlichen Expansionsdrang (Imperialismus, Kolonialismus) zum regionalen Territorialismus. Das sind die Gründe, warum die Neue Rechte das Label ‹rechts› bisweilen sogar gerne zurückweist oder sogar, wie im Falle Henning Eichbergs und seines Konzepts des nationalen Sozialismus, sich als ‹links› bezeichnet. Gerade deren eigene Abgrenzung zum Nationalsozialismus verschafft ihnen politischen Spielraum und kann als ein wichtiger Grund für die zunehmende Akzeptanz rechter Politikinhalte und Gesellschaftsvorstellungen in den letzten Jahrzehnten gesehen werden (zum intellektuellen Selbstverständnis der Neuen Rechten v.a. Weiß 2011, 2017; Assheuer/Sarkowicz 1992).

Dass die Neue Rechte neben der Identität zunehmend auch die soziale Frage für sich als wichtiges Mobilisierungsthema entdeckt, zeigen neu-rechte Autoren wie Benedikt Kaiser. Er arbeitet als Lektor für Götz Kubitscheks Antaios Verlag und schreibt für die Zeitschrift Sezession, die von Kubitscheks Institut für Staatspolitik herausgegeben wird. Dessen Antikapitalismus ist dabei keineswegs so klar antisemitisch wie völkische Vorstellungen vom ‹raffenden Kapital› (die jüdisch dominierte Finanzsphäre) und vom ‹schaffenden Kapital› (deutsche Handwerker) es waren. Vielmehr geht er aus von einem Gegensatz zwischen Kapitalismus und einem ethnisch existierenden Volk, das von eben jenem Kapitalismus bedroht wird. Auffällig ist, dass Kaiser viele linke Schlagworte wie «Neoliberalismus» und «multinationale Konzerne» aufgreift. Dennoch bleibt seine Theoriebildung mit ihrer zentralen Bezugsgröße des ethnischen und homogenen Volks rechts. Trotz seiner linken Anklänge erstrebt Kaiser keine ‹Querfront› mit Linken – denn der fehle die Vorstellung vom Volk und zudem sei die Rechte selbst in der Lage, eigene Inhalte durchzusetzen (vgl. Gebhardt 2017).

Das ethnopluralistische Denken kritisiert am liberalen Kapitalismus dessen Gleichgültigkeit gegenüber der Herkunft seiner Arbeitskräfte. Dem setzt die rechte Kapitalismuskritik Kaisers ein «Europa der Regionen» gegenüber. In der Zeitschrift *der rechte rand* schreibt Richard Gebhardt dazu weiter: «Dieser ‹Antikapitalismus› erstreckt sich in der ideologischen Agitation gegen die Konsequenzen eines ‹farbenblinden› Liberalkapitalismus. Gegen dessen Forderung nach Diversity läuft die alte und die neue Rechte Sturm. Dem transnationalen High-Tech-Kapitalismus wird auch bei Kaiser vor allem die Auflösung der nationalen und ‹volklichen› Identitäten vorgeworfen. Hier geht Kaiser nicht über klassische Kapitalismuskritik von rechts hinaus.» (Gebhardt 2017)

Kommen wir nun auf den ethnopluralistischen Gedanken zu sprechen, der die europäische Rechte verbindet. Dieser speist sich aus der «Konstruktion *kulturell homogener und identischer partikularer Abstammungsgemeinschaften* – vordergründig ohne Hierarchie zwischen diesen» (Globisch 2011: 204; Herv.i.O.). Dieses lockere, tolerante Nebeneinander der Völker braucht allerdings gemeinsame Feindbilder, und die finden die Ethnopluralisten in der Globalisierung, der EU, der Zuwanderung, dem Multikulturalismus (vgl. ebd.: 205f.). Der Kapitalismus wird deshalb zum Gegenstand der Kritik, weil er zu einer Entfremdung des Menschen, zur Nicht-Identität, führe. Dabei zielt dieser Entfremdungsbegriff aber nicht wie jener der Hegel-Marx-Adorno-Tradition auf das Leiden des Individuums am Fremdwerden gegenüber den eigenen Tätigkeiten, Produkten, Praxen und Lebensvollzügen; er zielt auf die kulturelle Gemeinschaft, als Teil derer der Mensch verstanden wird. Der rechte Entfremdungsgedanke zielt auf die (Volks-)Gemeinschaft, die als homogene Gemeinschaft mit identischen Zielen vorgestellt wird und deren Homogenität in der Entfremdung bedroht ist – der linke zielte auf individuelle Glücks-, Selbstverwirklichungs- und Anerkennungsansprüche. Daher ist hier von einem identitätslogischen Volksbegriff zu sprechen (vgl. ebd.: 210).

Der Ethnopluralismus ist genuin anti-universalistisch; er kann den Geschichtsprozess nur partikularistisch als einen der Völker sehen. Das Volk ist der zentrale Bezugspunkt jeder Idee im rechten Denken, aus dem sich alles ableitet. Dementsprechend ist auch das Volk das neue revolutionäre Subjekt und nicht mehr beispielsweise die Arbeiter/innenklasse oder eine Avantgarde. Für den neurechten Theoretiker Henning Eichberg hat die «Auferstehung des Volkes» damit eine explizit linke Perspektive. Links bedeutet für Eichberg von unten, vom Volk her zu denken; rechts von den Hierarchien, der Herrschaft her (vgl. Brodkorb/Scholz/Eichberg 2010). Eichberg beweist dabei eine zur Perfektion getriebene Fähigkeit, rechte und linke Themen zu überblenden (vgl. Assheuer/Sarkowicz 1992: 180). Darüber hinaus weichen, wie Brodkorb und Scholz Eichberg im Interview vorhalten, seine Auffassungen von links und rechts deutlich von gängigen Auffassungen darüber ab. Seinen eigenen Übergang von rechts nach links markiert er nicht nur als «Ideologiewechsel», sondern als Veränderung des Körperhabitus' (Haltung, Körperbau, Sportlichkeit). Eichberg wendet also einen Trick an, wenn er einfach die klassischen Trennlinien zwischen rechts und links (politische Positionen, Auffassungen über die Gesellschaft usw.) nachrangig behandelt und stattdessen neue Kriterien erfindet, wie am folgendem Zitat deutlich wird: «[...] politische Position und Identität ist mehr als nur Meinung und mehr als ein Gebilde von Ideen. Meinungen sind Überbauten über einer Basis von Habitus (Körperlichkeit, Sprache und Praxisformen) und Milieu (Netzwerken und Relationen) und gesellschaftlichen Erfahrungen (‹Entfremdung›). Diese sind durch reine Ideengeschichte nicht zu erfassen. Aber der Wandel von Ideen lässt Rückschlüsse auf basale Veränderungsprozesse zu.» (vgl. Brodkorb/Scholz/Eichberg 2010) Eichberg stellt den Körperhabitus in den Mittelpunkt der Entscheidung darüber, wer rechten und wer linken Inhalten zugeneigt ist. Was aus soziologischer Perspektive als Resultat von ideologischen Präferenzen angesehen werden kann, ist ihm deren Ursache.

Nach Thomas Assheuer und Hans Sarkowicz ist Eichbergs nationalrevolutionäre Befreiungs-Philosophie dem linken Anti-Imperialismus sehr ähnlich, aber wird vollkommen anders hergeleitet und begründet. Eichbergs «‹Ethnopluralismus› entpuppt sich nämlich als Spielart des Anti-Universalismus, den sich die ‹Neue Rechte› auf ihre Fahnen geschrieben hat. Eine Kultur, ein Volk, [...], besitze eine partikulare ‹Wahrheit›; es ist ein eigensinniges Universum, das alle Geltungsansprüche westlicher Vernunft-Ideale wie Freiheit, Gerechtigkeit, Menschenrechte als Anmaßung zurückweist.» (Eichberg 1978: 8; zit. nach Assheuer/Sarkowicz 1992: 181) Dieser andere Begründungszusammenhang, auf den Assheuer/Sarkowicz verweisen, markiert die Differenz und ist der entscheidende Orientierungszusammenhang bei der Einschätzung von Aussagen, die linken oder linksliberalen Aussagen ähneln. Es ist wichtig zu verstehen, dass die Querfrontstrategie der Neuen Rechten nicht eine neben vielen Strategien ist, sondern die entscheidende Strategie zur Rekonstitution ihres Ansehens.

Der Ethnopluralismus ist wie der Rassismus eine Ordnungsvorstellung. Er wird dem Universalismus und dem Liberalismus entgegengesetzt. Das stellt auch Volker Weiß mit Blick auf die Neue Rechte heraus: Die Figur des westlichen Universalismus bekommt die Rolle des «absoluten Feindes» (vgl. Weiß 2017: 218). Weil der Universalismus, so Alain de Benoist, die Erde in einen «homogenen Raum» verwandle, ist dieser der Hauptfeind und nicht etwa eine andere kulturelle Identität (Benoist 2010: 30; zit. nach Weiß 2017: 219). Partikularismus drückt sich im rechten Denken wie folgt aus: «[…]: alle Rassen sind überlegen. Alle haben ihren eigenen Genius. […]. Eine menschliche Rasse ist nicht nur eine zoologische Einheit. Sie ist im allgemeinen auch Träger einer Geschichte, einer Kultur, eines Schicksals.» (Benoist 1985: 55) Universalismus führt zum «Ethnozid, das heißt zum Verschwinden der Ethnien als Ethnien» (ebd.: 57). Den Begriff der ‹Rasse› hat Benoist, wie wir sehen, nicht aufgegeben, aber er sucht ihn in ein tolerantes Antlitz zu kleiden. Nach Benoist sind antirassistische/egalitäre Vorstellungen genauso Schuld an Genoziden und Mordtaten an ‹Ethnien› wie rassistische Ideologien (vgl. ebd.: 55). Diese Relativierung der Schuld an rassistischen Übergriffen ist eine für das rechte Denken typische Täter-Opfer-Umkehr. Benoist setzt Integration und Assimilation einander gleich, weil beide zum Verschwinden der Kulturen im melting pot führen (vgl. ebd.: 56). Mit Blick auf schwarze Ex-Sklaven sagt Benoist, dass sie zwar der Sklaverei entgangen sind, aber nur «um ‹in aller Güte› ihre Persönlichkeit zu verlieren» (ebd.). Er sympathisiert mit der Black Power Bewegung, weil die sich in der afrikanischen Kultur verwurzelt fühle. Der Kulturrelativismus der Neuen Rechten zeigt sich im folgenden Zitat Benoists par excellence: «Ich bin für Nicht-Diskriminierung, für die Entkolonisation, für das Selbstbestimmungsrecht der Völker. Aber unter einer Bedingung: daß es keine Ausnahmen von der Regel gibt. Wenn man gegen die Kolonisation ist, dann muss man auch für wechselseitige Entkolonisation sein, d.h. gegen alle Formen von Kolonisation, gegen die strategische, ökonomische, kulturelle, künstlerische etc. Man hat das

Recht für die Black Power zu sein, aber unter der Bedingung, daß man gleichzeitig für die White Power, die Yellow Power und die Red Power ist.» (ebd.: 67) ‹Rassenvermischung›, wie Benoist schreibt, bringe aber nicht nur Nachteile auf der biologischen Ebene, sondern auch auf der kulturellen. Daher sei eine Welt vorzuziehen, in der verschiedene Menschen- und Kulturtypen koexistieren (ebd.: 64). Auch das Argument, dass die Wirtschaft Einwanderung brauche, weist er ethnopluralistisch zurück; die Wirtschaft braucht vielleicht schon Einwanderung, aber nur «für die Erhaltung der Gewinnspanne der Großunternehmen» (ebd.: 65). Im ethnopluralistischen Denken zählt nur die Differenz, nicht – wie in linken Anti-Rassismuskritiken beispielsweise – die Frage, wer in einer herrschenden und wer in einer beherrschten Stellung ist.

Diese Gedanken begegnen uns auch in der deutschen Rechten wieder, welche die deutsche Identität von zwei Seiten bedroht sieht: Einerseits durch die islam(isti)sche Expansion, den ‹Austausch› bzw. eine ‹Umvolkung›, und durch die Amerikanisierung, den westlichen Universalismus (vgl. Weiß 2017: 212). Erstere Bedrohung betrifft die befürchtete ‹Islamisierung›, die insbesondere von Rechten beschworen wird, die nicht der Neuen Rechten zuzurechnen sind. Man skandalisiert einen Bevölkerungszuwachs, der fast ausschließlich von muslimischen Einwanderern/innen herrühre und so zu einer ‹Überfremdung›, ‹Umvolkung› führe. Auf diese Weise, so die Befürchtung, werde Deutschland sich in einigen Jahrzehnten in ein islamisches Land verwandelt haben. «Die ungebremste Masseneinwanderung und die daraus resultierende Islamisierung bezeichnet die Identitäre Bewegung als den ‹Großen Austausch›. Durch niedrige Geburtenraten der deutschen und europäischen Völker bei gleichzeitiger massiver muslimischer Zuwanderung werden wir in nur wenigen Jahrzehnten zu einer Minderheit im eigenen Land.» (Identitäre Bewegung o.J.) Hierbei werden entweder gar keine Quellen genannt – oder die genannten Quellen stehen in Widerspruch zu allen wissenschaftlichen Berechnungen. Seine verschwörungsideologische Gestalt bekommt die Rede von einer Islamisierung durch die Vorstellung einer Invasion von Muslimen nach Deutschland, die von der Bundesregierung zugelassen und unterstützt werde. Der Begriff vom ‹Großen Austausch› selbst geht auf den französischen Philosophen und Politiker Renaud Camus zurück. Sein Buch *Le Grand Remplace-*

ment (2011) enthält die verschwörerische Idee einer Invasion (von Muslimen), die von Politiker/innen zugelassen werde. Das 2016 ins Deutsche übersetzte Buch wurde auch in Deutschland insbesondere von der Identitären Bewegung begeistert aufgenommen; die Vorstellung eines ‹großen Austauschs› als ein gesteuerter bzw. akzeptierter Vorgang fand aber nicht nur innerhalb verschiedener rechter und extrem rechter Politiken und Bewegungen Zuspruch. Eine wichtige Dimension gegenwärtiger migrationsfeindlicher Allianzen ist der Schulterschluss von extrem Rechten, von Reichsbürgern, Verschwörungstheoretiker/innen, Konservativen und Neuen Rechten.

Diese angebliche Islamisierung ist aber nur eine Seite der Bedrohung. Insbesondere für die intellektuelle Neue Rechte ist eine fremde Gegen-Identität, die ebenfalls für sich und bei sich bleiben will, lange nicht so bedrohlich, wie eine universalistische Nicht-Identität. Amerikanismus und Liberalismus zersetzen mit ihrer universalistischen Gleichheitsideologie, so die Auffassung der Neuen und Alten Rechten, Kultur und Gesellschaft von innen. Die Neue Rechte sieht im Westen eine Ideologie herrschen, die sie für weit gefährlicher hält als den Islam: der Liberalismus, der Gift und Gehirnwäsche sei. Moslems, so heißt es, seien nicht schuld an der verräterischen, korrupten Klasse, die gegen die Interessen des Staatsvolkes handelt. «Die ‹Islamisierung› ist nur die Sekundärfunktion eines Systems, das seine eigenen Grundlagen aushöhlt und zerstört», so der ‹Identitäre› Martin Lichtmesz von der Zeitschrift *Sezession* (Lichtmesz 2012). Für die intellektuelle Neue Rechte (bspw. Alain de Benoist oder Karl-Heinz Weißmann) übersieht die Islamfeindschaft von Bewegungen wie PEGIDA den eigentlichen Feind im eigenen Land, also den Universalismus.[11] «Insofern bindet die Islamkritik [...] fatal-

11 Anders als diese antimuslimischen Äußerungen vermuten lassen, gibt es auch ideologische Überschneidungen zwischen der extrem Rechten und Islamisten vor allem in ihrer Haltung zu Frauen und Minderheiten, in Fragen des Kulturalismus und Antiamerikanismus sowie ihrer antiwestlichen und gegenaufklärerischen Haltung (vgl. Bozic 2015: 57). Auch Islamisten bedienen die Idee einer universalistischen Überwölbung, wenn sie von einer «Westoxication», «Okzidentose», von Kulturimperialismus und einer «samtenen Revolution» sprechen. Islamisten sind antisemitisch (Juden gelten als Träger der westlichen Moderne) und sie betrachten sich als Widerstandsbewegung gegen den westlichen Universalismus. Der Antisemitismus fügt sich auch ideologisch in das binäre Schema des Ethnopluralismus der Neuen Rechten ein. Denn

erweise Kräfte, die an derer Stelle eingesetzt werden müßten: zur Bekämpfung des weißen Masochismus und eines Establishments, das sich seiner bedient; vor allem aber zur Stärkung der nationalen und europäischen Identität.» (Weißmann 2012: 27 zit. nach Salzborn 2017: 91) Beide Positionen ergänzen sich am Ende, denn für beide ist klar, dass der ‹Islam› bzw. die ‹Muslime› nicht zu Deutschland gehören. Es geht um eine ungebrochene deutsche Identität und die ‹Eigenart› der Deutschen, die bewahrt bzw. wiederhergestellt werden müsse.

3.2 Neo-Rassismus

Der Neo-Rassismus wird seit Mitte der 1980er-Jahre kritisiert; Erwähnung findet er aber schon vorher. Bereits 1956 hat Frantz Fanon (1925–1961) auf eine wichtige Verschiebung der ideologischen Bezugspunkte des Rassismus hingewiesen: «Der Rassismus, der sich rational, individuell, genotypisch und phänotypisch determiniert gibt, verwandelt sich in einen kulturellen Rassismus.» (Fanon 1972: 39f.). Auf diese Verschiebung hat nicht nur das Centre for Contemporary Cultural Studies in Birmingham reagiert und sie systematisch zum Ausgangspunkt ihrer Rassismusanalysen gemacht. Auch der Neo-Marxist Etienne Balibar mit seinem Aufsatz *Gibt es einen ‹Neo-Rassismus›?* (1998a) und Pierre-André Taguieff mit *Die ideologischen Metamorphosen des Rassismus und die Krise des Antirassismus* (1991) betonten mit großer Resonanz das qualitativ andersartige dieser neuen Form des Rassismus. Der Neo-Rassismus bzw. kulturalistische Rassismus haben den Begriff der ‹Rasse› gegen den der Kultur ausgetauscht, der nunmehr keine Höher- oder

der Antisemitismus konstruiert die Juden als die ganz Anderen, weil sie sich in genau diese identitätslogische Gegenüberstellung von Kulturen und Völkern, wie sie der Ethnopluralismus propagiert, nicht einpassen lassen. Juden gelten vielmehr als die ‹Zersetzer der Völker›. Dieses Phantasma vom Juden ist eine der wichtigsten Feindbildkonstruktionen, um die ‹friedliche› Idee des Ethnopluralismus aufrecht zu erhalten. Claudia Globisch bringt diesen Zusammenhang auf den Punkt, wenn sie schreibt, dass der Antisemitismus zwei Gruppen konstruiert: einerseits diejenigen, die sich identitätslogisch an Territorium und Kulturräume binden lassen – diese Vorstellung bedient der Ethnopluralismus – und anderseits: diejenigen, die Nicht-Völker ohne Kultur seien (die Juden) (vgl. Globisch 2011: 218).

Minderwertigkeit, sondern die Gleichwertigkeit der Kulturen postuliert. Der Schutz der kulturellen Besonderheiten und die Verhinderung von Vermischungen stehen nun argumentativ im Vordergrund. Allerdings ist zu bedenken, dass nicht allein die Verwendung des Begriffs der Kultur diese Perspektiven zum Rassismus macht. Zahlreiche wissenschaftliche Disziplinen nutzen ganz zentral den Begriff der Kultur für ihre Analysen. Auch in diesen Disziplinen gibt es zwar mitunter Vereinfachungen des Kulturbegriffs, die zu kritisieren sind. Doch kaum jemand würde ernsthaft bestreiten wollen, dass bestimmte kollektiv geteilte Sozialisationserfahrungen prägend sind für das Wahrnehmen, Denken und Handeln von Individuen. Der Unterschied zum Neo-Rassismus ist jedoch die Bedeutung, die solchen Sozialisationserfahrungen beigemessen wird. Neo-Rassist/innen betonen den Eigenwert und Unveränderlichkeit kultureller Prägungen. Sie verneinen die Möglichkeit, dass Menschen als Individuen fortlaufend neue Erfahrungen machen. Worauf es also ankommt, ist eine Kritik des Kulturbegriffes, der als ‹Rasse›-Ersatz fungiert, weil er die unter ihm gefassten Individuen als vollständig determiniert durch Kultur und somit als unveränderbar betrachtet.

Die zentralen Aspekte des Neo-Rassismus fasst Etienne Balibar (1998a) zusammen: Der Neo-Rassismus gibt zu, dass es keine ‹Rassen› gibt. Er gibt auch zu, dass das Verhalten der Individuen sich nicht aus Blut oder Genen ableiten lässt. Aber er behauptet, dass Kulturvermischungen, die Beseitigung ethnischer und kultureller Distanz zu einer Art geistigen Tod der Menschheit führe. Die Verwischung der Differenz löse ‹natürliche› Abwehrreaktionen aus. Eine zentrale Argumentationsfigur des Neo-Rassismus ist es, zu behaupten, dass Xenophobie (Fremdenfeindlichkeit) angeboren sei und Aggressivität gegen beispielsweise Minderheitenangehörige freigesetzt werde, wenn das kulturelle Homogenitätsempfinden gestört wird. Und nun kommt das interessanteste Argument: Rassismus könne demnach verhindert werden, wenn keine ‹Vermischung› stattfinde. Der Neo-Rassismus wird als eine Strategie gegen Rassismus ausgewiesen (vgl. Balibar 1998a: 30f.). Diese Idee, dass Separation Konflikt verhindert, taucht bereits im kolonialen Diskurs auf.

Pierre-André Taguieff (1991) weist auf weitere Aspekte des Neo-Rassismus hin. Anstatt einer Hierarchisierung, die so wichtig für den alten Rassismus war, werden nicht zu überschreitende Differenzen zwischen einzelnen Kulturen und Ethnien festgeschrieben. Die Folge ist eine «Verherrlichung der Differenz» (Taguieff 1991: 236), die «Verabsolutierung der Differenz» (ebd.: 242). Dem Neo-Rassismus geht es folglich nicht darum, Menschen(-gruppen) zu hierarchisieren, sondern um den vermeintlichen Schutz aller Kulturen, die als gleichwertig anzusehen er von sich behauptet. Nicht nur dass das «Recht auf Differenz» (ebd.: 236) ein extrem kulturrelativistisches Prinzip der Unvereinbarkeit darstellt, es ermöglicht auch die Verständigung auf ein «minimales Prinzip: dem der Separation» (vgl. ebd.: 239).

Diese homogenisierende Ethnisierung folgt einem Gruppenkonstruktionsprozess, der nicht nur eine Fremdzuschreibung ist, sondern auch das Individuum aus diesem Kollektivierungsprozess streicht. Die Übernahme unterschiedlicher kultureller Erfahrungen in einer Biographie ist nicht vorgesehen und gerät – wo es doch nicht zu verleugnen ist – zur Bedrohung. Wichtig für ein Verständnis gegenwärtiger politischer Diskussionen ist, dass Abgrenzung gegen ‹die Anderen› sowohl in qualitativer Hinsicht (Identität, Differenz: ‹unsere› Werte, ‹unsere› Kultur, Abendland) geschehen kann als auch in quantitativer Hinsicht («Toleranzschwelle» gegenüber so genannten Ausländern, Diskussion um die Obergrenzen, Grenze der Belastbarkeit etc.) (vgl. Taguieff 1991: 248).

Ein Beispiel, an dem der instrumentelle Gehalt dieser Begriffsverschiebung (von der ‹Rasse› zur Kultur) sehr deutlich wird, ist das so genannte *Heidelberger Manifest* aus dem Jahr 1981 (vgl. Schutzbund für das deutsche Volk o.J.). In diesem von 15 Professoren unterzeichneten «Manifest» wurde beispielsweise die «Unterwanderung des deutschen Volkes», die «Überfremdung unserer Sprache, unserer Kultur und unseres Volkstums» durch «Ausländer» behauptet. Erstmals veröffentlichte die *Deutsche Wochen-Zeitung* am 6. November 1981 das Manifest, gefolgt von *Nation Europa* in der Dezemberausgabe. Nach Protesten entstand eine entschärfte zweite Version, die sich des kulturalistischen Rassismus bediente. Die argumentativen Unterschiede zwischen der ersten Fassung (Unterzeichner) und der öffentlichen Fassung auf der Homepage des rechten Vereins «Schutzbund für das deutsche Volk» (SDV) lassen sich sehr gut nachvollziehen. Während die nicht öffentliche Unterzeichner-Fassung von der «Unterwanderung des deutschen Volkes»,

«Fremdlingen», «ethnischen Katastrophen» und der «multirassischen Gesellschaft» sowie Völkern als «(biologisch und kybernetisch) lebende Systeme höherer Ordnung mit voneinander verschiedenen Systemeigenschaften, die genetisch und durch Traditionen weitergegeben werden» spricht, wurden in der öffentlichen Fassung solche streng biologistischen Formulierungen vermieden.

Auch im *AfD Grundsatzprogramm* (2016) finden sich Elemente des Neo-Rassismus. «Die Ideologie des Multikulturalismus, die importierte kulturelle Strömungen auf geschichtsblinde Weise der einheimischen Kultur gleichstellt und deren Werte damit zutiefst relativiert, betrachtet die AfD als ernste Bedrohung für den sozialen Frieden und für den Fortbestand der Nation als kulturelle Einheit. Ihr gegenüber müssen der Staat und die Zivilgesellschaft die deutsche kulturelle Identität als Leitkultur selbstbewusst verteidigen.» (AfD Grundsatzprogramm 2016: 47)

Ein aktuelles Beispiel liefert auch die sogenannte Identitäre Bewegung in einer Stellungnahme, die sie als Reaktion auf die Beobachtung durch den Verfassungsschutz verfasst hat. Unter dem Titel *Kalkulierte Missverständnisse* schreibt die Identitäre Bewegung (2016): «Auch die demografische Entwicklung innerhalb Deutschlands und Europas und die von Experten bereits seit langem befürchtete kulturell-religiöse Überformung westlicher Zivilisationen durch den sich ankündigenden Massenexodus aus Afrika und Nahost wird in selbstgefälliger Ignoranz als nicht existent hingestellt und die Warnung vor diesen Entwicklungen als illegitim bewertet.» (Identitäre Bewegung 2016)

Nicht alles ist neu, und schon gar nicht ist alles anders im Neo-Rassismus: Die Rede von der schützenswerten Differenz der Kulturen führt die Idee der ‹Rassentrennung› des alten biologistisch argumentierenden Rassismus verwandelt fort. Die Angst vor ‹Rassenschande› findet sich im Postulat des Rechts auf Differenz wieder, der Gedanke der Vernutzung der Arbeitskraft spiegelt sich in der heute gebräuchlichen Rede von den nützlichen Migranten/innen mit einem ökonomischen Mehrwert. Die einstige Bindung des Menschen an seine ‹Rasseneigenschaften› kehrt hier, so Taguieff, in der Vorstellung von der Unaufhebbarkeit der kulturellen Differenz zurück (vgl. Taguieff 1991; Balibar 1998a). Weder wäre es richtig, zu behaupten, dass sich der Neo-Rassismus ausschließlich auf Kultur beruft, noch dass der alte Rassismus dies nie getan habe. Der rechte Kulturrelativismus, wie Detlef Claussen den Neo-Rassismus nennt, sei mitnichten neu, sondern lediglich «seine Präsentationstechnik als defensive[r] Diskurs» (1994: 18).

Doch wenn diese kulturrelativistischen Annahmen wirklich als Rassismus bezeichnet werden sollen – wenn also nachgewiesen werden soll, dass hier ein altes Phänomen im neuen Gewand fortlebt, dann braucht es die Identifizierung eines stabilen Sets von weitergereichten Charakteristika. Ähnlichkeit allein reicht nicht aus. Was sind die Merkmale von Rassismus? Als stabile ideologische Inhalte des alten Rassismus, die überlebt haben, können vorerst die folgenden benannt werden:

1. Die Vorstellung, dass ‹das Andere› und ‹Fremde› eine Bedrohung für die eigene Identität und eine Konkurrenz in verschiedener Hinsicht ist.
2. Die Vorstellung, dass die Separierung von Gruppen im Kern eine antirassistische Strategie ist.
3. Die Vorstellung, dass es eine Essenz (‹Rasse› oder Kultur) im Menschen gibt, die unveränderlich ist und deren Verhalten bestimmt (Naturalisierung des Sozialen).
4. Die Vorstellung, dass Menschen in pseudo-biologischen Gruppen (Familie, Volk, Ethnie, Gemeinschaft, Kultur) zu sich selbst kommen, und nicht als Individuen.
5. Die Vorstellung, dass Ungleichheit mit dieser Essenz zusammenhängt und nicht mit sozialen Faktoren.
6. Die Vorstellung, dass menschliches Erbgut verbessert oder wenigsten geschützt werden sollte.

Wie schwer es ist, diese Merkmale allgemeinverbindlich festzulegen, wird später in jenen Kapiteln deutlich, in denen ich verschiedene Ansätze zur Bestimmung/Definition und Erklärung von Rassismus diskutiere.

3.3 Multikulturalismus: Rassismus wider Willen?

Multikulturalismus ist ein schillerndes Wort, das in integrationstheoretischen Diskussionen viele Bedeutungen hat und im politischen Diskurs mittlerweile meist negativ verwendet wird. Es weckt verschiedene Assoziationen: angefangen bei der abschätzigen Rede Rechter von einem ‹Multikulti-Terror› hin zu links-romantischen Visionen eines bunten konfliktfreien Nebeneinanders verschiedener Kulturen. Vielfach ist in solchen Debatten unklar, ob der Begriff einen gegenwärtigen Zustand bezeichnet oder ein Ideal, an dem sich Politik und Gesellschaft im Allgemeinen orientieren sollten. In diesem Abschnitt soll die multikulturelle Idee – als antirassistisches Konzept – beleuchtet werden. Die multikulturelle Idee verfolgt das Ziel, Heterogenität in einer Gesellschaft menschenfreundlich zu gestalten. Weil Heterogenität im Multikulturalismus aber nicht auf Individuen, sondern auf Gruppen bezogen ist, besteht die Gefahr, Unterschiede zwischen Menschen durch Zuschreibungen, die sich auf (angenommene) Kollektive und deren Kultur beziehen, zu überzeichnen. Je weniger Raum das Individuum in den verschiedenen Vorstellungen über Multikulturalismus bekommt und je statischer solche Kulturen vorgestellt werden, desto leichter kann die Idee einer multikulturellen Gemeinschaft in die unfreiwillige Nähe zu rechten, neo-rassistischen Konzepten wie dem Ethnopluralismus geraten. Wie kann nun dieses kulturrelativistische Konzept des ethnopluralistisch argumentierenden Neo-Rassismus von denjenigen Strömungen des Multikulturalismus abgegrenzt werden, die ebenfalls kulturrelativistisch argumentieren? Um diese Nähe zu verdeutlichen, wird hier ein wichtiges philosophisches Begriffspaar näher beleuchtet: Universalismus und Partikularismus, das im Prinzip der Dreh- und Angelpunkt des Rassismus wie des Anti-Rassismus ist.

Mit dem Aufklärungsdenken ist ein spezifischer politischer Universalismus verbunden, der die Ideen der westlichen Aufklärung – das sind die Geltung der universellen Menschenrechte, Individualismus, Emanzipation, Freiheit, Gleichheit usw. – als universell gültig erachtet. Universell gültig meint, dass ihr Geltungsanspruch über die Gesellschaften hinausreicht, in denen sie entstanden sind. Diese universellen Werte zielen auf die Verwirklichung eines Individuums, das frei von Zwang(skollektiven),

Ausbeutung und direkter Herrschaft ist. Dafür können Werte wie Emanzipation, Freiheit und Individualismus stehen.

Diese Vorstellung ist allerdings janusköpfig, weil sie neben ihren fortschrittlichen und bis heute zu verteidigenden Ideen, real zu Zwang, Überheblichkeit und Überlegenheitsvorstellungen geführt hat. Schon der Begriff des allgemeinen historischen Fortschreitens von Gesellschaften steht nicht nur innerhalb linker Imperialismus- und Rassismustheorien stark in der Kritik; führt doch die Idee eines universellen Gangs der Menschheitsgeschichte – nach dem Motto: alles braucht seine Zeit, bis es ein bestimmtes (westliches) Entwicklungsniveau erreicht – zu einer Abwertung anderer Gesellschaften. ‹Sie sind *noch nicht* so weit (wie wir)›. Historisch betrachtet blieb es nicht nur bei der geistigen Abwertung: Denn die Idee, an der Spitze der Zivilisation zu stehen, hat neben anderen dezidiert rassistischen Begründungen den Kolonialismus getragen, der sich eine Zivilisierung der ‹Wilden› zum Ziel gesetzt hatte.

Als die UNESCO im Rahmen ihres *Statements on Race* (1951) auch den Ethnologen Claude Levi-Strauss (1908-2009) bat, eine Abhandlung zum Thema ‹Rasse› zu verfassen, plädierte dieser ganz entschieden für eine Abkehr von universalistischen Gedanken hin zu einer partikularistischen Sichtweise. Diese wendet sich gegen jede hierarchisierende Betrachtung von Kulturen und gegen die Vorstellung, dass eine bestimmte Kultur, so verschieden sie auch von einer anderen sein mag, als Niveau oder evolutionärer Zwischenschritt zur Zivilisation zu betrachten ist. Partikularismus betont die Eigenständigkeit von Kulturen und ihren Wert ohne Referenz auf eine andere Kultur. Damit sind auch bestimmte soziale Praktiken einer außenstehenden Kritik und Bewertung entzogen. Dieses partikularistische Verständnis ist grundlegend für den Multikulturalismus als ein antirassistisches Konzept geworden.

Dass ein bedingungsloser Bezug auf den Universalismus für eine antirassistische Linke nicht möglich war und ist, ist nachvollziehbar. Aber eine nicht-dialektische Hinwendung zum Partikularismus steht in einer großen Nähe zur Neuen Rechten. Nicht allein diese unfreiwillige Nähe ist das Problem, auch die «unterschiedslose Respektierung und Akzeptanz verschiedener kultureller Praktiken und ihre Verherrlichung als ‹Ethnopluralismus› wirken; […], entpolitisierend, da sie von den konkreten Inhalten einer Kultur absehen» (Wiegel 1995: 105). Solch ein

Kulturrelativismus verbietet sich aus Angst vor einem dominant-rassistischen Blick jede Kritik. Im extremen Fall werden im Kulturrelativismus Kulturen ebenso statisch imaginiert wie in der ethnopluralistischen Sicht der Neuen Rechten und im neo-rassistischen Denken.

Versuchen wir nun diese Skizze von Partikularismus und Universalismus auf eine spezifische Gesellschaft zu übertragen und uns eine multikulturelle Konstellation vorzustellen. Ungeachtet dessen, was wir genau unter Multikulturalismus verstehen, sind die meisten westlichen Gesellschaften nicht kulturell homogen. Sie sind vor die Herausforderung gestellt, sich zwischen zwei theoretischen Möglichkeiten – vollständige Assimilation (Universalismus) und kulturellem Partikularismus – zu positionieren. Erwartungen an eine vollständige Assimilation wurden und werden von der antirassistischen Bewegung stark kritisiert. Die Kritik an Assimilationsforderungen fragt, woran sich Migranten/innen genau anpassen sollen. Gibt es diese einheitliche deutsche Gesellschaft, in die sich assimiliert werden könne? Stattdessen betonen viele antirassistische Perspektiven den Wert gesellschaftlicher Heterogenität und kritisieren die Setzung einer angeblichen deutschen Lebensweise als Norm und Maßstab. Die niederländische Soziologin Philomena Essed (1992) hat den im Rahmen der Diskussionen um die multikulturelle Gesellschaft geführten Toleranzdiskurs gar als kulturellen Rassismus bezeichnet. Sie spricht in diesem Zusammenhang von repressiver Toleranz[12]. Toleranz gilt als bindendes Element des Multikulturalismus. Sie ist aber eine Form der Kontrolle, weil i.d.R. nur die ‹Herrschenden› aktiv tolerant sein können, die Beherrschten warten ab, ob sie toleriert werden. Als weiteren Kontrollmechanismus kritisiert Essed die Setzung niederländischer Maßstäbe als fraglose Norm. Die Werte der Herrschenden bleiben Maßstab in Bezug auf z.B. Emanzipation und Geschlechterrollen. Damit verbunden ist ein weiterer Kontrollmechanismus: die kulturelle Verleumdung. Als Fortschritt bei der Integration gilt das Ausmaß der Übernahme von Werten der Aufnahmegesellschaften. Die herrschende Gruppe bewertet dabei die Kultur und Ver-

12 Essed verwendet den Begriff der repressiven Toleranz anders als Herbert Marcuse. Dieser beschreibt damit, die Tendenz, politische Maßnahmen, Bedingungen und Verhaltensweisen zu tolerieren, die nicht toleriert werden sollten, weil diese «Chancen, ein Dasein ohne Furcht und Elend herbeizuführen, behindern, wo nicht zerstören» (Marcuse 1970: 94).

haltensweise der anderen. Dabei werden etwaige Ähnlichkeiten in den sozialen und kulturellen Praxen zwischen Minderheiten und herrschender Gruppe von letztgenannter nicht gesehen. Während Minderheiten in den herrschenden Rahmen eingespannt werden, führen jedoch schon kleine Veränderungen bei den Gewohnheiten der herrschenden Gruppe schnell zu Unmut (vgl. Essed 1992: 380–385). Esseds vernichtendes Urteil: «Der Toleranzdiskurs ist nur Fassade.» (ebd.: 387) An diese von Essed so bezeichneten Kontrollmechanismen spannt sich die bereits oben benannte Schwierigkeit eines progressiven Umgangs mit universalistischen und partikularistischen Vorstellungen auf.

Noch komplexer wird die Diskussion um Partikularismus und Universalismus, wenn wir uns das Feindbild ‹Multikulti› der Neuen Rechten noch einmal vor Augen führen. Multikulturalismus ist die konsequente Missachtung der Forderung nach einer ethnopluralistischen Separation von Gesellschaften. Die (Neue) Rechte sieht nun im Entwurf einer multikulturellen Gesellschaft eine der größten Bedrohungen. Die Realität verschiedener Kulturen in vielen Gesellschaften ist für sie ein Ergebnis des verhassten Liberalismus und des Universalismus.[13] Nach Annahme der Rechten befinden wir uns mitten im Prozess eines scheiternden Multikulturalismus. Martin Sellner von der Identitären Bewegung/Österreich sieht das so: «Das Lösungsmittel für die gewachsenen Identitäten der In- und Ausländer sowie das Bindemittel für das neue künstliche Kollektiv ist der Liberalkapitalismus. Indem der Mensch nur als Konsument und Produzent, als kulturloser ‹Teilnehmer am Markt› gesehen wird, zerstört man seine ethnokulturelle Dimension. Es ist ein zutiefst unmenschlicher Prozess, in dem Türken, Italiener, Österreicher, Chinesen, Araber, etc. im Sud des Hedonismus degeneriert zusammenrinnen.» Menschen, so Sellner, werden über den Konsum in ihrer Sprache und ihrer Kultur gleichgemacht. «Alle Kulturen werden dabei ermordet, fließen strukturlos in einen zähen Warenbrei zusammen.» (Sellner o.J.)

---

13 Das Dilemma der Rechten besteht, formal gesprochen, in der Trennung einer außen- und einer innenpolitischen Dimension des Ethnopluralismus. Während der außenpolitisch orientierte Ethnopluralismus sehr wohl andere Völker im Kampf gegen den gemeinsamen Feind (USA, Juden/Israel) einbeziehen kann, muss der innenpolitisch orientierte auf die Trennung der Völker bestehen und kann entsprechend gegen eine ‹Islamisierung› polemisieren (vgl. Globisch 2011: 219).

Von zentraler Bedeutung ist, wie (antirassistische) Politik die Idee einer multikulturellen Gesellschaft füllt und sie so von den identitären Bestrebungen der Neuen Rechten abgrenzt: durch Verabsolutierung der Differenz wäre sie Ethnopluralismus und damit selbst rassistisch; durch Marginalisierung von Menschen zu Minderheiten wäre sie ausgrenzend; nur als Dezentrierung von Kultur – also als Absage an eine hegemoniale Kultur, um die herum andere (Minderheiten-)Kulturen kreisen – wäre sie egalitär. Erst mit der Betonung des Einzelnen vor einem kulturellen Kollektiv, dem er zugeschlagen wird, wäre sie emanzipatorisch und egalitär im besten Sinne. Die Frage von Gleichheit und Differenz, die sowohl die Individuen in einer Gesellschaft wie die Gestalt aller Gesellschaften betrifft, wird von Adorno in der *Minima Moralia* (1951) mit einem Plädoyer für die Verschiedenheit des Einzelnen beantwortet: «Wollte man demgegenüber die Gleichheit alles dessen, was Menschenantlitz trägt, als Ideal fordern anstatt sie als Tatsache zu unterstellen, so würde das wenig helfen. Die abstrakte Utopie wäre allzu leicht mit den abgefeimtesten Tendenzen der Gesellschaft [dem Bedürfnis nach Gleichmacherei, U.M.] vereinbar. [...] Eine emanzipierte Gesellschaft jedoch wäre kein Einheitsstaat, sondern die Verwirklichung des Allgemeinen in der Versöhnung der Differenzen. Politik, der es darum im Ernst noch ginge, sollte deswegen die abstrakte Gleichheit der Menschen nicht einmal als Idee propagieren. Sie sollte stattdessen auf die schlechte Gleichheit heute [...] deuten, den besseren Zustand aber denken als den, in dem man ohne Angst verschieden sein kann.» (Adorno 1980: 115f.).

Es sollte deutlich geworden sein, das weder ein unkritischer Universalismus noch die Hinwendung zu einem strengen Partikularismus geeignete Wege für eine anti-rassistische Politik sein können. Der anti-rassistische Universalismus eines Martin Luther King hat für universalistische Gleichheitsannahmen gestritten. Dieser universalistische Gleichheitsanspruch, da ist Samuel Salzborn zuzustimmen, ist mit Blick auf jede politische Praxis zentral, weil er die «Basis jeder Diskussion über Potentiale und Wege der Emanzipation» (Salzborn 2016: 32) bildet.

4 Nie wieder Rassismus: «Wohlklingende Ersatzbegriffe»

Begriffe prägen unsere Wahrnehmung von Wirklichkeit. Und die Vermeidung bestimmter Begrifflichkeiten gehorcht – das lässt sich insbesondere für den deutschen Kontext gut zeigen – häufig dem Bedürfnis, bestimmte soziale Praxen als nicht existent oder als überwunden zu behaupten. Wer also lieber von Ausländerfeindlichkeit oder Fremdenfeindlichkeit spricht als von Rassismus, sollte sich fragen, warum er oder sie das tut. Gleichwohl gibt es gute Gründe zu fragen, ob diese Begriffe nicht doch Dimensionen der Diskriminierung fassen, die nicht einfach unter Rassismus zu subsumieren sind. Die Bezeichnungen für rassistisches Verhalten sind vielfältig: geläufig sind Fremdenfeindlichkeit oder Xenophobie, Ethnozentrismus, Eurozentrismus, Ethnismus, Kulturalismus, Ausländerfeindlichkeit, rassistisches Vorurteil. Nachfolgend sollen einige dieser in der Wissenschaft verwendeten Begriffe untersucht werden.

4.1 Ethnozentrismus

Im Allgemeinen wird heute unter Ethnozentrismus eine Veränderung des klassischen Rassismus gefasst: als Konzentration und Fixierung auf den eigenen kulturellen Kontext.[14] Im Ethnozentrismus wird das Eigene zum Maßstab des Anderen, ohne dabei die Kontingenz, die soziale Produktion und die Relativität des eigenen Maßstabes zu reflektieren. Poliakov, Delacampagne und Girad definieren Ethnozentrismus als «allgemeine, in allen Gesellschaften vorhandene Einstellung» (Poliakov/Dela-

14 Vereinzelt verwenden Studien die Begriffe «Rassismus» und «Ethnozentrismus» auch synonym, so etwa *The Authoritarian Personality* (1982 [1950]) von Theodor W. Adorno, Else Frenkel-Brunswik, Daniel J. Levinson und R. Nevitt Sanford. Der Begriff des Ethnozentrismus wird hier benutzt, um den klassischen, biologistisch argumentierenden Rassismus zu erfassen.

campagne/Girad 1984: 38) und Immanuel Geiss als «ganz normale, weil überall anzutreffende Haltung von Völkern» (Geiss 1988: 33). Diese beiden Bestimmungen von Ethnozentrismus sind insofern problematisch, weil Ethnozentrismus auf diese Weise überhistorisch erscheint, gewissermaßen als Grundkonstante menschlichen Lebens. Doch Ethnozentrismus ist zwar offensichtlich sehr verbreitet, nicht aber universell (vgl. Heckmann 1981: 111).

Auch unterscheiden sich beide Phänomene im Hinblick auf ihre Wertung von Differenz. Es gehört einerseits zur Logik des Rassismus, aufgrund des ihm immanenten Hierarchisierungsgedankens die Differenz erhalten zu wollen: denn Vermischung heißt Zerfall. Andererseits zeigt insbesondere das mit dem Erziehungsgedanken verbundene koloniale Projekt, Integrations- und Assimilationsforderungen oder auch die aktuelle Diskussion um Leitkultur, dass die Differenz für aufhebbar gehalten wird: durch Unterordnung. Das beschreibt die Logik des Ethnozentrismus. Während der Rassismus es für unmöglich hält, dass Andere (‹Fremdgruppen›) zur Übernahme der ‹eigenen› Kulturinhalte fähig sind, erstrebt der Ethnozentrismus die Übernahme der Werte durch die Fremdgruppe. In der Praxis vermischen sich die eigentlich widersprüchlichen Logiken von Rassismus und Ethnozentrismus.

4.2 Ausländerfeindlichkeit

Der Begriff der Ausländerfeindlichkeit entstand unter dem Eindruck rechter Gewalt und einer «negativen Thematisierung des so genannten ‹Ausländerproblems›» in Deutschland in den 1980er-Jahren und ist damit ein deutsches Spezifikum.[15] Er bezieht sich auf den Status von Menschen als (wahrgenommene) Ausländer und ist entsprechend eng mit dem Konzept der Staatsangehörigkeit als Rechtsstatus/-verhältnis verbunden (vgl. Terkessidis 2004: 17). In Deutschland galt bis zur Reform des Staatsbürgerschaftsrechts 2000 das Abstammungsrecht, das dazu führte, dass Menschen «über Generationen hinweg

15 In den frühen 1980er-Jahren gab es eine erste Welle rechter Anschläge: der Terroranschlag auf dem Münchner Oktoberfest oder die Anschlagserie der «Deutschen Aktionsgruppen» gegen Ämter, Schulen, «Ausländerlager» (vgl. Terkessidis 2004: 16).

Ausländer/innen blieben», wie Butterwegge sagt. Bis zu diesem Zeitpunkt spiegelt dieser Begriff die deutsche Realität unter dem Aspekt der bürgerlichen Rechtsordnung durchaus adäquat (vgl. Butterwegge 1996: 17).

Lutz Hoffmann und Herbert Even (1984) legen sich mit ihrer wissenssoziologischen Definition auf folgendes Verständnis fest: «Unter Ausländerfeindlichkeit verstehen wir [...] jede Weigerung, dem Ausländer dieselben Rechte einzuräumen, die die Inländer innehaben, solange die Ausländer nicht die bisher geltende Inländeridentität angenommen haben» (Hoffmann/Even 1984: 179). Die Annahme, dass diese Verweigerung von Rechten richtig sei, ist der Kern der Ausländerfeindlichkeit. Von Ausländerfeindlichkeit wird ganz selbstverständlich in der Bevölkerung als «legitime Reaktion der ‹gesunden Mehrheit›» ausgegangen (vgl. ebd.: 22). Diese Selbstverständlichkeit rechtfertige entsprechende Ungleichbehandlungen von ‹Ausländern› innerhalb einer Gesellschaft.[16]

Zahlreich sind die Kritikpunkte, die gegen das Konzept der Ausländerfeindlichkeit vorgebracht werden. Ein erster Vorwurf betrifft die unhistorische Definition dieses Problemfeldes. Wie Kalpaka und Räthzel bereits 1989 feststellen, versucht der Begriff die Kontinuitäten des Rassismus zu verleugnen und die Erinnerungen an die nationalsozialistische Vernichtungspraxis zu verdrängen (vgl. Kalpaka/Räthzel 1989: 86). Ausländerfeindlichkeit erscheint als aktuelles Problem und Rassismus als etwas Überwundenes. Mark Terkessidis kritisiert den Fokus auf die Feindseligkeit und Aggressivität von Subjekten, der nur diese als Träger der Ausländerfeindlichkeit erscheinen lässt und nicht auch Gesetze (vgl. Terkessidis 2004: 18), wie dies in einer Kritik am institutionellen Rassismus thematisiert wird. Was ist mit ‹Ausländern›, die eine deutsche Staatsangehörigkeit haben? Die Gewalttäter/innen auf der Straße fragen vor einem rassistisch motivierten Angriff nicht nach dem (deutschen) Pass. Dennoch ist, so Terkessidis, die Zuschreibung ‹Ausländer› niemals nur einfach gegeben. Sie wird institutionell und durch andere Mechanismen erst hergestellt. Der Begriff ‹Ausländer› ist immer

16 Auch die Leipziger Mitte-Studie, auf die ich im Kapitel 7 noch genauer eingehen werde, verwendet den Begriff. Eine entsprechende Definition enthält sowohl den Verweis auf «rassistisches Konkurrenzdenken» als auch auf die «völkische Überfremdungsvorstellung» (vgl. Decker u.a. 2018: 76). Unklar ist, warum nicht von Rassismus gesprochen wird.

schon pejorativ aufgeladen, weil die Andersartigkeit der Menschen, auf die er angewendet wird, schon im Begriff deutlich wird. Siegfried Jäger wirft sowohl dem Begriff der Ausländerfeindlichkeit als auch dem der Fremdenfeindlichkeit vor, dass sie eine «verschleiernde Hülle» (Jäger 2002: 8) für den Begriff des Rassismus seien. Er kritisiert die bis heute gültige Praxis, in Bezug auf die breite Bevölkerung eher von Ausländerfeindlichkeit zu sprechen als von Rassismus und den Begriff des Rassismus ausschließlich für die extreme Rechte zu reservieren. Jäger weist dagegen darauf hin, dass die «Mehrheit aller Deutschen mehr oder minder stark in rassistische Diskurse verstrickt ist« (ebd.: 8, Ders.: 1997).

4.3 Fremdenfeindlichkeit

Der Begriff der Fremdenfeindlichkeit wurde seit Anfang der 1990er häufig benutzt. Angesichts des massiven Anstiegs rassistischer Angriffe im Nachwendedeutschland wurde er in der politischen und wissenschaftlichen Diskussion schnell erfolgreich. Die Feindlichkeit bezieht sich gemäß dieser Begrifflichkeit nicht mehr auf Menschen mit einem besonderen Status (wie Ausländer), sondern auf Menschen mit bestimmten Sozialmerkmalen – Merkmale, die sie anderen als ‹fremd› erscheinen lassen. Von Gewalt waren vornehmlich Asylsuchende betroffen, denn diese galten als besonders fremd. Fremdheit setzt eine Wahrnehmung der Andersartigkeit voraus: Viele Arbeiten, die sich um den Begriff der Fremdenfeindlichkeit zentrieren, gehen von einer natürlichen Dichotomie zwischen dem Fremden und dem Vertrauten aus. Zentral ist der biologische und/oder kulturelle Unterschied zwischen ‹Uns› und ‹den Anderen› (vgl. Terkessidis 2004: 44, 47). Der Begriff Fremdenfeindlichkeit hat mehrere Variationen wie Xenophobie, Fremdenangst oder Fremdenhass. Am Titel des Buches *Fremdenfeindlichkeit. Auf den Spuren extremer Emotionen* aus dem Jahr 2001 ist erkennbar, worum es vielfach bei diesem Begriff geht: um eine affektive Ebene. Den Unterschied zum Rassismus bestimmten die Autoren/innen begriffshierarchisch. Rassismus wird als konkrete Erscheinungsform der Fremdenfeindlichkeit gesehen und über seinen Charakter als Ideologie bestimmt. Fremdenfeindlichkeit sei der Oberbegriff, ein psychologisch-emotionales Programm hinter dem Rassismus. Fremdenfeindlichkeit wird somit als eine Form des psychisch verankerten Erlebens und Verhaltens verstanden. Soziales Verhalten wird in diesen Perspektiven häufig evolutionstheoretisch erklärt. Der Umgang mit ‹Fremden› lasse sich dann aus der stammesgeschichtlichen Entwicklung ableiten (vgl. Wahl/Tramitz/Blumtritt 2001: 28, 38, 41).

Der Soziologe Armin Nassehi[17] (1995) betont bei Fremdenfeindlichkeit etwas anderes als jene biopsychosoziologische Perspektive: Fremdenfeindlichkeit bediene die Vorstellung, dass Fremde in «fast geschlossene» gesellschaftliche Strukturen eindringen würden. Sie geht also eindeutig einher mit der Definition eines nationalen Phänotyps, der Fremde überhaupt erst sichtbar werden lässt. Fremdenangst wird befeuert durch hinzukommende Konkurrenz um knappe Güter (Arbeitsmarkt). Der Fremde wird zum Feind, wenn er aufgrund seiner Sichtbarkeit in Konkurrenzsituationen auftritt (vgl. Nassehi 1995: 457f.). Fremde wirken nach Bornewasser (1995) bedrohlich, weil ihnen erstens vorgeworfen wird, ihrem eigenen Wertesystem näherzustehen als dem aufnehmenden System; weil sie zweitens das Norm- und Wertesystem der aufnehmenden Gesellschaft nicht kennen und schließlich, drittens, weil sie keine anerkennende Beziehung zum aufnehmenden Norm- und Wertesystem haben (vgl. Bornewasser 1995: 96).

Der einflussreiche Schriftsteller und Soziologe Albert Memmi hat in vielen seiner Arbeiten Rassismus als Xenophobie und diese als Teil einer noch grundlegenderen Heterophobie konzeptualisiert: als Angst vor dem ‹Anderen› überhaupt. Das unhintergehbare, geradezu anthropologische Misstrauen gegen Fremde wird im Rassismus instrumentalisiert. Rassismus ist daher nach Memmi als Ausgrenzungsmechanismus Teil eines umfassenderen Mechanismus, nämlich der Xenophobie, der sowohl in der der Welt der Menschen wie in der Welt der Tiere existiert. Doch mit diesem Fokus entgleitet Memmi immer wieder die gesellschaftliche Komponente aus seinen Analysen. Daher kommt er nur zu allgemeinen Aussagen über Herrschaftsstrukturen und Unterdrückung, über sozialisationsbedingte Ursachen rassisti-

17 Armin Nassehi pflegte über drei Monate einen Briefwechsel mit dem extrem rechten Verleger Götz Kubitschek. Dem Buch *Die letzte Stunde der Wahrheit. Warum rechts und links keine Alternativen mehr sind und Gesellschaft ganz anders beschrieben werden muss* (2015) ist dieser Briefwechsel beigefügt.

schen Verhaltens oder über die gesellschaftliche Konstruktion von Sündenböcken, die in seinen Analysen ebenfalls bedeutungsvoll ist. In einem Gespräch mit Christoph Burgmer beschreibt Memmi «eine fast natürliche Art und Weise, ähnlich den Tieren, dass ausgrenzt wird, was nicht zur Gruppe gehört» (Memmi 1998: 51). Der Begriff der Heterophobie fungiert als Oberbegriff für alle möglichen Formen der Ausgrenzung – auch für den Rassismus –, sodass die Spezifik der jeweiligen Phänomene hier untergeht.

Diese Kritik trifft auch die Langzeitstudie *Deutsche Zustände* um den Soziologen Wilhelm Heitmeyer. In der Studie findet sich der Begriff der «Fremdenfeindlichkeit» neben dem des Rassismus als Element der gruppenbezogenen Menschfeindlichkeit (GMF). Im Gegensatz zum mit Natureigenschaften argumentierenden Rassismus sei Fremdenfeindlichkeit einerseits auf kulturelle und materielle Aspekte bezogen, also auf (vermutete) Konkurrenz, (knappe) Ressourcen von Positionen, Plätzen etc. Andererseits bestehe Fremdenfeindlichkeit darin, «‹kulturelle› Rückständigkeit» zu etikettieren (vgl. Heitmeyer 2002: 20). Fremdenfeindlichkeit wird in den *Deutschen Zuständen* meist mit Orientierungslosigkeit, Arbeitslosigkeit etc. erklärt. Damit erscheint sie als Folge von Fehlentwicklungen oder -entscheidungen der Politik. So werden eigentlich rassistische Phänomene, so Attia, im Konzept der GMF entpolitisiert und individualisiert, weil Rassismus nur noch als Reaktion von Individuen auf falsche Politik erscheint. Seine Phänomene gelten dann nicht als mehr Erscheinungsformen eines Problems, das die Gesellschaft in weitem Maße strukturiert (vgl. Attia 2014). GMF wird als Syndrom verstanden, d.h., die einzelnen Elemente hängen miteinander ideologisch zusammen. Der gesellschaftliche Hintergrund der GMF ist die Zeitdiagnose einer zunehmenden Unsicherheit, Orientierungslosigkeit und der Abnahme von demokratischen Werten bei vielen Menschen (vgl. Groß/Zick/Krause 2012).

Am Konzept der Fremdenfeindlichkeit kann vielfältige Kritik formuliert werden. Zunächst einmal wundert es, dass die Irritation der aufnehmenden Gesellschaft offenbar nie nachlässt, denn viele Migranten/innen leben seit Jahrzehnten in Deutschland. Worin genau sich das ‹Eigene› und das ‹Fremde› äußern, wird nicht erläutert. Im Begriff der Fremdenfeindlichkeit selbst schwingt mit, dass Personen angegriffen werden, weil sie das Merkmal ‹fremd› aufweisen, also die Ursache für die Aggression, wenn auch unverschuldet, bei ihnen liegt. Angegriffen werden Personen jedoch, weil die Täter/innen rassistische Haltungen haben. Weit schwerer wiegt die Kritik, dass Theorien der Fremdenfeindlichkeit unbeabsichtigt neorassistische Argumente reproduzieren, indem sie beständig auf den ‹Fremden› als Neuankömmling insistieren (vgl. Terkessidis 2004: 53f.). Wie der Neo-Rassismus postulieren sie – wenn auch aus einer anderen Intention –, dass erst die Nähe die Feindschaft schaffe. Auch befürworten Theorien über Fremdenfeindlichkeit den Unterschied: Jeder Gruppe müsse ihre kulturelle Identität gelassen werden. Insofern ist das Konzept der Fremdenfeindlichkeit durchaus anschlussfähig an den Ethnopluralismus. Allerdings zöge diese Kritik wiederum eine Befürwortung von Assimilationsforderungen nach sich, wenn damit auch ein individuelles «Recht auf kulturelle Differenz» verwehrt würde.

Ein weiterer Einwand bezieht sich auf die Frage, warum Fremde überhaupt Angst und Aggression erzeugen sollen. Warum sind nicht Neugier, ernstes Interesse oder auch nur Faszination die Reaktionen? Wären sie nicht ebenso natürlich? Theorien, die die Feindschaft gegen das Andere anthropologisieren, übernehmen ungewollt eine Entlastungsfunktion bzw. -wirkung. Das Konzept der Fremdenfeindlichkeit bedeutet somit meist die Naturalisierung des Sozialen.

In der *Dialektik der Aufklärung* schreiben Horkheimer und Adorno, dass es die «Wut auf die Differenz» (Horkheimer/Adorno 1997: 233) sei, die Antisemiten/innen und Rassist/innen in ihrem Hass antreibe. Das gilt für den Antisemitismus und biologistischen Rassismus, von dem Horkheimer und Adorno sprachen, aber auch für den kulturalistischen Rassismus, der heute in den westlichen Gesellschaften dominiert. Die Wut auf die Differenz ist der Hass auf die Nicht-Subsumierbarkeit ‹des Anderen›, also ‹das Andere› nicht einordnen zu können. Die Verabsolutierung der Differenz im Neo-Rassismus bezieht sich v.a. auf Differenzsetzungen von völkisch und kulturalistisch gedachten Kollektiven. Die Wut auf die Differenz wird nicht, wie Alex Demirović (1992: 43f.) behauptet, im kulturalistischen Rassismus bedeutungslos: Dieser akzeptiert Differenz schließlich nur auf Distanz und in einem Außenverhältnis (vgl. zur innen- und außenpolitischen Dimension des Ethnopluralismus auch Globisch 2011). Im Neo-Rassismus wird individuelle Differenz unter dem Vorrang kollektiver Differenz negiert und führt zu

Gleichmacherei von Individuen. Gegen die imaginierte ‹EU-Vereinheitlichung› beispielsweise setzt er die Differenz der Stämme und Völker – die in sich aber ihrerseits die Einzelnen bloß zum Exemplar ihrer Kultur machen. Auch der Neo-Rassismus ist eine Wut auf die Differenz.

4.4 Rassistisches Vorurteil oder Ideologie?

Dass Rassisten/innen Vorurteile hegen, ist unstrittig. Aber reicht es, den Rassismus als Ansammlung von Vorurteilen zu begreifen? Vorurteile sind meist voreilig getroffene, verallgemeinernde und klischeehafte Urteile über Personen und Gruppen. In dem Klassiker der Vorurteilsforschung *Die Natur des Vorurteils* (1971 [1954]) von Gordon W. Allport wird ein ethnisches Vorurteil definiert «als eine Antipathie, die sich auf eine fehlerhafte und starre Verallgemeinerung gründet. Sie kann ausgedrückt oder auch nur gefühlt werden. Sie kann sich gegen eine Gruppe als ganze richten oder gegen ein Individuum, weil es Mitglied einer solchen Gruppe ist.» (Allport 1971: 23) Auch heute noch wird der Vorurteilsbegriff vor allem im Zusammenhang einer Analyse des Rassismus aus Sicht der Sozialpsychologie verwendet (vgl. dazu bspw. Zick 1997, der einen guten Überblick auch über die moderne Vorurteilsforschung liefert).

Vom Begriff des Vorurteils lässt sich der Begriff der Ideologie abgrenzen. Ideologien sind, anders als Vorurteile, nicht nur Irrtümer oder fehlerhafte Verallgemeinerungen, die mit einer richtigen Gegenüberstellung zu korrigieren wären, sondern sie erfüllen Funktionen und haben ihre Ursache in einer bestimmten Gestalt der Gesellschaft, die darauf bezogene «Ideen, Überzeugungen und Werte [...] des gesellschaftlichen Lebens» (Eagleton 1993: 38) generiert. So schreibt Theodor W. Adorno im *Beitrag zur Ideologielehre* (1972 [1954]): «Von Ideologie lässt sich sinnvoll nur soweit reden, wie ein Geistiges selbstständig, substantiell und mit eigenem Anspruch aus dem gesellschaftlichen Prozeß hervortritt. Ihre Unwahrheit ist stets der Preis eben dieser Ablösung, der Verleugnung des gesellschaftlichen Grundes.» (Adorno 1972: 474) Wesentlich ist hierbei die Feststellung, dass Ideologien bestimmte Vorstellungen als selbständig bzw. natürlich ausweisen und nicht als etwas, dessen Grund in gesellschaftlichen Verhältnissen liegt. Die alte rassistische Vorstellung von der Dummheit der Schwarzen ist für Rassisten/innen überzeugend, weil sie etwaige Bildungsgunterschiede als Ausdruck natürlicher Anlagen werten und nicht als Resultat sozialer Prozesse, wie den verweigerten Zugang zu Bildung und gesellschaftlicher Teilhabe. Adorno betont den rationalen Wahrheitsanspruch von Ideologien ebenso wie ihre Verankerung in materieller Praxis. Der Wahrheitsgehalt des Rassismus besteht in der Feststellung offensichtlich physiologischer Unterschiede, seine Unwahrheit in der Schlussfolgerung, dass diese Unterschiede wesenhaft auf Eigenschaften oder beispielsweise Fähigkeiten verweisen oder Menschen zu bestimmten kulturellen Praxen hin disponieren würden. Das Ideologische am Rassismus ist die Naturalisierung des Sozialen und die Legitimation von Ungleichheit unter Rückgriff auf Natur oder Kultur. «Denn *Ideologie ist Rechtfertigung.*» (ebd.: 465; Herv.i.O.).[18]

Auch bei Eric Hobsbawm findet sich dieser Gedanke von Ideologie als Rechtfertigung: «Abgesehen davon, daß sie eine brauchbare Legitimationsgrundlage für die Herrschaft von Weiß über Schwarz, Reich über Arm abgaben, lassen sich Rassentheorien wohl am angemessensten als ein Rationalisierungsmechanismus interpretieren, auf den eine im wesentlichen nicht-egalitäre Gesellschaft, die mit einer im wesentlichen egalitären Ideologie einherging, angesichts weiterbestehender realer Ungleichheiten auf keinen Fall verzichten konnte und mit dessen Hilfe sie all jene Privilegien zu begründen und zu verteidigen suchte, die durch den inhärenten Demokratismus ihrer Institution zwangsläufig in Frage gestellt wurden. Da dem Liberalismus vernunftgemäße Argumente zur Abwehr von Gleichheit und Demokratie nicht zu Gebote standen, mußte die irrationale Rassenschranke errichtet werden: denn sogar die Wissenschaft, die Trumpfkarte des Liberalismus, konnte ja beweisen,

18 Daran knüpft sich für Adorno die Frage, wie es sich in Gesellschaften verhält, die eine solche Rechtfertigung nicht benötigen, weil sie Ungleichheit und Ungleichwertigkeit offen propagieren. Unter dem Eindruck totalitaristischer Gesellschaftsformationen werde der Ideologiebegriff zunehmend überflüssig. Der Vernichtungswunsch, die autoritäre Wut ist für ihn keine Ideologie mehr: «Wo bloße unmittelbare Machtverhältnisse herrschen, gibt es eigentlich keine Ideologien. […]. Wollte man jedoch etwa die sogenannte Ideologie des Nationalsozialismus ebenso kritisieren, man verfiele der ohnmächtigen Naivität.» (Adorno 1972: 465)

daß die Menschen *nicht* gleich waren.» (Hobsbawm 1980: 336; Herv.i.O.)

Selbst in Arbeiten, die zunächst Rassismus sehr deutlich als «ein extremes Vorurteil im Sinne einer Abwertung von Menschen nach (quasi-)biologischen bzw. naturwissenschaftlichen Kriterien» definieren (Zick/Küpper 2008: 113), wird im Zuge weiterer Überlegungen deutlich, dass Rassismus eben mehr ist als nur ein einfaches Vorurteil. Er hat eine gesellschaftliche Funktion, die darin besteht, direkt oder indirekt die Überlegenheit einer Gruppe zu rechtfertigen und zu legitimieren, indem auf natürliche Differenzen zwischen Gruppen verwiesen wird (vgl. ebd.: 112). Eine Ideologie ist ein Rechtfertigungssystem, im Fall der rassistischen Ideologie also ein Rechtfertigungssystem für Ungleichheit im Angesicht gegenteiliger Gleichheitspostulate.

Rassismus lediglich als Vorurteil zu konzipieren, würde die Ursache dieses Problems in das einzelne Individuum verschieben und damit die gesellschaftliche Bedeutung vernachlässigen. Die damit verbundenen Interventionsmöglichkeiten wären entsprechend fehlgeleitet, weil versucht würde, mit pädagogischer, psychologischer oder aufklärungsbasierter Überzeugungsarbeit den Einzelnen von der Falschheit seiner rassistischen Auffassungen zu überzeugen. Das trifft allerdings den Kern des Rassismus nicht. Rassismus ist eine Herrschaftspraxis. Der ideologische Gehalt des Rassismus liegt darin, Ungleichheit und Ausbeutung – ob nachträglich oder zukünftig – zu legitimieren.

5 Abgrenzung und Verbindung zu anderen Ausschließungspraxen

Eine weitere Konturierung des Rassismusbegriffes soll im Folgenden dadurch erreicht werden, dass der Rassismus ins Verhältnis zu anderen Ausschließungspraxen gesetzt wird. Zunächst werden die ideologischen Verknüpfungen von ‹Rasse›, Klasse und Geschlecht sowie das symbiotische Verhältnis von Rassismus und Nationalismus betrachtet. Abschließend werden die Spezifika und Ähnlichkeiten von Antisemitismus und Rassismus herausgearbeitet.

5.1 ‹Rasse›, Klasse und Geschlecht

Wie werden andere Diskriminierungspraxen (Sexismus, Klassismus usw.) in den einzelnen Theorien in ihrem Verhältnis zum Rassismus behandelt? Um einen Einblick in die Diskussionen zu geben, stelle ich nachfolgend drei Perspektiven (Wulf D. Hund, Etienne Balibar und Cornelia Klinger) vor, die sich in ihren Analysen und Schwerpunktsetzungen deutlich widersprechen.

Wulf D. Hund geht es mit seiner Arbeit *Geschlecht, Klasse, Nation und Rasse* (2002) darum zu zeigen, wie diese Kategorien analytisch bis weit in die Anfänge der Philosophie hinein miteinander verknüpft sind und Prozesse von Ein- und Ausschluss seit der Antike vermitteln. Sehr beispielreich zeigt Hund, wie über Herabsetzung und Ausgrenzung ein System «herrschaftlicher Vergesellschaftung» (Hund 2002: 24) schon mit Aristoteles entsteht. Die Begriffe Vernunft, Begierde und Leib seien zur essenziellen Eigenschaftsbeschreibung von Mann, Frau und Sklave etabliert worden. Der Mangel an Vernunft – im Umkehrschluss ein Übermaß an Triebhaftigkeit – gilt nicht nur für Frauen, sondern ebenso für untere Klassen und niedere ‹Rassen›. Dies führt nach Hund zu der Schlussfolgerung, dass Ausgrenzung auch hier schon rassistisch war, obwohl es den Begriff ‹Rasse› noch nicht gab. Auch jene Ausgrenzung sei rassistisch, die Geschlechter, Klassen, Nationen oder Kulturen unterscheidet (vgl. ebd.: 24).

«Wie schon in der Antike gibt es auch im Mittelalter und in der Renaissance zahlreiche Versuche, das Menschsein anderer herabzusetzen und die dadurch entstehenden Gruppen hierarchisch zu ordnen. Das gilt nicht nur für Frauen und Männer oder Juden und Christen, sondern auch für soziale Klassen. Zum einen existiert die Institution der Sklaverei ununterbrochen fort. Die klassischen Argumente ihrer Legitimation und damit auch die Herabstufung der menschlichen Eigenschaften der Sklaven werden beibehalten. Die Rhetorik des Aristoteles prägt auch die Auseinandersetzung um die Sklaverei im Zuge der europäischen Expansion.» (ebd.: 29) Hund weist Philosophen der Aufklärung wie Hegel nach, dass diese sowohl außer- wie innereuropäische Rassenkonstruktionen betreiben. Und Hund sieht, dass soziale und natürliche Differenz, die soziale Ungleichheit absichern soll, als Grundlage der Gesellschaft auch bei den französischen Aufklärern – wie Paul Thiry d'Holbach – positiv bestimmt werden. Hund kritisiert den Zivilisierungsgedanken, der die aufklärerischen Ideen von Anfang an begleitet hat und der anstrebt, dass sich andere Gesellschaften nach europäischem Modell verändern (vgl. ebd.: 19–21). Als Kern rassistischer Diskriminierung bestimmt er die «herrschaftlich bestimmte Zuschreibung unterschiedlicher Grade des Menschseins mit Hilfe kulturalistischer und biologistischer Kriterien» (ebd.: 25). Der alte Gedanke von ‹Zivilisierten› und ‹Barbaren› wie die alte Praxis der Ausgrenzung finden in den Rassentheorien einen neuen Rahmen, mit dem Unterschied, dass die neuen Rassentheorien behaupten, ihre Vorurteile mittels verschiedener Methoden messen und belegen zu können (ebd.: 33).

Hund legt erstens nicht nur einen extrem weit gefassten Rassismusbegriff zugrunde. Er datiert zweitens den Beginn des Rassismus als Ausgrenzungs- und Legitimationspraxis bereits in die Zeit der griechischen Antike. Der Prototyp dieser rassistischen Abstufung sei die Abstufung der Geschlechter. Nicht erst die Rassentheorien des 19. Jahrhunderts markierten den Beginn des Rassismus[19], sondern die Praxis der Legitimierung von Ungleichheit bereits viele Jahrhunderte zuvor. Warum aber

19 ‹Rasse› als Begriff taucht nachweislich in Spanien während der sogenannten Reconqusita im 15. Jahrhundert auf, wie ich bereits in Abschnitt 2 ausgeführt habe.

sollte Herrschaft, die sich noch nicht den Gleichheitsidealen moderner Gesellschaften gegenübersieht, ihre Herrschaft in dieser Hinsicht überhaupt legitimieren müssen? Trifft nicht auf die Rassismustheorie auch zu, was Reinhard Rürup (2004: 82) einer Antisemitismusforschung vorgeworfen hat, die eine Jahrhunderte alte Kontinuität der Judenfeindschaft annimmt: In den überhistorischen Kontinuitäten werden alle Katzen grau. Diese Perspektive einer jahrhundertealten Kontinuität ist nicht nur geschichtsvergessen, weil sie auf der Suche nach Kontinuitäten nicht mehr die sozialen und gesellschaftlichen Spezifika historischer Epochen erfassen kann. In der Vormodere gibt es ohne Frage noch kein bürgerliches Subjekt, das sich selbst vertreten kann und es gibt keinen Gleichheitsdiskurs. Diese Perspektive ist auch deshalb schon analytisch eingeschränkt, weil sie keine Anhaltspunkte für eine Überwindung dieser Ausgrenzungspraxen liefern kann.

Etienne Balibar fragt in seinem Aufsatz *Der ‹Klassen-Rassismus›* (1998): «Welches Verhältnis besteht zwischen dem Rassismus als zusätzlichem Element des Nationalismus, und dem irreduktiblen [nicht von etwas anderem ableitbaren, U.M.] Klassenkonflikt in der Gesellschaft?» (Balibar 1998: 247) Der Titel des Aufsatzes lässt verschiedene Zugänge zu.

Ein erster möglicher Zugang betrifft die Frage, ob *Angehörige bestimmter Klassen besonders anfällig für rassistische Einstellungen* sind. Balibar spricht diesen Punkt nur sehr knapp an. Er geht von der Feststellung einer Glorifizierung der manuellen Arbeit innerhalb der Arbeiter/innenklasse aus, die nicht nur die Arbeitenden zu einem Block formiere, der «die Signifikanten des Klassen-Rassismus gegen die bürgerliche Gesellschaft» (Balibar 1998: 258) kehre. Diese Glorifizierung löse darüber hinaus aber auch eine Ambivalenz beim Arbeitenden aus: Der Wunsch, dem Ausgebeutet-Sein in der Arbeiterklasse zu entrinnen und die Zurückweisung der Verachtung, die manueller Arbeit entgegengebracht wird, führe zu einer Ambivalenz, die sich im Verhältnis zum Nationalismus / zur Fremdenfeindlichkeit zeige. Wenn Arbeiter/innen den Nationalismus praktisch zurückweisen, vollzögen sie eine politische Alternative zur Überaffirmation von Arbeit und könnten Veränderungen bewirken. Wenn sie allerdings, was weitaus häufiger der Fall ist, Verzweiflung, Ängste und Ressentiments auf Fremde projizieren, schalten sie nicht nur die migrantische ‹Konkurrenz› aus, sondern «sie versuchen, sich von ihrem eigenen Ausgebeutetsein zu distanzieren. Sie hassen sich selbst als Proletarier oder als Menschen, die in die Mühle der Proletarisierung geraten sind» (Balibar 1998: 258).

Der *klassenstrukturierte Kapitalismus* braucht, so Balibar zweitens, ‹rassische› Zuordnungen. Die Idee der Gleichheit aller Menschen, so der Gedanke, stehe im realen Widerspruch zur nicht verwirklichten Gleichheit in dieser Gesellschaft. Die bürgerlichen Revolutionen propagierten die Egalität aller (vgl. Balibar 1998: 253). Der Widerspruch zwischen diesem Ideal und der faktischen Ungleichheit, die das System der Lohnarbeit hervorbringe, werde nun durch biologische Zuordnungen gelöst. Die Behauptung angeborener Fähigkeiten schreibt somit Menschen auf die Erfüllung bestimmter Funktionen innerhalb einer Ordnung fest. Die ideologische Verbindung von biologischen Merkmalen und einer untergeordneten Rolle in der sozialen Ordnung wird möglich, wo Veranlagungen hierarchisiert und sozial produzierte Unterschiede falsch als Veranlagung biologisiert werden. Was Resultat sozial produzierter Ungleichheit ist, dient dann zu ihrer pseudonatürlichen Rechtfertigung. Solche Strategien erlaubten es, Menschen zu teilen in die normalen Menschen, die von der Idee der Gleichheit – und damit von der Staatsbürgerschaft – eingeschlossen und solche, die davon ausgeschlossen waren (vgl. ebd.: 253f.). «Der herrschenden Klasse und den unteren Klassen selbst geht es darum, daß der Klassen-Rassismus[20] dies leistet: er hat den Bevölkerungsgruppen generische Merkmale anzuheften, die kollektiv für die kapitalistische Ausbeutung vorgesehen sind oder für sie in Reserve gehalten werden […]. Von Generation zu Generation muß er diejenigen ‹an ihrem Platz halten›, die keinen festen Platz haben und eben darum eine Genealogie brauchen.» (ebd.: 257) Mit Rassenvorstellungen wurden einerseits die Arbeiter/innenklassen in Nationalstaaten beschrieben. Arbeiter/innen gelten und galten als Angehörige von Gruppen mit geringer Intelligenz, dafür aber guten körperlichen Eigenschaften, die sie für die Ausführung schwerer Arbeit disponieren. Andererseits wurden Rassenvorstellungen bekanntermaßen auf die Bevölkerung in den Kolonialgebieten angewendet, wodurch ganze Gesellschaften für ‹rassisch› minderwertig erklärt wurden. Der Prozess der Ras-

20 Dieser Begriff wird auf den nächsten Seiten noch genauer erläutert werden.

sifizierung ermöglicht es in dieser Hinsicht, Arbeit und gesellschaftliche Position gemeinsam zu definieren.

An diese Überlegungen schließt der dritte Zugang Balibars zum Verhältnis von ‹Rasse› und Klasse an: die *Klassenabwertung als eine Form des Rassismus*. Balibar spricht von einer institutionellen Rassierung der manuellen Arbeit, also der Behauptung einer natürlichen Veranlagung mancher Menschen für ermüdende und schmutzige Arbeiten (Menschen mit körperlicher Kraft, aber wenig Intelligenz). Gleichzeitig hätten genau diese Menschen einen angeborenen Hang zur Faulheit und bedürften daher eines ‹Herren›, der sie antreibt und anleitet. Die industrielle Revolution führte nicht nur zu einer Verachtung der manuellen Arbeit, sondern der mechanisierten und körperlichen Arbeit (ebd.: 254f.). Der Klassen-Rassismus führt für einen Großteil der Arbeiter/innenklasse zu einer «kastenmäßigen Geschlossenheit» (Balibar 1998: 256), weil soziale Mobilität so gut wie unmöglich wird und Klassenzugehörigkeit auch eine «gewisse *soziale Erblichkeit*» (ebd.: 257; Herv.i.O.) aufweist. Das Argument von der sozialen Erblichkeit hat Didier Eribon in seiner gesellschaftsanalytischen Autobiographie *Rückkehr nach Reims* (2016) erneut starkgemacht. Eribon spricht von einem «sozialen Determinismus» bzw. von «sozialem Schicksal» (Eribon 2016: 44, 46). Damit meint Eribon, dass wir von klein auf durch unsere Familie und die Milieus in denen wir aufwachsen, geprägt werden. Mehr noch: diese Prägungen bestimmen, wer wir werden und wo wir unseren Platz im Leben finden können (vgl. ebd.). «Das Wort ‹Ungleichheit› ist eigentlich ein Euphemismus, in Wahrheit haben wir es mit nackter, ausbeuterischer Gewalt zu tun. Der Körper einer alternden Arbeiterin führt allen die Wahrheit über die Klassengesellschaft vor Augen.» (ebd.: 78)

Viertens führt Balibar aus, *sei ‹Rasse›, historisch betrachtet, erst später ‹ethnisch› aufgeladen* worden. Die Feststellung, dass «die rassistischen Darstellungen der Geschichte von Anfang an mit dem Klassenkampf verknüpft sind» (Balibar 1998: 251), ist die bedeutungsvollste Argumentation in Balibars Text. Erst später, so Balibar, wurde der Rassenbegriff ‹ethnisiert› und hat sich mit dem Nationalismus verbunden (vgl. ebd.). Rassismus beginnt historisch gesehen als Klassenrassismus (Kastensystem). Die Aristokratie fürchtete mit dem Entstehen der Bourgeoisie um ihre Macht und erfindet das ‹blaue Blut›. Ursprünglich ist

Rassismus ein Verfahren zur Aufwertung der Eigengruppe. Erst später betrifft Rassismus auch Arme und nicht-bürgerliche Gruppen im Inneren der Gesellschaft, also die sklavenhafte Darstellung der Bevölkerungsschichten als niedere ‹Rassen›. Anschließend verschob sich die Idee der biologischen Ungleichheit zwischen den Klassen zur Idee der kulturellen Differenz. Im Zuge der Kolonialisierung wurden rassistische Vorstellungen auf die geographische Herkunft statt auf die Klasse zurückgeführt, sprich nach außen verschoben. Rassismus bezeichnet im Anschluss an Balibar folglich eine «spezifische Verlaufsform sozialer Konflikte» (Tsianos/Karakayali 2014: 34). Alle diese Verschiebungen des Rassismus auf unterschiedliche Objekte eint die Vorstellung, dass Menschen durch Kultur und Biologie statt durch das Soziale determiniert sind.

Während Hund argumentiert, dass ‹Rasse›, Klasse, Geschlecht und Nation Prozesse von Ein- und Ausschluss seit der Antike vermitteln, diskutiert Balibar verschiedene Verknüpfungen von Klasse und ‹Rasse›. Geschlecht bleibt bei ihm allerdings eine Leerstelle. Die folgenden Überlegungen Cornelia Klingers fokussieren auf den Gleichheitsdiskurs der Moderne. Dieser, argumentiert Klinger, führe zur Verschleierung sozialer und ökonomischer Ungleichheit.

Klinger knüpft dabei sowohl an materialistische, feministische Theoriebildung, wie Shulamith Firestones *The Dialectic of Sex. The Case for Feminist Revolution* (1975 [1970])[21], wie auch an die von Autorinnen wie Gayatri Chakravorty Spivaks begründeten Subaltern Studies an. So kritisiert Spivak in ihren Schriften einen weißen Feminismus, der eben nicht alle Frauen repräsentiere und insbesondere nicht die besondere Unterdrückungssituation von kolonialer und patriarchalischer Ausbeutung berücksichtige (vgl. Spivak 1993). Diese Kritik am weißen Feminismus nimmt Klinger in ihre Analysen auf. Für sie bilden ‹Rasse›, Klasse und Geschlecht seit Ende der 1980er-Jahre den Kern der Identitätskategorien in der sozialwissenschaftlichen Forschung. Doch das Problem der alleinigen Erfassung dieser Kategorien als Identitäten sei, dass ‹Rasse›, Klasse und Geschlecht als «individuelle Erlebnisqualitäten» (Klinger 2003: 25) erscheinen, wie Klinger in ihrem Aufsatz *Ungleichheit in den Verhältnissen von*

21 Auf Deutsch erschienen 1975 unter dem Titel: *Frauenbefreiung und sexuelle Revolution.*

Klasse, Rasse und Geschlecht (2003) kritisiert. Werden sie Teil von ‹Identitätspolitik›, dann verlieren sie Inhalt und Bedeutung. Insbesondere in der Intersektionalitätsdebatte werden sie zu Kategorien des persönlichen Empfindens, die dabei den Blick für objektive Herrschaftsverhältnisse aus den Augen verliert. ‹Rasse›, Klasse und Geschlecht müssen für Klinger daher als Strukturkategorien in modernen kapitalistischen Gesellschaften verstanden werden.

Strukturkategorien regeln die soziale Praxis im Hinblick auf die Herstellung und Verteilung der Mittel zum Leben, die Regelung der Produktion und Distribution von Gütern aller Art, die Erzeugung und Erhaltung des menschlichen Lebens selbst, die Lebenshaltung und Lebensführung sowie die Regelung der alltäglichen menschlichen Beziehungen. Fast alle ausdifferenzierten Gesellschaften sichern ihren Bestand über Herrschaft. «Herrschaft polarisiert Befehl und Gehorsam, verteilt Nutzen und Lasten ungleich und impliziert Aneignung und Enteignung, Ausbeutung und Unterdrückung.» (Klinger 2012: 7f.) Ungleichheit ist somit nicht nur eine marginale Anomalie oder Pathologie moderner Gesellschaften: Sie ist vielmehr prägendes Merkmal; sie ist funktional und hat einen systematischen Charakter. Ungleichheit steht dabei im Widerspruch zu den Postulaten und Leitideen moderner westlicher Gesellschaften, wie Freiheit, Gleichheit, Solidarität. Moderne Gesellschaften können Gleichheit nicht herstellen; sie können jedoch ebenso wenig auf Dauer bestehende Ungleichheit mit Sinn füllen. Menschen und ihre Theorien gehen aber dennoch von der Gültigkeit der Leitideen aus (vgl. Klinger/Knapp 2007: 20). Somit ist es die Funktion der Strukturkategorien, soziale Ungleichheit und mit ihr Herrschaft praktisch wie geistig zu stabilisieren.

Wenn ‹Rasse›, Klasse und Geschlecht die zentralen Kategorien der Gesellschaftsanalyse sein sollen, muss gefragt werden, was sie von anderen Kategorien unterscheidet, was sie inhaltlich gemeinsam haben und was das Spezifikum jeder einzelnen Kategorie ist (vgl. Klinger 2003: 26). «Klasse, Rasse und Geschlecht sind nicht bloß Linien von Differenzen zwischen individuellen oder kollektiven Subjekten, sondern bilden *das* Grundmuster von gesellschaftlich-politisch relevanter Ungleichheit, weil Arbeit, und zwar namentlich körperliche Arbeit, ihren Existenzgrund und Angelpunkt ausmacht. Ferner stimmen Klasse, Rasse und Geschlecht darin überein, dass in allen drei

Hinsichten ein Ungleichheit begründender und legitimierender *Fremdheitseffekt*, d.h. eine Ausgrenzung (Externalisierung) erzeugt wird, mit dem Ziel oder mindestens mit dem Resultat, eine Reduzierung des für die geleistete Arbeit zu entrichtenden Preises herbeizuführen d.h. Ausbeutung stattfinden zu lassen.» (Klinger 2003: 26; Herv.i.O.) Unterschiede zwischen den Kategorien bestehen hinsichtlich der Art der Arbeit wie auch im Hinblick auf die spezifische Form von Fremdheit. Für alle Kategorien trifft zu, dass die *Arbeit* schmutzig und schwer ist und der Herstellung von Sachen und Leben dient. In Bezug auf *Fremdheit* lassen sich folgende Präzisierungen treffen: Klasse ist die Fremdheit innerhalb des Nationalstaates; ‹Rasse› drückt Fremdheit außerhalb des Nationalstaates aus; Geschlecht bestimmt die Fremdheit innerhalb der Gesellschaft (Familie). Die Benachteiligungssituation verschärft sich mit der Anzahl der Überschneidungen von Negativfaktoren (Klasse: unten, Geschlecht: weiblich, ‹Rasse›: schwarz). Unklar ist aber, ob der Umkehrschluss zutrifft, dass die Zugehörigkeit zu nur einer benachteiligenden Kategorie die Benachteiligung abschwächt (vgl. ebd.: 34). Diesen Strukturkategorien korrespondieren nach Klinger drei Herrschaftsverhältnisse: Kapitalismus, Imperialismus und Patriarchat. Sie sind die Pfeiler des Gebäudes der modernen Gesellschaft (ebd.: 36). Rassismus kommt als Begriff bei Klinger nicht vor. Rassismus erscheint hier als Aspekt von Fremdheit. Stattdessen spricht sie von Ethnozentrismus im Innen- und Außenverhältnis einer Gesellschaft, der nur als Ableitung des Herrschaftsverhältnisses Nationalismus/Imperialismus behandelt wird.

5.2 Rassismus und Nationalismus

Zwar wurde bei Hund der Zusammenhang von Rassismus und Nationalismus schon angedeutet, verdient aber wegen der historischen Synergien besondere Aufmerksamkeit. Ich werde mich auf den deutschen Nationalismus konzentrieren, auch wenn es durchaus lohnenswert wäre, andere Formen des Nationalismus zu betrachten, wie beispielsweise das französische oder US-amerikanische Modell als politische Nationform, um die unterschiedlichen Konsequenzen dieser Formen aufzuzeigen.

Was ist eine Nation? Ganz allgemein ließe sich Nation als eine Großgruppe beschreiben, die eine gemeinsame Abstammung, Sprache, Kultur, Religion, Geschichte und natürlich das gleiche Territorium teilt. Diese Definition kann erweitert werden um die Merkmale gemeinsam geteilter Gesellschaftsvorstellungen und um eine Rechts- und Staatsordnung, der sich die Mitglieder der Nation unterwerfen. Dass diese Definition mit ihren objektiven Kriterien von den meisten Nationalismusforscher/innen abgelehnt wird, hat verschiedene Gründe, wie Gerd Wiegel in seinem Buch *Nationalismus und Rassismus. Zum Zusammenhang zweier Ausschließungspraxen* (1995) zeigt. Zu diesen zählt der Umstand, dass es viele Nationen gibt, auf die diese Merkmale nicht zutreffen. Weil so eine idealtypische Definition wenig hilfreich ist, beziehen sich Rassismustheoretiker wie Eric Hobsbawn, Benedict Anderson oder Ernest Gellner auf das Individuum: Wenn sich Mitglieder einer großen Gemeinschaft als Nation betrachten, also in ihren Köpfen die Vorstellung einer Nation existiert, dann gibt es diese Nation. Das heißt, der Mensch erschafft die Nation; sie ist nicht etwas, das einfach da ist, sondern etwas, was durch die Willensbekundung von Menschen entsteht. Die Vorstellung einer Nation als Verbund von Gleichen kann auch darüber hinwegtäuschen, dass die Angehörigen dieser Nation objektiv ungleich sind, beispielsweise im Hinblick auf ihr Vermögen und ihre soziale Stellung (vgl. Wiegel 1995: 24f.). Wenn gesagt wird, dass es sich bei Nationen wie auch bei Ethnien und sogar ‹Rassen› um eine Konstruktion handelt, so heißt das indes nicht, dass sie nicht real sind. Obwohl es sich bei der Nation um eine vorgestellte Gemeinschaft handelt, entfaltet diese doch eine politische und gesellschaftliche Wirkmächtigkeit, «da sie den Ver*gemeinschaft*ungsprozess fördert und somit zugleich die Ver*gesellschaft*ung, also die Emanzipation des Individuums von seinen vorpolitischen Zwängen, hemmt bzw. regressiv unterminiert» (Salzborn 2011: 153; Herv.i.O.).

Der Blick auf die historische Entwicklung von Nationalismus und Rassismus in Deutschland zeigt, dass sich beide in enger Wechselwirkung im 18. Jahrhundert entfaltet haben. Die Bedingungen ihrer Durchsetzung sind die kapitalistische Produktionsweise, die Durchsetzung moderner, methodisch geregelter Wissenschaften (Kategorisieren, Systematisieren) sowie das Entstehen spezieller Forschungsgebiete wie Anthropologie, Physiognomik und Phrenologie. Insbesondere die Säkularisierung hebt religiöse Gewissheiten auf und hinterlässt ein Orientierungsvakuum, das von der Vorstellung einer nationalen Gemeinschaft geschlossen wird. Um die Vorstellung der Nation zu stabilisieren, bot sich der Rassismus an (vgl. Wiegel 1995: 81f.). Wir haben bereits in den bisherigen Ausführungen gesehen, dass der Rassismus eine Ausschließungspraxis ist. Dieser hat, wie unter Abschnitt 2.2 gezeigt, mit den Rassentheorien seine pseudowissenschaftliche Fundierung erfahren. «Für die Begründung der Nation bietet sich mit der Verwissenschaftlichung des Rassismus die Möglichkeit, eine ethnische Basis zu definieren und so mittels Einschließung der eigenen und Ausschließung fremder Individuen eine innere Homogenisierung und eine äußere Abgrenzung zu ermöglichen.» (Wiegel 1995: 81) Auch Salzborn betont, wie stark die Fortentwicklung der Naturwissenschaften seit dem 18. Jahrhundert die Ordnungssysteme, die sich um die Klassifizierung von Menschengruppen bildeten, fundierte (vgl. Salzborn 2011: 156).

Im 19. Jahrhundert wird die Verbindung von Rassismus und Nationalismus noch enger. Das Verständnis von Nation als einer Kulturnation – einer Nation, die auf Kultur und Sprache und nicht auf politisch-rechtliche Ordnungen gründet – hat in Deutschland von Anfang an auf eine ‹rassisch›-ethnische Begründung zurückgegriffen. Um diese nationale Identität zu schützen, fordert schon Johann Gottfried Herder, ein Philosoph der Aufklärung, dass die nationale Kultur reingehalten werden müsse. Hinter solchen Forderungen steckt immer auch, dass einer Kultur ein Wert an sich zugeschrieben wird, der bewahrt werden muss. Damit reduziert sich die Zugehörigkeit zu einer solchen Gemeinschaft auf die Abstammung. Nation ist im deutschen Verständnis etwas vom Staat Unabhängiges. Der Staat bildet sich erst in Konsequenz einer bereits bestehenden Nation. Im Staat drücke sich die Nation bloß aus (vgl. dazu Wiegel 1995; Bourdieu 1992: 601–605). Im frühen 19. Jahrhundert – lange vor einem einheitlichen deutschen Nationalstaat – etablierte sich auch der Volksbegriff, der bis heute zentraler Bezugspunkt für die Vorstellung nationaler Gemeinschaften ist. Für die deutsche Variante ist das Volk der Träger dieser organisch bestimmten nationalen Idee. Das völkische Verständnis von Nation wird vielfach als eine wichtige Voraussetzung für die eliminatorischen Ausprägungen des Nationalsozialismus angesehen (vgl. Wiegel 1995: 19–21).

Eine enge Verbindung hatten Rassismus und Nationalismus im Zuge des Kolonialismus. Während dieser Zeit dienten die neu entstandenen Rassentheorien als Legitimation für die Ausbeutung, Unterdrückung und Sklaverei von Menschen in und aus den Kolonien. Im 19. Jahrhundert steigerten Nationalismus und Rassismus sich gegenseitig nicht nur durch die ökonomische Expansion des Kapitalismus in die außereuropäische Welt, sondern auch durch die zunehmende Konkurrenz zwischen den neu etablierten Nationalstaaten, einhergehend mit der beginnenden Massenwanderung ganzer ‹Völker›. Die Rassentheorien wurden in ihren Taxonomien noch feingliedriger und stellten für jede Nation eine eigene Rassenidee bereit, womit «jedes Volk, und damit die Basis einer jeden Nation, eine eigene, signifikant von anderen unterschiedene Rasse» (Wiegel 1995: 84) darstellte. Wiegel spricht daher von einer Verschmelzung beider Ideologien in der zweiten Hälfte des 19. Jahrhunderts, die maßgeblich auf der innereuropäischen Differenzierung durch Nationalisierung beruhte.

Beide Ideologien ermöglichen eine wechselseitige Legitimation und Möglichkeiten der Ein- und Ausgrenzung. Diese erfolgen über das Staatsangehörigkeitsrecht auf einer institutionellen Ebene. Grundsätzlich lassen sich folgende Weisen unterscheiden, die Staatsangehörigkeit zu erlangen: Ein politisches Verständnis von Staatsbürgerschaft bezieht sich auf gemeinsame politische Werte; das ius soli (Geburtsortsprinzip) bezieht sich auf den gemeinsamen Ort der Geburt oder die Dauer der Niederlassung (bis 1870 rechtliche Grundlage in ganz Europa) und das ius sanguinis spiegelt ein ethnisches Verständnis von Staatsbürgerschaft wider (ab 1870 in einigen Staaten Europas wie Deutschland).

Das ius sanguinis ist das Abstammungsprinzip. Es entspricht dem Glauben an die blutsmäßige Bindung einer Gemeinschaft, der man nicht einfach durch Bekenntnis beitreten kann. Es enthielt lange die Vorstellung angeborener Tugenden und Fähigkeiten (vgl. Wiegel 1995: 87f.). Bis in das Jahr 2000 war das ius sanguinis das rechtlich bindende Prinzip bei der Vergabe der Staatsbürgerschaft in Deutschland und bedeutete, dass ein in Berlin geborenes Kind türkischer Eltern kein Deutscher war oder werden konnte. Die Reform von 2000 änderte das alte Staatsbürgerschaftsrecht von 1913 in Deutschland. Die Reform enthielt die Hinnahme einer doppelten Staatsbürgerschaft (Doppelpass) und die Ergänzung des Abstammungsprinzips durch Elemente des Geburtsortsprinzips (jus soli). Ein Kind ausländischer Eltern, das in Deutschland geboren wird, erhält neben der Staatsangehörigkeit seiner Eltern automatisch die deutsche Staatsbürgerschaft. Die Voraussetzung dafür ist, dass zumindest ein Elternteil zum Zeitpunkt der Geburt des Kindes seit acht Jahren rechtmäßig in Deutschland lebt und über eine Aufenthaltsberechtigung oder seit drei Jahren über eine unbefristete Aufenthaltserlaubnis verfügt. Noch 1995 kritisierte Wiegel, dass Forderungen, das geltende Abstammungsprinzip nach den rassistischen Brandanschlägen von Mölln und Solingen abzuschaffen, nicht entsprochen wurde (vgl. ebd.: 89). Fünf Jahre später wurde der institutionelle Spielraum nun dahingehend verändert, dass die Möglichkeiten des Einschlusses von Menschen zumindest etwas verbessert wurden.

Inwieweit überschneiden sich nun Nationalismus und Rassismus auch inhaltlich – über die Tatsache hinaus, dass sie sich wechselseitig legitimieren? ‹Rasse› und Nation werden auf ähnliche Weise konstruiert. Es werden Kriterien zur jeweiligen Charakterisierung von ‹Rasse› oder Nation festgelegt, die nicht der Realität entsprechen. Diese Merkmale gelten als natürlich und damit unveränderlich. Für die Nation wären dies «sprachliche und religiöse Merkmale, aber auch die Gemeinsamkeit soziokultureller Einstellungen und historischer Erinnerungen» (Wiegel 1995: 91). Bei der ‹Rasse› geht es vor allem um phänotypische Merkmale, aber auch um kulturelle Eigenschaften, die als unveränderlich gelten. Für ‹Rasse› wie für Nation ist also der Prozess der Kategorisierung bedeutsam. Nation verkörpert sich über kulturelle Praktiken und Symbole in einem Nationalcharakter, einem Volk. Dieses Volk reproduziert sich biologisch und wird so durch Vererbung neu hergestellt. So gesehen können Nation und ‹Rasse› fast synonym verwandt werden, wie Wiegel hier in Anlehnung an Robert Miles schreibt.

Die Naturalisierung der «vorgestellten politischen Gemeinschaft», wie Benedict Anderson in *Die Erfindung der Nation* (1996: 15) schreibt, teilen sich ‹Rasse› und Nation. Daneben homogenisieren beide Formen Gemeinschaft über alle (beispielsweise klassenbedingten) Unterschiede hinweg und stabilisieren die Gemeinschaft durch eine Form der Selbstdefinition, die immer den Anderen als Negativfolie braucht. Beide beziehen sich auf so genannte fiktive Ursprungsmythen (vgl. Wiegel 1995: 90–93). Auf einer funktionalen Ebene ergänzen sich ‹Rasse› und Nation ebenfalls. Da der Nation die ethnische Basis fehlt und sie objektiv soziale Unterschiede aufweist, braucht sie das Konzept der ‹Rasse›, das Einheit und Homogenität herstellt. Damit begründet ‹Rasse› nach außen, wer zu einer Nation dazugehören kann und wer nicht. Und sie kann im Inneren die realen Klassenunterschiede überdecken. Gleichzeitig sind beide Konzepte auch geeignet, die Spannungen zwischen Zentrum und Peripherie im kapitalistischen Weltsystem zu organisieren: ‹Rasse› einigt die Länder des Zentrums und die der Peripherie gegeneinander und Nation trennt und differenziert innerhalb beider Regionen, wie Wiegel unter Rückgriff auf Immanuel Wallerstein zeigt (vgl. ebd.: 95).

Dennoch sind ‹Rasse› und Nation nicht eins: Die Vorstellung von einer Nation enthält einen aufklärerischen Gedanken, der sich in seiner Entstehung gegen den absolutistischen Staat richtete. Der Nationalismus ist stets ein politisches Projekt, das in einem bestimmten Territorium Geltung hat. Die Vorstellung von ‹Rasse› hingegen kennt diese Grenzen eines Territoriums nicht. Beispielsweise ist die Idee von der Superiorität der ‹weißen Rasse› nicht an die Grenzen einer Nation gebunden (vgl. ebd.: 101). Sowohl deutsche, polnische als auch US-amerikanische Rassisten und Rassistinnen etc. glauben daran. Allerdings steht diese transnationale rassistische Vorstellung nicht einer Verbindung von Rassismus und Nationalismus entgegen, wie weiter oben gezeigt wurde.

Ein weiterer Unterschied betrifft die Konsequenzen, die beide Ideologien für die Menschen haben, die sie ausschließen: Selbst ein expansiver Nationalismus will sich nicht über die ganze Welt ausdehnen. Die Existenz anderer Nationen ist für ihn grundsätzlich kein Problem. Eine Hauptsorge des Rassismus hingegen ist die Vermischung der ‹Rassen› untereinander. Diese Vermischung gefährde den Bestand der ‹Rassen› und führe zu ihrer Vernichtung, was aus Perspektive von Rassisten und Rassistinnen in der Regel aber nur als Gefahr für die ‹weiße Rasse› gilt. Genau jene, die sich als Teil der ‹weißen Rasse› betrachten, sind es auch, die historisch gesehen die Macht hatten, dieser angeblichen Bedrohung gewaltvoll und exterminatorisch zu begegnen. Die Überzeugung, dass Juden eine ‹Rasse› sind, die zersetzend im Inneren der ‹Volksgemeinschaft› agiert, hat die Nationalsozialisten zur industriellen Vernichtung der Juden geführt. Diese Vernichtung konnte ohne den nationalsozialistischen Staat nicht stattfinden. Es gibt keine Zwangsläufigkeit einer solchen Kooperation zwischen Rassismus/Antisemitismus und Nationalismus. Ob es zu einer solchen Verbindung kommt, hängt von vielen historischen Umständen ab.

Weitere wichtige Differenzen zwischen Nationalismus und Rassismus stellt Albert Scherr in seinem Aufsatz *Rassismus, Post-Rassismus und Nationalismus. Erfordernisse einer differenzierten Kritik* (2017) heraus. Scherr wendet sich gegen einen weiten Rassismusbegriff als Bezeichnung für alle möglichen diskriminierenden Klassifikationssysteme, weil solch eine generalisierte Verwendung bedeutsame Unterschiede zwischen Ideologien und Praktiken verschwimmen lässt. So braucht ein gewöhnlicher Nationalismus keine biologistisch-rassistischen Konstruktionen, um trotzdem als Ideologie zu funktionieren, welche gesellschaftliche Verhältnisse naturalisiert und als unveränderlich hinstellt. Dass es keine ‹Rassen› gibt, ist eine wissenschaftliche Evidenz; dass es allerdings keine Nationalstaatlichkeit gibt, ist falsch (vgl. Scherr 2017: 234, 242f.). Eine Kritik des Rassismus hat den Rassismus vollständig abzulehnen; eine Kritik des Nationalstaates hat diesen «als in sich widersprüchliches Arrangement» (vgl. ebd.: 247) dialektisch in den Blick zu nehmen.

Heute ist das Konzept einer kulturell homogenen Nation nicht mehr so relevant wie zur Zeit des nation building. Es ist darüber nachzudenken, inwieweit der hier vorgetragene Unterschied zwischen Rassismus und Nationalismus noch angesichts der Dominanz eines kulturalistisch und nicht mehr biologistisch argumentierenden Rassismus zutrifft. Eher steht der kulturalistisch argumentierende Rassismus dem Nationalismus insofern sehr nahe, als er ethnopluralistisch die Gleichwertigkeit der Völker/der Kulturen behauptet, die es in ihrer Eigenständigkeit und kulturellen Besonderheit zu bewahren gilt. Auch der Ethnopluralismus bindet zudem, wie der Nationalismus, Kultur an ein Territorium.

Wie sind diese Überlegungen angesichts supra-nationaler Konstellationen wie der EU zu bewerten? Gerade die letzten Jahre zeigen, dass sich die Hoffnungen derer, die in der EU auch ein Projekt zur Überwindung zumindest ausgrenzender Prämissen von Nationalstaaten sahen, nicht erfüllten. Auch supra-nationale Konstellationen wie die EU sind nicht nicht-national: im Gegenteil. So folgt die EU in weitem Maße den Logiken von Nationalstaaten. Sie ersetzt nicht die klassischen Nationalstaaten, sondern sie ergänzt diese. Emanuel Richter spricht deshalb von einer Komplementärfunktion der EU. Das betrifft nicht nur den Umstand, dass die EU harte Grenzen hat. An diesen Grenzen scheitern aufgrund der europäischen Abschottungspolitik derzeit vor allem diejenigen, die in die europäischen Länder flüchten wollen. Weitere Elemente dieser nationalen Kontinuität sind die Staatlichkeit der EU schlechthin, die Demokratie als Legitimationsmuster der Ordnung, die politische Identität (als affektiv besetzte Zugehörigkeit zu einem Kollektiv) und die ökonomische Zielvorstellung eines gemeinsamen (europäischen) Binnenmarktes. Ein weiteres wichtiges Merkmal der Staatsähnlichkeit ist das Verhältnis von Politik und Recht. Insbesondere der europäische Gerichtshof ist durch die Ermächtigungsklausel in Art. 4 zu einer echten supra-nationalen Gerichtsbarkeit geworden (vgl. Richter 2011: 105–107). Natürlich gibt es auch Eigenschaften, die für eine postnationale Konstellation sprechen – der Transfer von Gütern und Kapital, die Internationalisierung von Institutionen des Regierens und die Legitimation von politischer Herrschaft über den Nationalstaat hinaus (vgl. ebd.: 102). Dennoch bleiben Nationalstaaten Sinnstifter und Kontrolleure «jener Prozesse einer weltumspannenden Vernetzung» (Richter 2011: 104). Nationalstaaten sind nach wie vor Träger des Vertrauens der Bürger/innen, weil ihnen nach wie vor die wichtigen politischen Handlungsfelder obliegen, wie Verbrechensbekämpfung, Gesundheit, Einwanderung, Erziehung, innere und äußere Sicherheit (auch Terrorismusbekämpfung), Wohnungssituation, Arbeitslosigkeit usw. (vgl. ebd.: 110). Zwar reguliert die EU politische Felder wie Agrarwirtschaft, Handel, Industrie, Technik, Infrastruktur, doch die EU wird immer wieder als demokratiearm und politisch substanzlos beschrieben (ebd.).

Die ‹Identität› der Europäer/innen zeigt sich aktuell vor allem in ihrer Abgrenzung zu US-Amerika und dem ‹Ostblock› sowie im Umgang mit den geflüchteten Menschen, die an den EU-Außengrenzen abgewiesen werden. Vielen ist das nicht ‹Identität› genug; vielen reicht die Abschottung nicht; viele rufen nach mehr Souveränität. In zahlreichen europäischen Ländern fordern deshalb nicht nur extrem Rechte eine nationale Rückbesinnung, grenzen sich ab von der Politik der Europäischen Union und europäischer Regierungen. Mithilfe des populistischen Tricks, dass nur sie das eine ‹Volk› vertreten können, werfen sie der EU vor, die Interessen der Völker zu missachten. Ihr Versprechen besteht darin, das eigene nationale Kollektiv wieder zu Wort kommen zu lassen. Der Zulauf, den viele rechts-nationale Parteien wie die AfD derzeit erfahren, gründet u.a. in dieser Repräsentationskrise.

5.3 Rassismus und Antisemitismus

Die Frage danach, in welchem Zusammenhang Rassismus und Antisemitismus stehen, ist in der wissenschaftlichen Forschung sehr umstritten. Die beiden Phänomene scheinen bisweilen gar in einer Art Konkurrenzverhältnis zu stehen. Die getrennte Analyse von Rassismus und Antisemitismus «liegt teilweise in unterschiedlichen Theorietraditionen begründet, bei denen für das Verständnis von Antisemitismus im deutschsprachigen Raum einerseits das Erbe der Kritischen Theorie im Sinne Theodor W. Adornos und Max Horkheimers und somit (neo)marxistische Strömungen, andererseits die empirische Vorurteilsforschung einflussreich waren» (Arnold 2018: 189). Im Zentrum der Kritischen Theorie über den Antisemitismus steht das Subjekt, das die «Widersprüche und Anforderungen» kapitalistischer Vergesellschaftung durch Projektion verarbeitet (vgl. Biskamp 2017: 277). In der neueren Rassismusforschung, die in Deutschland im Vergleich zur Antisemitismusforschung noch nicht so etabliert ist, «dominieren hingegen postkoloniale und poststrukturalistische Ansätze» (Arnold 2018: 189), die auf diskurs- und machttheoretische Perspektiven setzen und Rassismus als soziales Dominanzverhältnis verstehen (vgl. Biskamp 2017: 281). Nicht nur in der wissenschaftlichen Beschäftigung, sondern auch innerhalb der Linken und der politischen Öffentlichkeit lässt sich ein solches Konkurrenzverhältnis beobachten, das doch so unproduktiv und überflüssig ist, weil es dazu beiträgt, die gesellschaftlichen Zusammenhänge der Entstehung von Antisemitismus und Rassismus zu verschleiern, statt sie zu erhellen.

Dem einen gilt Antisemitismus als eine spezifische, nämlich gegen Juden gerichtete Form des Rassismus, der anderen ist insbesondere der antimuslimische Rassismus ein verallgemeinerter Antisemitismus. Nur selten werden die Spezifika beider

Phänomene herausgearbeitet. Diese Unterschiede zu kennen, ist allerdings keine akademische Haarspalterei, sondern Voraussetzung für eine Kritik dieser Phänomene und damit für die Praxis ihrer Bekämpfung. Daher will ich auf den folgenden Seiten die Unterschiede zwischen Rassismus und Antisemitismus darlegen und ihren gemeinsamen gesellschaftlichen Entstehungszusammenhang herausstellen.

Ist der Antisemitismus lediglich eine Sonderform des Rassismus? Viele Forschungen bejahen dies: Es gehört eher zum Normalfall innerhalb der etablierten Rassismusforschung, den Antisemitismus als eine spezielle Form des Rassismus zu betrachten (vgl. dazu beispielhaft Haug 1985; Memmi 1992; Miles 1999). Vielfach wird vor allem in älteren Arbeiten zum Rassismus der Antisemitismus als eine Form des Rassismus behandelt, weil insbesondere der nationalsozialistische Vernichtungsantisemitismus die Juden biologistisch rassifiziert hatte. Haben im Antisemitismus des 19. Jahrhunderts, im Gegensatz zu anderen rassistischen Projektionen, vor allem die kulturalistischen Zuschreibungen dominiert, so hat der Nationalsozialismus die Juden zu einer ‹Rasse› gemacht. In ideologiekritischer Perspektive halten Horkheimer und Adorno in der *Dialektik der Aufklärung* fest, dass der Faschismus als Doktrin wahr und falsch zugleich ist. «Für die Faschisten sind die Juden die Gegenrasse, das negative Prinzip als solches; von ihrer Ausrottung soll das Glück der Welt abhängen.» (Horkheimer/Adorno 1997: 192) Für den politischen Liberalismus sind Juden «frei von nationalen oder Rassemerkmalen» (ebd.); eine Gruppe, die nur durch ihre Religion bestimmt wird und durch nichts sonst. Die Doktrin der Faschisten, dass Juden eine ‹Rasse› seien, ist wahr, weil die Faschisten sie durch ihre Rassifizierungspraxis wahrgemacht haben. Und dennoch formulieren Adorno und Horkheimer einen wichtigen Unterschied zwischen Rassismus und Antisemitismus, wenn sie darauf hinweisen, dass man die Schwarzen «dort halten [will], wo sie hingehören, von den Juden aber soll die Erde gereinigt werden, und im Herzen aller prospektiven Faschisten aller Länder, findet der Ruf, sie zu vertilgen, Widerhall» (ebd.: 192). Adorno und Horkheimer machen hier den Aspekt der Vernichtungsintention zum Unterscheidungskriterium von Antisemitismus und Rassismus.[22]

---

22 Die Frage danach, ob dem Antisemitismus eine Vernichtungslogik innewohnt, ist in der Antisemitismusforschung durchaus umstritten. Auch

Gerade im Falle des so genannten antimuslimischen Rassismus gibt es seit 2010 vermehrt Stimmen, die eine Ähnlichkeit von Antisemitismus und Rassismus zu erkennen meinen. Es gibt ein ganzes Set von orientalistischen Vorstellungen, die den antimuslimischen Rassismus tragen: sittsam und kontrolliert, patriarchal und polygam (Harem, Vielehe), misogyn und sexistisch seien die Muslime. Anlässe von tatsächlichen sexistischen Übergriffen werden im Rassismus essentialisiert und kollektiviert sowie nicht auf persönliche Sozialisationsgeschichten in patriarchalen und autoritären gesellschaftlichen Strukturen zurückgeführt. Die verschwörerische Annahme einer ‹Islamisierung› unterscheidet sich von üblichen rassistischen Zuschreibungen, die solche Herrschaftsambitionen eher nicht enthalten. Auch werden Muslime stärker als andere Minderheitenangehörige für Antisemitismus kritisiert. Eine Verweisung des Antisemitismus einzig an ‹die Muslime› kann der Abwehr einer Kritik des eigenen Antisemitismus der Mehrheitsgesellschaft dienen und fällt so in den Bereich des sekundären Antisemitismus.

Schon die Entscheidung darüber, wie diese spezielle Form des Rassismus genannt werden soll, wenn es denn überhaupt eine spezielle Form ist, sorgt für kontroverse Diskussionen. In diesem Zusammenhang ist etwa Begriff «Islamophobie» umstritten, weil er einerseits eigentlich rassistisches Verhalten überdeckt und zu einer spezifischen Feindschaft gegenüber dem Islam erklärt. Andererseits de-legitimiert er eine allgemeine Religionskritik; in diesem Fall am Islam (Phase 2 Leipzig 2008; Müller 2010; Mersault/Galow-Bergemann 2011; Decker/Brähler 2018). Eine Kritik des antimuslimischen Rassismus sei durchaus mit Religionskritik zu vereinbaren, denn nicht eine Religion sei zu schützen, sondern konkrete Menschen, die angegriffen, angefeindet und Repressionen ausgesetzt sind. «Religionskritik, gehört zu den Aufgaben der Wissenschaft selbst; und Religionsfreiheit im Sinne der Aufklärung meint nicht zuletzt das Recht auf Freiheit von der Religion.» (Decker u.a. 2018: 67, FN 2)

Wird insbesondere der antimuslimische Rassismus als ein der Form nach neuer Antisemitismus mit ausgewechseltem Verfolgungsobjekt behandelt, besteht die Gefahr, die besonderen nach wie vor wirkenden antisemitischen Tendenzen einer Gesellschaft zu übersehen. Im *Jahrbuch des Zentrums für Anti-*

in kolonialen Kontexten ist die Frage nach der Vernichtungslogik bedeutsam.

semitismusforschung (2008) der TU Berlin, das sich ausdrücklich diesem Vergleich aus Perspektive der Vorurteilsforschung widmet, heißt es: «Mit Stereotypen und Konstrukten, die als Instrumentarium des Antisemitismus geläufig sind, wird Stimmung gegen Muslime erzeugt. Dazu gehören Verschwörungsfantasien ebenso wie vermeintliche Grundsätze und Gebote der Religion, die ins Treffen geführt werden. Die Wut der Muslimfeinde ist dem alten Zorn der Antisemiten gegen die Juden ähnlich; [...].» (Benz 2009: 9f.) Für Achim Bühl offenbart ein Vergleich «den äußerst erschreckenden Tatbestand, dass antisemitische Stereotype, Theoreme und Argumentationsmuster nie wirklich ernsthaft aufgearbeitet und zurückgewiesen wurden, so dass sie nahezu problemlos auf eine andere Opfergruppe transferierbar bzw. duplizierbar sind.» (Bühl 2010: 31) Weil es sich, so seine Annahme, bei vielen «islamfeindlichen Topoi» um antisemitische Muster handelt, ist zu befürchten, dass auch das antisemitische Potenzial in einer Gesellschaft verstärkt werde. Dass allerdings nur sehr wenige «islamfeindliche Topoi» den Logiken des Antisemitismus folgen, werde ich später zeigen.

Beispielhaft für eine Perspektive, die das antimuslimische Ressentiment als eine Form des Antisemitismus einordnet, kann auch Etienne Balibar angeführt werden. Dieser beschreibt in seinem Text *Gibt es einen ‹Neo-Rassismus«?* (1998a) die zunehmende Feindschaft gegenüber den Araber/innen in Frankreich als einen «verallgemeinerten Antisemitismus» (Balibar 1998a: 32). Schon der moderne Antisemitismus, der sich im 19. Jahrhundert entwickelte, ist bereits ein kulturalistischer Rassismus, so Balibar. Das Wesen der Juden, hier liegt Balibar sehr richtig, bestehe für den Antisemitismus darin, «eine kulturelle Tradition und ein Ferment moralischer Zersetzung zu bilden» (ebd.). Anders jedoch als die antisemitische Phantasie, die Juden als Agenten der Macht betrachtet, wird im Bild einer Islamisierung das Rückständige als Zersetzung halluziniert, welche die Errungenschaften der Moderne vernichten wird. Antisemitismus ist antimodern, Rassismus hypostasiert den zivilisatorischen Fortschritt. Diese Unterscheidung wird im Folgendem genauer untersucht.

Die entscheidende Frage aus einer gesellschaftskritischen Perspektive ist, wie Rassismus und Antisemitismus analytisch zu trennen sind, ohne sie von ihrem gemeinsamen gesellschaftlichen Entstehungs- und Reproduktionszusammenhang zu isolieren. Antisemitismus und Rassismus sind sich nur in sehr wenigen Aspekten ähnlich. Die Hauptähnlichkeit besteht im Subjekt der Verfolgung. Der Antisemit und der Rassist entstammen der gleichen Gesellschaft, aber beide Phänomene erfüllen sowohl sozial wie psychologisch unterschiedliche Funktionen. Nur wenn Antisemitismus und Rassismus als Vorurteil gesehen werden, können die Unterschiede übersehen und die Gemeinsamkeiten betont werden.

Die Objekte des Antisemitismus wirken bedrohlich durch die ihnen zugeschriebene wirtschaftliche und politische (Über-)Macht. Der Antisemitismus antwortet auf die anonyme Herrschaft in der kapitalistischen Moderne, in der Herrschaft sich über den Tausch vermittelt.[23] Juden stehen v.a. für Modernität und Kapitalismus. Darüber hinaus werden Juden als «Weltbeherrscher» und «Strippenzieher» dargestellt. Es sind vor allem Zuschreibungen, die auf die besondere Heimtücke, Rachsucht, Durchtriebenheit, Habgier und Boshaftigkeit der Juden abheben – Eigenschaften, die sie in besonderer Weise zur Erreichung ‹ihrer› Herrschaftsambitionen disponieren würden. Zentrales Moment des Antisemitismus ist die absolute Dämonisierung der Juden, die sie zum Ursprung alles Bösen und Zersetzenden erklärt. Dem Antisemitismus ist es so möglich, gegen jede inhaltlich-sachliche Logik die verschiedensten, sich einander widersprechenden Projektionen gegen die Juden zu richten: Sie stehen für den Kapitalismus und Kommunismus, für Liberalismus und Marxismus, für Aufklärung und strenge Gläubigkeit, für moderne Kultur und zugleich für das zivilisatorisch Zurückgebliebene, für die Natur[24]. Die Besonderheit des Antisemitismus liegt in der spezifischen Auf- und gleichzeitigen Abwertung der Juden gegenüber der ‹Eigengruppe›. Antisemitismus wendet sich gegen die angenommene Allmacht

---

23 Rassismus und Antisemitismus stehen aus marxistischer Perspektive in einem unterschiedlichen Verhältnis zur Wertverwertung. Im fetischistischen Bewusstsein nehmen Rassismus und Antisemitismus unterschiedliche Plätze ein. Dereinst verkörperte die unterworfene Bevölkerung der Kolonien den Gebrauchswert. Auch in postkolonialen Zeiten verlaufen viele Diskurse um Migration entlang der Fragen der Vernutzung von Migranten/innen als Arbeitskräfte. Im antisemitischen Bewusstsein repräsentieren Juden hingegen den Markt; sie verkörpern den Tauschwert. (vgl. auch Grigat 1999: 45–48; Ders. 2007: 310–316).

24 Die letztgenannte Dimension wird in Horkheimers und Adornos *Dialektik der Aufklärung* in den Überlegungen zur Idiosynkrasie beschrieben.

der Juden. Der Antisemitismus ist ein *umfassender* personalisierender Welterklärungsversuch und geht mit einer rebellischen, antimodernen, antizivilisatorischen und antikapitalistischen Haltung und Rhetorik einher (vgl. Grigat 2007: 310, 316). Rassismus hingegen verbindet sich häufig mit Modernisierungs- und Fortschrittsideen. Auch er hat zwar Elemente der Welterklärung, aber auf einen begrenzten Bereich. Rassismus ist eher eine Herrschaftspraxis, die soziale Ungleichheit legitimiert.

Antisemitismus und Rassismus sind über ihre Unterschiede hinaus ideologisch miteinander verbunden. Die pathische Projektion im Antisemitismus[25], «die sich in ihrem Grundzug immer gleichbleibt und der abstrakten Seite der Krise gilt, braucht jedoch im Konkreten eine rassistische Ergänzung, die der Konkurrenz auf dem Arbeitsmarkt entspricht», wie Gerhard Scheit schreibt (2017: 168). Der Rassismus richtet sich gegen die, «die weiter ‹unten› sind und am höheren Punkt des Produktionsniveaus partizipieren möchten» (Ders. 2000: 49). Diese schichtspezifische Adressierung der beiden Ressentiments bedeutet nun nicht, dass Rassismus nur beim einkommensschwachen Teil der Bevölkerung vorkommt oder sich grundsätzlich nur gegen die Menschen in noch prekäreren Lagen richtet; im Gegenteil: PEGIDA und das Aufsteigen der AfD stehen für die rassistische Mobilisierung der Mitte. ‹Der Jude› wird als Feindbild in der modernen Gesellschaft keineswegs einfach durch ‹den Moslem› abgelöst. Mit seiner Einschätzung, dass dem Antisemitismus als einer Weltanschauung, die Sinn stiftet und Erklärungen für eine undurchschaute Herrschaft liefert, eine anhaltende Relevanz

25 Pathische Projektion fassen Horkheimer und Adorno in dem Kapitel «Elemente des Antisemitismus. Grenzen der Aufklärung» aus der *Dialektik der Aufklärung* wie folgt: «Regungen, die vom Subjekt als dessen eigene nicht durchgelassen werden und ihm doch eigen sind, werden dem Objekt zugeschrieben: dem prospektiven Opfer.» (Horkheimer/Adorno 1997: 212) Eigene Triebregungen, Selbstanteile und Verdrängtes werden nicht an einem selbst akzeptiert: Sie werden auf Andere übertragen. Auf den Anderen projiziert, werden diese Regungen als äußere Gefahr wahrgenommen, die bekämpft werden muss. Antisemiten/innen sehen im Juden nur ihr eigenes Selbst, was ihnen natürlich nicht bewusst ist (vgl. dazu auch Pohl 2010: 42–47). Dieser Ausfall der Reflexion auf die Projektion – jedes Wahrnehmen sei Projektion – mache die Projektion pathisch (vgl. Horkheimer/Adorno 1997: 212, 214). Die Macht beispielsweise, die Antisemiten/innen den Juden unterstellen, spiegelt nur deren eigene Sehnsucht nach Macht.

zukommt, unterstreicht zum Beispiel Heribert Schiedel die Bedeutung des Antisemitismus neben dem Rassismus in modernen Gesellschaften (vgl. Schiedel 2015: 27).

Sowohl Rassismus als auch Antisemitismus sind eingespannt in einen unaufgeklärten Diskurs über Macht und moderne Herrschaft. In dem einen geht es um das Beherrschen von Menschen, in dem anderen um das Beherrscht-Sein. Sowohl Rassismus als auch Antisemitismus sind eine Reaktion auf die warenproduzierende Gesellschaft und deren Bedrohung für bürgerliche Subjekte. Rassismus ist die «Biologisierung realer Produktivitätsgefälle»; Antisemitismus die «Biologisierung der abstrakten Dimensionen des globalen Kapitalismus» (Grigat 2007: 316). Aber nicht nur im Hinblick auf diesen objektiv herrschaftssichernden Aspekt ist der Rassismus funktional, auch für das Subjekt. Erst über die rassistische Abgrenzung gelingt es dem bürgerlichen Subjekt, Identität zu erlangen. Der Vorgang der projektiven Identifizierung im Antisemitismus wiederum – also der Abspaltung eigener ungeliebter, verpönter Selbstanteile – ermöglicht es dem Subjekt seinem Über-Ich gerecht zu werden und Aggressionen gegen Andere zu richten (vgl. Pohl 2010: 43).

Gewiss überschneiden sich bestimmte rassistische und antisemitische Projektionen[26]. Insbesondere die Phantasien von Rassisten/innen über die angebliche sexuelle (Omni-)Potenz von schwarzen Männern zeigen, dass auch der Rassismus Ideen von der Allmacht seiner Objekte enthält, ohne aber dabei die Vorstellung von deren Minderwertigkeit auch nur im Geringsten aufzugeben. Grigat zeigt außerdem, wie verschieden die sexuelle Bedrohlichkeit im Rassismus und im Antisemitismus ausgeschmückt wird. Dem rassistischen Bild vom ‹schwarzen Vergewaltiger›, der jung und muskulös phantasiert wird, steht in der antisemitischen Phantasie der «alte[ ], gekrümmte[ ] geile Bock» als Verführer gegenüber (vgl. Grigat 2007: 314).

Auch im Hinblick auf die Idee einer Verschwörung scheint es zunächst Ähnlichkeiten zwischen Antisemitismus und anti-

26 Der Antiziganismus ist ein Beispiel für eine Projektion, die zahlreiche rassistische und antisemitische Vorstellungen in sich vereint. Antiziganismus wird häufig als eine Form des Rassismus behandelt, der sich speziell gegen Sinti und Roma richtet. Doch auch der Antiziganismus kann mit dem Rassismusbegriff nicht vollständig gefasst werden (vgl. Grigat 2007: 312f.).

muslimischem Ressentiment zu geben, denn dieses weist im Glauben an eine Islamisierung Elemente einer Verschwörungstheorie auf. Doch in der konkreten Imagination offenbaren sich die Unterschiede: Die Muslime bleiben für die Moslemhasser/innen in jeder Hinsicht minderwertig – ihre Expansion gelingt nur durch ihre zahlenmäßige Überlegenheit (‹Geburtendjihad›). Der Antisemit hingegen imaginiert die Juden deshalb als gefährlich, weil er ihnen eine besondere Intelligenz und Verschlagenheit zuspricht, die es ihnen ermöglicht, auch in der Minderzahl die Weltherrschaft zu erlangen.

Rassismus ist aufs engste verbunden mit der Angst vor dem Verlust von Vorteilen und von sozialem Abstieg, wie Oliver Nachtwey in seiner Studie *Abstiegsgesellschaft. Über das Aufbegehren in der regressiven Moderne* (2016) zeigt. Die, die sich zu kurz gekommen fühlen, verteidigen das Ihre unerbittlich. Der Konformismus dieser Menschen schlägt in Abwertung derer um, die anders oder als vermeintlich unproduktive ‹Mitesser› wahrgenommen werden. Statt politische Repräsentanten/innen dafür zu kritisieren, dass das Ideal der politischen Gleichheit nicht eingelöst ist, neigen sie dazu, die Demokratie abschaffen zu wollen und eine direkte Herrschaft der Mächtigen herbeizuführen (vgl. Nachtwey 2016: 222). Dieser Rassismus ist folglich verbunden mit der Vorstellung eines Angriffs von «oben», also der politischen Entscheidungsträger/innen, die gegen die Interessen des Volkes handeln. Während hier Feinde recht genau benannt werden, bleibt diese Feindbestimmung im Antisemitismus unspezifisch (vgl. ebd.). Sie arbeitet mit typischen antisemitischen Chiffren wie ‹Wallstreet›, ‹Ostküste›, ‹Finanzkapital›[27] oder ‹Strippenzieher›.

Auf den fundamentalen Unterschied zwischen Rassismus und Antisemitismus weist nochmal Heribert Schiedel hin: ‹Der Jude› repräsentiert den «nahen (unheimlichen) Anderen der (säkularisierten) christlichen Kultur», während ‹der Moslem› «ih-

27 Natürlich ist der Begriff der Finanzsphäre eine analytische Kategorie zur Beschreibung der verschiedenen Dimensionen des Kapitalismus. «Zu den Haupttatsachen des Gegenwartskapitalismus gehört auch die zentrale Bedeutung der Finanzmärkte. In der spezifischen Tauschform der Finanzsphäre werden keine Waren, sondern nur noch fiktive Geldtitel gehandelt.» (Nachtwey 2018: 112) Anders jedoch als in diesem Zitat behaupten Antisemiten/innen, dass die Finanzsphäre jüdisch dominiert ist.

ren fremd gemachten Anderen» (Schiedel 2015: 27) darstellt. Wenn Schiedel schreibt, dass antimuslimischer Rassismus und Antisemitismus sich um die Jahrtausendwende amalgamieren, d.h. sich zu einem Syndrom verbunden haben (vgl. Schiedel 2015: 26, 28), in dem jedes seine Spezifka behält, dann nimmt diese Einsicht genau die Perspektive der Kritischen Theorie um die autoritäre Persönlichkeit als Syndrom wieder auf. Schiedels Auffassung allerdings, dass sich antimuslimischer Rassismus auf den Antisemitismus gleichsam aufsetzt (Schiedel 2015: 27), suggeriert, dass dieser den Antisemitismus überlagert. Plausibler ist aus meiner Sicht allerdings Jerome Seeburgers Perspektive, dass sich das antimuslimische Ressentiment nicht additiv aufsetzt, sondern sich zwanglos in ihn einfügt (vgl. Seeburger 2015: 60). Damit unterstreicht Seeburger nicht nur das Primat des Antisemitismus, sondern auch die wechselseitige Ergänzung beider Ideologeme. Insbesondere PEGIDA führt uns musterhaft das Fortleben antisemitischer Ressentiments vor, ohne jemals das Wort Jude zu nennen, wenn es gegen die ‹Lügenpresse› und das ‹Establishment› hetzt und die Herrschaft personalisiert. Das Grundmotiv des Lügenpresse-Vorwurfs deckt sich mit antisemitischen Imaginationen, weil hinter politischen und sozialen Entwicklungen nicht konkret identifizierbare, aber omnipotente Mächte vermutet werden. Damit steigert die Vorstellung der Lügenpresse, wie andere Verschwörungsideologien auch, die «Emotionalität und Affekthaftigkeit des Politischen» (Salzborn 2016a: 83).[28] Es zeigt sich, wie sich Rassismus und Antisemitismus in der Praxis einer reaktionären Bewegung wie PEGIDA überblenden.

---

28 Es geht nicht darum abzustreiten, dass Journalisten/innen auch Fehlinformationen aufsitzen können, eigene, wenig objektive Programme verfolgen oder es allerorten defizitäre Berichterstattung gibt; auch nicht darum, dass Journalisten/innen manchmal aufgrund prekärer Arbeitsverhältnisse zur Ablieferung eines unfertigen Produktes gezwungen sind. Es geht bei dem Lügenpresse-Vorwurf um die Vorstellung, dass Medien in ihrer Gesamtheit Menschen gegen ihre Interessen manipulieren (vgl. von Raden 2016: 176).

6 Erklärungen des Rassismus I: Der Vorrang des Ökonomischen und Ideologischen

Vom Vorrang des Ökonomischen gehen die ökonomie- und ideologiekritischen Ansätze in den folgenden Abschnitten aus. Charakteristisch für theoretische Perspektiven, die ein Primat des Ökonomischen betonen, ist, dass sie die gesamte Gesellschaft – also ihre Strukturen, ihre Kultur und die sozialen Beziehungen geprägt sehen von den Handlungslogiken des Kapitalismus. Auch menschliche Beziehungen unterliegen im Kapitalismus der Warenförmigkeit. Marxisten behaupten einen Vorrang des Ökonomischen vor anderen Momenten. Maßgeblich sind hier der Klassenantagonismus und damit die Ausbeutung. Menschen haben unterschiedliche Stellungen im Produktionsprozess: Sie sind Eigentümer an Produktionsmitteln oder sie sind es nicht – und somit verfolgen sie unterschiedliche Interessen. Während Menschen, die über kein Eigentum an Produktionsmitteln verfügen, ihre Arbeitskraft verkaufen müssen und dies bestmöglich für viel Lohn und eine kurze Arbeitszeit, haben die Eigentümer an Produktionsmitteln ein gegenteiliges Interesse, nämlich Arbeitskräfte zu beschäftigen, die möglichst billig sind und lange arbeiten. Marx beschreibt, wie die Notwendigkeit, seine Arbeitskraft zu Markte zu tragen, die nach Abschaffung von Leibeigenschaft und Sklaverei aus der Stellung des Menschen als doppelt freiem Lohnarbeiter (vgl. MEW 23: 183) resultiert, zur Ausbeutung der Menschen führt: Der Arbeiter schafft während seiner Arbeitszeit mehr Wert für den Kapitalisten, als dieser in Form von Lohn bezahlen muss. Weil auch Menschen durch den Verkauf ihrer Arbeitskraft zu Waren werden, bestimmt sich ihr Wert aus der Arbeitszeit, die notwendig ist, um die Arbeitskraft der Arbeitenden zu erhalten. Der Mehrwert entsteht, weil die Lohnarbeitenden länger arbeiten als dies zur Reproduktion ihrer eigenen Arbeitskraft erforderlich wäre. Sie leisten also unbezahlte Mehrarbeit. Diese unbezahlte Mehrarbeit schafft wiederum Wert, den sich der Kapitalist aneignet, den Mehrwert. Alle Methoden zur Steigerung der Produktivkraft der Arbeit führen zur erweiterten Ausbeutung der Arbeitenden (vgl. ebd.: 674).

Menschen ähneln sich durch ihre Stellung im Produktionsprozess. Dies nennt Marx die «Klasse an sich». Die «Klasse für sich» entsteht, wenn Menschen sich dieser Stellung bewusst und bereit sind, für ihre Interessen zu kämpfen (z.B. in Gewerkschaften, mittels Streiks, durch die Organisierung in der Arbeiter/innenbewegung).

Eine weitere Grundannahme marxistischer Theorien ist die Einsicht in die Destruktivität des Kapitalismus. Der Kapitalismus führt in den westlichen Gesellschaften besonders in Zeiten der Krise zur Verelendung; in den abgehängten Weltregionen führt er täglich zur Verelendung. Getrieben von einer unaufhörlichen Steigerungsdynamik, gehen Regierungen und Industrien kapitalistischer Länder um des Profites willen wirtschaftliche Kooperationen auch mit faschistischen oder islamistischen Regierungen ein.

Moderne kapitalistische Gesellschaften sind darüber hinaus durch gesellschaftliche Widersprüche und Antagonismen in allen gesellschaftlichen Bereichen gekennzeichnet: Fortschritt und Rückschritt, Freiheit und Unterdrückung, Zwang zum Kollektivismus und Einforderung von Individualität des Einzelnen, Gleichheit und Ungleichheit usw. existieren in modernen Gesellschaften nebeneinander.

Die Entwicklung des Kapitalismus verläuft in Zyklen. Es wechseln sich Krisen und Aufschwung ab, mal steigen die Profitraten, mal fallen sie. Die Ursachen von Krisen sind umstritten, wie Heinrich schreibt (2004: 170). Marx ging davon aus, dass die Krisen dem Kapitalismus selbst entspringen. Eine Krise entsteht, wenn der Reproduktionszusammenhang des Kapitals unterbrochen wird oder es zu einem Missverhältnis von Produktion und Konsumtion kommt. Der Kapitalismus produziert Krisen insbesondere durch einen seit Ende der 1960er-/Anfang der 1970er-Jahre besonders virulenten Widerspruch im Kapitalverhältnis: Im Kapitalismus benötigt der Unternehmer die Verausgabung menschlicher Arbeitskraft zur Steigerung des Wertes, sie ist die einzige Quelle des Mehrwertes – zugleich sinkt im Laufe der kapitalistischen Entwicklung real der Anteil dieser lebendigen Arbeitskraft gegenüber den Produktionsmitteln – durch die Entwicklung moderner Technik (z.B. Mikrochiptechnologie) und die damit einhergehende Produktivitätssteigerung. Das ist bei

Marx gefasst im Theorem des «tendenziellen Falls der Profitrate». Neben konjunkturellen Krisen, die den Kapitalismus immer wieder begleiteten, ist es diese strukturelle Krise, auf die der Kapitalismus mit einer «gigantischen Aufblähung der Finanzmärkte» (Lohoff/Trenkle 2012: 18) antwortet und die in einem besonderen Maße die Überflüssigkeit von Menschen durch Desintegration in die wertvermittelte Gesellschaft erzeugt: «Geldsubjekte ohne Geld» und «Arbeitssubjekte ohne Arbeit» (vgl. Lohoff 2010: 63).

Marx leitet das Bewusstsein der Menschen aus den materiellen Bedingungen ab. Das Bewusstsein kommt nicht vor der Produktion oder unabhängig von ihr, sondern entwickelt sich mit der Produktion. «Es ist nicht das Bewußtsein der Menschen, das ihr Sein, sondern umgekehrt ihr gesellschaftliches Sein, das ihr Bewußtsein bestimmt.» (MEW 13: 8f.) Für diesen Zusammenhang wurden von Marx und Engels die Begriffe (materielle) Basis und Überbau (Ideen) eingeführt (und später in der Form verworfen). Die Basis stellt die ökonomische Struktur der Gesellschaft dar. Sie umfasst im Kern die Gesamtheit der Produktionsverhältnisse, die einer bestimmten Entwicklungsstufe der Produktivkräfte entsprechen. Idealtypisch bilden Produktivkräfte und Produktionsverhältnisse dabei ein Gleichgewicht. Der Überbau ist die Gesamtheit der dieser Basis entsprechenden politischen, rechtlichen und moralischen Normen und Regeln sowie die künstlerischen, philosophischen, naturwissenschaftlichen und technischen Anschauungen. Diese Anschauungen, Normen und Regeln bezeichnen Marx und Engels als Ideologie. Zum Überbau gehören demnach das Recht und der Staat sowie weitere der dieser Basis entsprechenden politischen, juristischen und sonstigen Institutionen. Das sind z.B. politische Parteien und Organisationen, kulturelle Einrichtungen oder das Bildungswesen (vgl. Althusser 1977: 113f.; Ritsert 2002: 44f.). Diese von Marx und Engels angenommene Verkopplung von Basis und Überbau wurde in der Rezeption unterschiedlich ausgelegt: Schon die späteren Schriften, vor allem Marx' Kapital, lassen bereits weit differenziertere Modelle des Verhältnisses von Bewusstsein und materiellen Bedingungen erkennen, als es einfache Ableitungsdeterminismen nahelegen. In den verschiedenen Marxismen des 20. Jahrhunderts wird das Basis-Überbau-Problem bzw. die Frage nach dem Verhältnis von Materialität und Bewusstsein vollends umstritten. Die Kritik am starren, schemenhaften Charakter mancher Lesarten des Basis-Überbau-Modells hat dazu geführt, dass viele eher von einem sich gegenseitig bedingenden Wechselverhältnis von Basis und Überbau sprechen (vgl. z.B. Poulantzas 2002 [1978]).

Weniger umstritten ist: Mit Ideologie ist bei Marx und in den Marxismen nicht eine subjektive, defizitäre Meinung gemeint oder ein Verführtsein durch Agitation, Trug, Überredung. Ideologie ergibt sich als objektiv notweniger Schein (falsches Bewusstsein) aus den gesellschaftlichen Verhältnissen selbst. Falsches Bewusstsein ist adäquates Bewusstsein einer falschen Wirklichkeit. Die Ideologiekritik von Marx und Engels geht von einer verzerrten Wahrnehmung gesellschaftlicher Realität aus, die strukturell angelegt ist.

Über Rassismus und Sexismus haben Marx und Engels nicht geschrieben – in den Briefwechseln der beiden finden sich sogar rassistische Klischees, die dem geistigen Mainstream des frühen 19. Jahrhunderts durchaus entsprechen. Dennoch liegt die mögliche Relevanz des Ideologiebegriffs für Rassismus auf der Hand: Ideologie ist meist eins mit der Naturalisierung gesellschaftlicher Verhältnisse. Ideologiekritik möchte diese Verblendung aufzeigen und die wirklichen Verhältnisse als Resultat einer spezifischen, umkämpften, historischen, kontingenten Genese offenlegen – gegen den Schein der Naturhaftigkeit. Wenn Konstruktivisten/innen den Konstruktionscharakter pseudonatürlicher Verhältnisse betonen, dann betonen Marxisten/innen deren Produktionscharakter. Die zweite Natur – das gesellschaftlich Gewordene – erscheint ideologisch als erste Natur; es tritt selbst mit quasi-naturgesetzhafter Gewalt auf.

Marxistische Überlegungen zur Entstehung und Reproduktion des Rassismus fragen deshalb beispielsweise nach der Funktion des Rassismus, die er zur Stabilisierung der gesellschaftlichen Herrschaftsverhältnisse einnimmt, indem er Ungleichheiten naturalisiert. Zentral für die Charakterisierung dieser gesellschaftlichen Verhältnisse ist die jeweilige ökonomische Form der Gesellschaften. Die meisten Gesellschaften sind heute kapitalistisch organisiert. Und so fragt die marxistische Theorie konsequenterweise, welche Funktion der Rassismus für den Erhalt und Fortbestand des Kapitalismus spielt oder anders formuliert: Ist Rassismus funktional aus der politischen Ökonomie ableitbar? Auch W.E.B. Du Bois war davon überzeugt, dass der Kapitalismus eine Hauptursache für Rassismus sei. Von ihm stammt der Begriff der «color-line», mit der er und viele andere, die bis heute diesen Begriff nutzen, auf die sozialen und politischen Unterschiede zwischen Menschen unterschiedlicher Hautfarbe im US-amerikanischen Alltag aufmerksam machen.

Als einflussreiche Vertreter/innen solcher Denkweisen im deutschsprachigen Raum sind hier Werner Ruf, Henning Melber, Wieland Elfferding und Roswitha Scholz zu nennen.[29] Die Arbeit *Rassismus. Eine marxistische Analyse* (1998) des britischen Politikwissenschaftlers Alex Callinicos gilt ebenfalls als bedeutsamer Beitrag zu einer marxistischen Auseinandersetzung mit dem Rassismus. Nachfolgend möchte ich drei sehr unterschiedliche Perspektiven vorstellen, in denen – motiviert von Marx – die Rolle des Ökonomischen eine entscheidende Rolle spielt, die aber ganz unterschiedliche Perspektiven auf die Analyse des Rassismus offenbaren.

6.1 Kapitalismus und eurozentrisches Zivilisationsmodell bei Henning Melber

Schon Marx hat gesehen, dass der Kapitalismus je nach konkreter Gesellschaft unterschiedliche Formen aufweist. Das heißt, der Kapitalismus ist nicht in jeder Gesellschaft gleich. Marx ging es darum, «die innere Organisation der kapitalistischen Produktionsweise, sozusagen in ihrem idealen Durchschnitt» (MEW 25: 839) zu analysieren. Das Verhältnis von Rassismus und Kapitalismus kann aus diesem gleichbleibenden Wesen bestimmter grundlegender Mechanismen heraus gedacht werden – es kann aber auch als je unterschiedliche Variante einer jeweils unterschiedlichen konkreten historischen Formationen des Kapitalismus[30] gesehen werden. Welche Perspektive produktiver ist, das ist in der materialistischen Forschung umstritten.

29 Eine gebündelte Auseinandersetzung mit dieser theoretischen Perspektive findet sich in folgendem Sammelband von 1989: Autrata, Otger / Kaschuba, Gerrit / Leiprecht, Rudolf / Wolf, Cornelia (Hrsg.): Theorien über Rassismus. Eine Tübinger Veranstaltungsreihe. Argument Sonderband AS 164. Hamburg: Argument.

30 Aktuell macht Vivek Chibber (2018 [2013]) die Perspektive stark, dass die kapitalistische Moderne bei ihrer Expansion auf unterschiedliche so-

Funktionalistisch betrachtet ist zu fragen, welchen Nutzen der Kapitalismus aus dem Rassismus zieht. Die Integration der Menschen als Rechtssubjekte hat rassistische und sexistische Ausschlüsse weitgehend auf informelle Mechaniken verschoben; denn das Wertverhältnis unterscheidet nicht nach Herkunft, Hautfarbe oder Geschlecht und trägt durch diese Integration zu seiner Verbreitung bei (vgl. zu diesen Aspekten Lohoff 2008, 2010). Der Kapitalismus kann sich der rassifizierenden Spaltung bedienen, er kann sie aber auch aus eigener Logik reduzieren, er kann auch auf andere Spaltungen – wie die zwischen den Geschlechtern – zurückgreifen. Anders sieht dies der deutsch-namibische Politologe Henning Melber (*1950). Für ihn befördert die Rassenideologie die Relativierung, wenn nicht sogar Aufhebung einer klassenspezifischen Bewusstseinsform «zugunsten einer kollektiven, nationalen Projektion» (Melber 1989: 38). Der Kapitalismus braucht den Rassismus, um sein Überleben gegen die Gefahr einer klassenbewussten Gegenbewegung zu sichern. Melber setzt folglich eine klassenspezifische Bewusstseinsform voraus. Mit der Verschiebung von den revolutionären Gedanken auf verbindende Ideologien wie den Rassismus oder den Nationalismus erfüllt der Rassismus also auch die Funktion, den Status quo zu erhalten (vgl. ebd.: 38). Dass die Erhaltung des Status quo aber nicht die einzige Funktion des kolonialen Rassismus ist, wird im Folgenden zu zeigen sein.

6.1.1 Disziplinierung und Naturbeherrschung

Melber analysiert zunächst den Modus der Disziplinierung und Erziehung als zweifach gerichteten Prozess in modernen Gesellschaften. Erstens wendet sich dieser Prozess gegen die Menschen in den kapitalistischen, kolonialisierenden Gesellschaften und zweitens gegen die Menschen in den kolonisierten Gesellschaften. Zunächst wird es um die Disziplinierung in den kolonisierenden Gesellschaften gehen – als eine Seite des Zivilisationsprozesses.

Die Industrialisierung bereitet einen Erziehungsprozess vor, der Menschen diszipliniert. Die Gesellschaft mit ihren Forderungen an den Einzelnen wird als angemessen und vernünftig angesehen – ein Anpassungsprozess, der sich über mehrere

ziale und politische Verhältnisse stößt und es so zur Ausprägung verschiedener Formen der kapitalistischen Moderne kommt.

Generationen erstreckt. Diese Binnenperspektive auf die Disziplinierung, die nicht nur Foucault als Disziplinargesellschaft bezeichnet hat, sondern die vor ihm bereits die Kritische Theorie einnahm, nimmt die Beherrschung von äußerer und innerer Natur in den Blick (vgl. Melber 1989: 33–35). So schreibt Melber über diesen Prozess der Disziplinierung: «Die allmähliche Ausbreitung der (industrie-)kapitalistischen Produktion benötigte und erzeugte ein Ensemble von Arbeitstugenden und verinnerlichten Persönlichkeitsmerkmalen, die Triebverdrängung und Pazifizierung der inneren Natur, Selbstkontrolle und Eigen- wie auch Fremddisziplinierung des Menschen erforderlich machten.» (Melber 1989: 35) Das moderne, instrumentelle, zweckgerichtete Subjekt ist das Produkt der Unterdrückung, Disziplinierung, Verleugnung der inneren Natur des Menschen.

In der *Dialektik der Aufklärung* von Horkheimer/Adorno geht es um die zwei Seiten des Aufklärungsprozesses: Sie beschreiben nicht nur, wie mit der Aufklärung die Loslösung von der alten Herrschaft geschieht und durch Säkularisierung die Möglichkeit für die Befreiung von religiösen und metaphysischen Mächten sowie für den erkenntnislogischen Fortschritt in den Wissenschaften entsteht. Die Aufklärung ersetzt die Götter durch Begriffe, formalisierte Operationen und technische Routine, die ihrerseits zum ‹Mythos› werden – zu Instanzen heteronomer Unterwerfungsforderungen. «Das erbarmungslose Verbot des Rückfalls wird selber zum bloßen Verhängnis, die Versagung ist total geworden, daß sie nicht mehr zum bewußten Vollzug gelangt.» (Horkheimer/Adorno 1997: 206) Vernunft, so legt auch Horkheimer in seiner *Zur Kritik der instrumentellen Vernunft* (1985 [1946]) dar, hätte zwar das Potenzial, im Dienste der Menschheit zu stehen (objektive Vernunft). Mit der Durchsetzung der bürgerlichen Gesellschaft nehme der emanzipatorische Gehalt von Vernunft jedoch stetig ab; formal bleibe bloß die bürgerliche Freiheit erhalten. Vernunft wird in diesem Prozess zum Instrument der Kalkulation und Machtausübung über erste und zweite Natur (subjektive Vernunft) – ohne Besinnung auf die zweckmäßige Einrichtung des Ganzen. Diese instrumentelle, reduzierte, halbierte Vernunft führt zu einer systematischen Steigerung der Kontrolle über die äußere Natur. Objektive und subjektive Vernunft habe es historisch immer schon gegeben, aber die Dominanz von Mitteln und Zwecken über die Frage nach der Vernünftigkeit und Legitimität von Zielen (objektive Vernunft) ist das Ergebnis eines langen Prozesses (vgl. Horkheimer 1985: 30).

Der Prozess der Rationalisierung, den Max Weber so gnadenlos beschreibt, führt so in einen zwanghaften Zyklus aus Selbsterhaltung und Selbstverleugnung[31]. Trotz dieser Diagnose der möglichen Selbstzerstörung der Vernunft halten Horkheimer/Adorno am Projekt der Aufklärung fest. Ihr Ziel ist es in der *Dialektik der Aufklärung* über das Potential zur Selbstzerstörung der Aufklärung aufzuklären, – auf dass es sich eben nicht verwirkliche. Anders als Horkheimer/Adorno, die sich der destruktiven Momente der aufklärerischen Moderne voll bewusst sind, unterstellen viele andere Vorstellungen über die Rationalität der Aufklärung einen durchweg positiven Begriff von Entwicklung und Fortschritt hinsichtlich der Menschheitsgeschichte. Diese Annahme eines kontinuierlichen Fortschritts des Menschheitsgeschlechts führt, wie Melber sagt, zu einer «Verzeitlichung des räumlichen Nebeneinanders» (Melber 1989: 35). Dieses Nebeneinander bedeutet, dass manche Menschen, insbesondere in den europäischen Metropolen, als weiter entwickelt gelten, Menschen anderer Gesellschaften jedoch nur als Vorstufen dieser europäischen Entwicklung angesehen werden. Auf die Konsequenzen dieser eurozentrischen Auffassung im Hinblick auf die Bewertung anderer Gesellschaften komme ich später zurück.

In den vorherigen Abschnitten wurde die Bedeutung der Wissenschaften für die Entwicklung rassistischer Theorien bereits ausgeführt. Auch Melber betont diese Rolle von neuen wissenschaftlichen Maßstäben wie Empirismus und Positivismus sowie neuen Teildisziplinen, deren Methode vor allem das Vermessen und Klassifizieren ihrer Objekte war. Insbesondere Teildisziplinen wie die «biologistische Anthropologie als ein Versuch zur Absicherung sozialdarwinistischer Herrschaftstheorie» sind zur «Politik gewendete Wissenschaft» (ebd.: 37) und die Grundlage für eine Klassifikation von Menschen durch die Rassentheorien.

6.1.2 Der Erziehungsgedanke im Kolonialismus

Im folgenden Abschnitt soll gezeigt werden, dass die Wahrnehmung und Bewertung von nicht-europäischen Gesellschaften die zweite Seite des Zivilisationsprozesses ist. Die im Laufe des

31 Siehe dazu das Odysseus-Kapitel in der *Dialektik der Aufklärung*.

Zivilisationsprozesses eingetretenen disziplinierenden Umformungen, die Menschen in der kapitalistischen Gesellschaft sich antun müssen, wollen sie auch an anderen vollzogen wissen. Der Kolonialismus bot hierfür eine gute Gelegenheit, weil er die Projektion von eigenen Verzichtserfahrungen auf die Kolonisierten ermöglichte, wie Melber darlegt (vgl. Melber 1989: 39). Auf die Frage also, wer den Kolonialismus eigentlich mitgetragen hat, antwortet Melber, dass es diejenigen waren, die ihre eigene Unterdrückung und den damit verbundenen Verzicht im Laufe des Zivilisationsprozesses an andere weitergereicht haben.

Die expansive Natur des Kapitalismus führte gewissermaßen ‹notwendig› zum Kolonialismus und der mit ihm einhergehenden rassistisch begründeten Legitimation, weil er billige Arbeitskräfte liefert. Zudem führt er mit der gleichen Notwendigkeit zum Imperialismus, weil auch die politischen Entscheidungen eines Landes ökonomisch beeinflusst sind. Der Rassismus ist die Legitimationsideologie für den Kolonialismus. Er gibt dem Gleichheitspostulat im Angesicht realer Ungleichheit eine Begründung. Andere sind arm, weil sie minderwertig sind und nicht etwa, weil sie unterdrückt oder ausgebeutet werden. Ihre ‹Unterlegenheit› wird von den Rassentheorien quasi bewiesen. Diejenigen, die über den Wert von Menschen urteilten, waren zumeist die, die technologisch und militärisch fortgeschrittener waren und somit die Macht hatten, ihre Sicht auf die Wertigkeit von konstruierten Rassen ‹wahr› werden zu lassen.

Zu Beginn dieses Abschnittes hatte ich schon einen grundlegenden Gedanken von Melbers Rassismus-Verständnis skizziert, dass nämlich die Rassenideologie die klassenspezifische Sichtweise und Bewusstseinsform zugunsten einer kollektiven, nationalen Projektion relativiert oder ganz aufhebt. Der koloniale Rassismus war ein optimales Feld, um diese Projektionen auszuleben. Somit sind Rassismus und Nationalismus ein Mittel zur ideologischen Verschleierung innergesellschaftlicher Konflikte und Klassenwidersprüche (Melber 1989: 38; Wiegel 1995: 94).

Die ideologiekritische Rassismuskritik nimmt aber nicht nur dieses projektive Moment in den Blick –, sondern wendet sich auch gegen den der kolonialen Praxis inhärenten Umerziehungs- und Pädagogisierungsgedanken. Die ‹Anderen› gelten dem kolonialen Denken als primitiv und auf einer vorgestellten Stufenleiter menschlicher Zivilisation noch weiter unten. Sie bedürfen daher der Anleitung derer, die sich zivilisatorisch schon als fortgeschrittener sehen. Der Umerziehungsgedanke fußt nach Melber auf dem Fortschrittsparadigma der Aufklärung. Beim Erziehungsgedanken handelt es sich jedoch nicht nur um eine idealistische Vorstellung – er transportiert auch konkrete Interessen: nämlich die ehemaligen Sklaven freiwillig zur Arbeit für die ehemaligen Kolonialstaaten zu bewegen.

Die pädagogische Aufgabe der Zivilisierung lässt sich sehr gut an der bereits erwähnten von Franz Giesebrecht herausgegebenen Sammelschrift *Die Behandlung der Eingeborenen in den deutschen Kolonien* (1898) nachvollziehen. Missions-Superintendent Merensky fragt, wie die ‹Eingeborenen› in den Kolonien zu behandeln seien. Wenn sie in der «Kultur Fortschritte machen sollen, so ist zunächst hervorzuheben, dass sie sich am besten als Ackerbauer entwickeln, und dass sie als Ackerbauer auch die Entwicklung ihres Landes am besten fördern. [...] Es ist also unmöglich, die weiten, unbebauten Länder Afrikas ohne Hilfe der Schwarzen produktiv zu machen.» Hier schlägt neben dem Fortschrittsgedanken nicht nur deutlich ein klares Verwertungsinteresse durch; einige Zeilen weiter wird auch deutlich, wie die Einheimischen von den Kolonisatoren gesehen werden, geradezu danach dürstend sich weiterzuentwickeln: «[...], aber man sollte nicht vergessen, dass die Berührung mit der Kultur (gemeint ist die europäische, U.M.] den Neger ‹zivilisiert›, auch ohne dass er das Christentum annimmt. Er lässt sich keinesfalls auf der Stufe der Kindheit erhalten, auf der ihn manche am liebsten sehen.» (Merensky 1898: 56) Auch die schwarze Bevölkerung, so Merensky weiter, wünsche sich eine «höher stehende Religion», die «höhere Weisheit und ein höher stehendes Sittengesetz» bringen (ebd.). Die Vorstellung von Kindern, die erzogen, zur Arbeit angehalten und versittlicht werden müssen, treibt den Zivilisierungsgedanken im Kolonialismus an.

Aus dem bisher Gesagten lässt sich schlussfolgern, dass Kolonialismus für Henning Melber nicht nur die Ausbeutung von Ressourcen und Menschen anderer Länder (ökonomischer Aspekt) ist oder die Übertragung eigener Entbehrungen im Laufe des Zivilisationsprozesses auf andere Menschen, die bislang scheinbar der Selbstdisziplinierung entkommen sind (psychologischer Aspekt). Kolonialismus ist eben auch die «gewaltsame Zivilisierung» (pädagogischer Aspekt) (Melber 1989: 40f.). Und Zivilisierung geht dabei Hand in Hand mit der Verherrlichung von Arbeit als einer notwendigen Unterwerfung zum Zwecke der Selbsterhaltung in kapitalistischen Gesellschaften. Wie breit der Rassismus jenseits von Klassengrenzen in die Gesellschaft hineinwirkte, zeigt eine Studie von Gottfried Mergner, der den offenen Rassismus in der Arbeiterbewegung untersuchte und mit der verbreiteten Vorstellung aufräumt, dass der Rassismus nur ein Politikinstrument der ‹herrschenden Klasse› sei (vgl. Mergner 1988).

Dass der Rassismus nicht allein ein Instrument der ‹herrschenden Klasse› ist, macht auch Werner Ruf deutlich, wenn er nach dem Zusammenhang von Ökonomie und Rassismus fragt: «Wie ergibt sich aus den spezifischen Widersprüchen der bürgerlich-kapitalistischen Ökonomie die Möglichkeit, ja die Notwendigkeit von Rassismus?» (Ruf 1989: 70) Neu am Kapitalismus war vor allem, dass erstmals in der Geschichte die Arbeitskraft zu einer frei verkäuflichen Ware wurde, so Ruf. Arbeitskraft als Ware ist Quelle von Wert. Der Unternehmer will Mehrwert erwirtschaften. Wolle der Unternehmer über dieses Maß hinaus seine Arbeitskräfte ausbeuten, so stehen ihm, nach Ruf, folgende Möglichkeiten zur Verfügung: Er kann die Löhne senken; er kann das Arbeitskräfteangebot durch Import von billigeren Arbeitnehmer/innen steigern und so wiederum Lohnkürzungen durchsetzen; er kann den Arbeitstag verlängern; er kann Akkordnormen ständig heraufsetzen oder die Produktion in Gebiete auslagern, in denen die Löhne niedriger sind (vgl. ebd.: 70–73). Wichtig ist die «Weiterentwicklung der kapitalistischen Produktionsweise auf immer höherem Niveau durch permanente Veränderung der organischen Zusammensetzung des Kapitals.» (Ruf 1989: 73) Die Expansion des Kapitalismus sei eine notwendige Entwicklung, um dem tendenziellen Fall der Profirate entgegenzuwirken. Nur in den Ländern, in denen menschliche Arbeitskraft zu Billiglöhnen ausgebeutet wird, kann das Verhältnis von variablem und konstantem Kapital – also zwischen lebendiger Arbeitskraft und technischen Produktionsmitteln profitabel gehalten werden. Rassismus dreht sich, wie Ruf schreibt, um die Frage, wer Mensch sein darf: «Fest steht für den Rassisten, daß die Billig-Arbeitskräfte, welcher Nation, Kultur oder Rasse sie entstammen mögen, den Schritt zum mitteleuropäischen Kulturmenschen allesamt noch nicht geschafft haben.» (ebd.: 78) Der Rassismus vollziehe nicht nur eine physische Entmenschlichung durch die Ausbeutung und Abwertung der Arbeitskraft, sondern auch eine kulturelle, die sich im Überlegenheitsgefühl der Kolonialherren und der späteren Rassisten ausdrücke, wie Ruf schreibt (vgl. ebd.: 79). Rein rational brauche aber der Kapitalismus den Rassismus nicht, er braucht billige Arbeitskräfte. Der Rassismus sei aber etabliertes Mittel, um diese Ausbeutung fortzusetzen. Für die rassistische Bevölkerung sei die Beibehaltung ‹rassischer oder kultureller› Gefälle zudem ein Schutz vor dem eigenen Abstieg. Rassismus sichere Privilegien, soziale Sicherung und Arbeitsplätze. Die Biologisierung bzw. Kulturalisierung sozialer Kämpfe führe zur Spaltung der Arbeiter/innenklasse. Hinter dem Rassismus, so Rufs Resümee, stehe also ein sozialer Grund (vgl. ebd.: 80–83). Diese Analyse legt nahe, dass Rassismus sich sehr wohl durch rationale Aufklärung über die Interessen des Kapitals bekämpfen lässt. Sie widerspricht damit jenen Theorien, die den Rassismus sehr tief im Alltagsbewusstsein verankert sehen und betonen, dass er auch vorrationale, irrationale, psychologische Bedürfnisse erfüllt – z.B. durch projektive Abfuhr.

6.1.3 Kontinuitäten des kolonialen Denkens in postkolonialen Zeiten

Melber schreibt, dass der Rassismus dem Kolonialismus inhärent sei (vgl. Melber 1989: 49). Die lange Weigerung die eigenen kolonialen Vergangenheit aufzuarbeiten, ist Ausdruck einer Haltung, die gewalttätige Traditionen gerne psychodynamisch auf eine Gruppe von vermeintlich besonders extremen Personen abschiebt (wie die der Nationalsozialisten beispielsweise) (vgl. ebd.: 47). Melber betont dagegen grundsätzlich die dem Kolonialismus, Imperialismus und Ethnozentrismus inhärenten Entwicklungslogiken («erst zur Zivilisation kommen …») (vgl. ebd.: 49). Der technisch-industriellen Rationalität seien Kulturimperialismus und Rassismus immanent; diese sind eben keine randständigen Traditionen. Seine gegenwärtige Form behält der Rassismus als Eurozentrismus in der bundesdeutschen Gegenwart.

Als Melber seinen Aufsatz 1989 schrieb, konstatierte er, dass auch heute noch das dominante Entwicklungsmodell das Zivilisationsmodell ist, dem rassistische Vorstellungen innewohnen. Vier Beispiele mögen diese Kritik verdeutlichen: (1) Die heutige Integrationsdebatte gilt Melber als die Fortsetzung der alten kolonialistischen Zivilisierungsidee (vgl. Melber 1989: 44). Die geforderte Integration, lange auch die Assimilation von Migranten/

innen orientiert sich am Maßstab der Aufnahmegesellschaft.[32] (2) Melber setzt auch psychologische und soziologische Theorien, die einen idealtypischen Verlauf der Identitätsentwicklung (Freud, Piaget, Mead u.a.) beschreiben, der gleichen Kritik aus wie die Zivilisierungsideen des Kolonialismus. Solchen Theorien wirft er vor, kulturunabhängige Entwicklungen zu propagieren und damit wieder nur am Modell des bürgerlichen Menschen orientiert zu sein, der sich an den «formalen Prinzipien des Kantschen kategorischen Imperativs» (Melber 1989: 50) ausrichtet; also am ‹westlichen, weißen (männlichen) Subjekt›. (3) Das Nachwirken rassistischer Vorstellungen, die dem Zivilisationsmodell entspringen, weist Melber u.a. in einer Sichtung von Schulbüchern nach. Diese strotzen nur so vor paternalistischen Aussagen und bedienen durchweg die Vorstellung eines Stufenmodells menschlicher Zivilisation. Auch für die gegenwärtige Gesellschaft gibt es Untersuchungen zum Rassismus in Schulbüchern (vgl. dazu: Marmer 2015). (4) Es sei vor allem die Verdeckung der Zivilisierungsmission als Entwicklungshilfe, die schon zu Zeiten der realen Kolonialherrschaft die Gewaltförmigkeit des Kolonialismus heruntergespielt hat (vgl. Melber 1992: 253f.). Bis in die Gegenwart hinein sollte die Idee der Entwicklungshilfe daher kritisch durchdacht bleiben. Melber fordert die «Entkolonialisierung unseres Bewußtseins» (ebd.: 255).

Mit Melbers Überlegungen stoßen wir auf eine bis heute sehr kontrovers diskutierte Thematik nicht nur innerhalb der Linken. Sie berührt das Verhältnis von Universalismus und Partikularismus und damit auch Forderungen nach Integration. Melber führt zur Veranschaulichung seiner Überlegungen folgendes Zitat von Ernest Jouhy an: «So umwälzende und heute weltweit gültige Begriffe wie Entwicklung, Fortschritt, Emanzipation, Freiheit, Selbstbestimmung und ‹Individuelle Autonomie›, ebenso wie die wissenschaftlich-technischen Denkmodelle und Verhaltensweisen, die ihnen vorgeschaltet sind, wurzeln im gleichen europäischen Bürgertum, das durch die Praxis seiner Theorien ökonomisch, politisch und kulturell die Vormacht in der Welt errungen hat.» (Jouhy 1985: 45) Zur Disposition steht hier – und das führt uns zurück zu den destruktiven Momenten von Moderne – der universalistische Anspruch aufklä-

32 Dieser Überlegung Melbers, dass die deutsche Integrationspolitik eine koloniale Praxis darstellt, geht in einer aktuellen Arbeit Kien Nghi Ha (2016) nach.

rerischer Ideen. Können diese Werte eine universelle Gültigkeit beanspruchen? Sind diese Werte notwendig infiziert von den zerstörerischen, ausbeuterischen und imperialistischen Seiten der kapitalistischen Expansion?

Welchen Unterschied gibt es zwischen rassistischen Vorstellungen, die zur Voraussetzung das Ideal einer fraglosen Höherwertigkeit der eigenen Kultur haben, und der Diagnose, dass eine andere Gesellschaft beispielsweise durch patriarchalische Strukturen oder eine religionistische Unterwerfung der Bevölkerung gekennzeichnet ist? Diese Diskussion bewegt sich im Spannungsverhältnis zwischen eurozentrischen Perspektiven und universalistischen Ansprüchen von Kritik. Entscheidend ist aus meiner Sicht für eine Unterscheidung, ob es sich um Eurozentrismus/Rassismus oder um eine emanzipatorische Perspektive handelt, nicht nur das Motiv, sondern auch die Vorstellung über das Verhältnis von Subjekt und Geschichte, die in Blicken auf andere Gesellschaften kenntlich wird. Gesellschaft wird von Menschen gemacht (und erlitten). Sie ist kein Naturgesetz und damit veränderbar. Kultur, Zivilisation und Fortschritt als selbstläufige Prozesse zu betrachten, die sich wie ein Naturgesetz in jeder Gesellschaft gleich vollziehen, reproduziert die Idee von den primitiveren Vorstufen gemessen am ‹euro-amerikanischen Entwicklungsvorsprung›.

Aber ein Verzicht auf Kritik, beispielsweise an der Genitalverstümmlung in manchen Ländern Afrikas (z. B. Mali, Sierra Leone, Ägypten usw.), ist genauso falsch. Wenn Genitalverstümmlung als Ergebnis von Herrschaftsstrukturen gesehen wird, deren Bestand durch soziale und politische Kämpfe natürlich in Frage gestellt werden kann, dann hat die Kritik nichts mit (post-)kolonialistischer Herablassung zu tun. Solche brutalen Praxen sind keine transhistorischen Konstanten und einzelne Praxen sind stets veränderbar; schon gar nicht haben sie etwas mit einer natürlich begründbaren Rückschrittlichkeit zu tun. Sie sind vielmehr abhängig vom gesellschaftlichen Willen ihrer Tradierung. Leid wird von Menschen empfunden. Geschichte wird von Akteuren gemacht. Das Recht auf körperliche Unversehrtheit ist der kleinste gemeinsame Nenner, auf den sich eine emanzipatorische Linke einigen sollte.

Rassismus trifft stets konkrete Individuen, die aufgrund zugeschriebener Merkmale und Eigenschaften angegriffen und angefeindet werden. Am Beispiel der so genannten Kopftuchdebatte, die hier nicht nachgezeichnet werden kann, lässt sich dieses Spannungsverhältnis von Eurozentrismus/Rassismus und emanzipatorischer Kritik ebenfalls illustrieren. Zwei sehr interessante Diskussionen werden dazu in der Ausgabe 323 der Zeitschrift IZ3W zum Thema *Die Islamdebatte. Ganz unten angekommen* (2011) geführt. Es verschränken sich hier verschiedene Dimensionen von Herrschaft: Geschlecht, Rassismus und Religion (vgl. Arndt/Lindner/Schmid 2011: 36). Die Diskussion ist um die Fragen zentriert, ob die unstrittige Tatsache des Zwanges zum Kopftuch in einigen Gesellschaften wie der Islamischen Republik Iran und unter Islamisten in Deutschland angesichts des grassierenden Rassismus lieber nicht thematisiert werden sollte. Kann also in einer Situation, in der das Kopftuch häufig Auslöser rassistischer Diskriminierungen ist, sinnvoll und emanzipatorisch der ‹Zwang zum Kopftuchtragen› hier und andernorts kritisiert werden? Diese Debatte thematisiert auch das Verhältnis des Islam als Religion und heterogener religiöser Praxis zum Islamismus als politischer Bewegung. Ebenso kontrovers wird vielerorts diskutiert, ob und wie überhaupt eine emanzipatorische (d.h. auch kompetente) Religionskritik des Islam formuliert werden kann, die nicht rassistisch ist. Schließlich muss diese Kritik am Islam als Religion auch die Stellung anderer Religionen in der deutschen Gesellschaft diskutieren. Religionsfreiheit dient dem Schutz des einzelnen Gläubigen, aber gerade eine linke Diskussion sollte hier nicht die Forderung nach der Freiheit zur Religionskritik und zum Atheismus aus den Augen verlieren.

Melber kommt zum Abschluss seines Beitrages zu den Konsequenzen seiner Überlegungen und spricht zwei konträre Wege an, wie diese Probleme angegangen werden: durch den Kulturrelativismus und den Kulturuniversalismus. Beide Varianten hält er allerdings in ihrer Ausschließlichkeit für ungeeignet. Zwei falsche Lösungen mit «vermeintlich oder real Fremdem» sieht Melber jedoch: «Die Form des rationalen, kulturellen Schematismus verstellt den Blick auf die eigene, individuell-menschliche Realität» (Melber 1989: 54), d.h. wir sollten uns Subjekten zuwenden, nicht Kollektiven. Und: Nicht jede Kultur, nicht alles real oder vermeintlich Fremde verdient Respekt und Toleranz. Das Wissen um die negativen und herrschaftsförmigen Seiten des universalistischen Anspruchs darf nicht dazu führen, dass der Kampf gegen Menschenwürde und für die Menschenrechte aufgeben wird (vgl. ebd.).

6.1.4 *Kritik: Rassismus ist nicht nur eine Folge des Kolonialismus*

Ein Folgeproblem der Erweiterung des Kolonialismusbegriffes, beispielsweise zum ‹kulturellen Kolonialismus›, lässt sich am Umgang mit den Islamisten darstellen. Islamisten benutzen als Metapher für die Vorstellung einer kulturellen Kolonisierung beispielsweise den Begriff der ‹Westoxication›, also eine Vergiftung durch den Westen. Kolonialisierung wird heute v.a. als kulturelle ‹Verwestlichung› thematisiert. Islamistische Bewegungen in den einzelnen Ländern sind zwar verschieden hinsichtlich ihres konkreten Handelns, der Gewalt und Repression, die sie anwenden, aber sie sind verbunden durch eine gemeinsame Ideologie. Auf die demütigende Erfahrung des Kolonialismus seit dem ausgehenden 18. Jahrhundert, «auf die Auflösung sozialer Strukturen, die Veränderungen sozialer, religiöser und politischer Identitäten und die Transformation von gesellschaftlichen Werten und Normen» (Nordbruch 2004: 211) durch sozialen Wandel seit Ende des 19. Jahrhunderts antworten Islamisten rückwärtsgewandt. Sie beschwören einen Islam, den es so niemals gegeben hat; sie homogenisieren verschiedene islamische Strömungen in einem Bild vom ‹einzig wahren› Islam. Gegen islamische Reformbewegungen und liberale und heterodoxe Muslime gehen sie besonders gewaltsam vor. Ihre Antwort auf die Krisen der Moderne ist eine religionistische Konstruktion von kollektiver Identität (vgl. Lewed 2010: 53). Die Ursachen für die Krisen werden allerdings nicht im Inneren der Gesellschaften gesucht, sondern nach außen projiziert. «Ohne Hoffnung auf Veränderung in ihren Gesellschaften und gefördert durch entsprechende Propaganda von Regierungen und Islamisten, die beide kein Interesse an einer systemkritischen und emanzipatorischen Opposition haben, verschieben viele Menschen die Quelle ihrer Frustrationen auf übermächtige, imaginäre Mächte und verharren in einer Opferhaltung, die leicht in aggressive Ressentiments mündet.» (Müller 2005: 115)[33] Zentral für die Konstruktion dieser kollektiven Identität ist die Betonung einer konstruierten islamischen Identität als Gegenpol zur westlichen. Diese Konstruktionen zweier sich scheinbar gänzlich widersprechender ‹kultureller› Identitäten – der Westen und die islamisch geprägten Gesellschaften – haben

33 Wie diese Krisenverarbeitung antisemitisch erfolgt, ist nicht Teil dieser Arbeit (vgl. dazu beispielsweise Marz 2014).

sich in einem «langen historischen Prozess – in einem Wechselspiel von gegenseitigen Fremd- und Selbstzuschreibungen» (Müller 2005: 108) entwickelt.

Ein weiteres Problem ergibt sich aus Melbers Kritik am universalistischen Denken. Auch wenn Melber sich nicht für die Seite des Kulturrelativismus entscheidet, so induzieren seine Überlegungen doch genau diese Schlagseite. Die Konsequenz wäre ausgesprochen fatal, denn der Kulturrelativismus arbeitet ja nun gerade jenen kulturellen Vorstellungen zu, die Menschen und die Gruppen, denen sie zugeordnet werden, in eine Blase der Unveränderlichkeit hüllt. Veränderungen innerhalb von Gesellschaften/Kulturen sollen demgemäß idealerweise gar nicht (wie im rechten Kulturrelativismus) oder aus sich selbst heraus (wie eher im Ideal eines linken Kulturrelativismus) geschehen. Und doch kritisiert Melber zu Recht die Macht- und Herrschaftsambitionen, die Kritiken ‹von außen› oft eingeschrieben sind. Wie dieses Dilemma theoretisch und praktisch für eine emanzipatorische Linke aufgelöst werden kann, kann an dieser Stelle nicht erschöpfend betrachtet werden.[34]

Analytisch unbefriedigend ist Melbers Definition des Rassismus. Die Bestimmung dessen, was er unter Rassismus versteht, ist sehr undeutlich. Rassismus wird als immanenter Teil des Kolonialismus und als ein möglicher, aber nicht notwendiger Bestandteil des Ethnozentrismus bestimmt. Erst im Eurozentrismus drücke sich – anders, als im universell vorhandenen Ethnozentrismus – die Vorstellung einer spezifischen gesellschaftlichen Entwicklung aus, die zum Maßstab der gesellschaftlichen Evolution werde (Melber 1992: 11f.). Ein weiteres Problem ist die Frage nach den Akteuren des Kapitalismus, der nach Melber zu Kolonialismus und Imperialismus führt. Kolonialisierung als vermeintliche ‹Zivilisierung› ist nicht der Ausdruck von rassistischen Überlegenheitsphantasien, sondern Kolonialisierung ist dem rassistischen Zivilisierungsgedanken vorgängig. Im marxistischen Duktus würde man argumentieren: Die Zivilisierungsideologie soll der ökonomischen Ausbeutung ein nobles Antlitz verleihen. So gesehen kann auch die Verbreitung von westlichen Werten und Kulturmustern im Zusammenhang mit kapitalistischer Aus-

34 Instruktiv wäre hier beispielsweise eine Untersuchung von Broschüren oder Stellungnahmen derjenigen Unternehmen, die ins Ausland expandieren wollen, wo deren Ziele – über Profitmaximierung hinaus – beschrieben werden.

beutung gesehen werden: als Bereitstellung der Voraussetzungen, die das Begehren nach bestimmten Waren und Gütern sichert (als Form der Subjektkonstitution) und als verselbständigte Expansion der kapitalistischen Moderne. Beide Formen kommen auch ohne Akteure aus, die sich solcher Ziele bewusst sind (anders als im Kolonialismus des 19. Jahrhunderts).

Eine weitere Kritik am kolonialen Paradigma zweifelt daran, dass Rassismus ausschließlich im Kontext und im Zuge der Nachwirkungen des Kolonialismus vorkommt. Mit der Auffassung, dass nur schwarze Personen/PoC zum Objekt seines Hasses werden, können nämlich jene Fälle von Rassismus nicht erfasst werden, in denen Personen nicht aufgrund ihrer Hautfarbe, aber eben doch rassistisch verfolgt werden (vgl. Miles 1991: 198). Robert Miles, dessen Rassismusanalyse im nächsten Abschnitt besprochen wird, führt als Beispiele hier die Iren und die Juden an, deren rassifizierter Status nicht an ihrer Hautfarbe hing. Gegen das Beispiel der Juden ließe sich zumindest einwenden, dass Juden anders als andere Objekte des Rassismus gerade nicht pauschal als unzivilisiert galten, sondern im Gegenteil mit der modernen Gesellschaft identifiziert wurden. Nur weil Miles hier offenbar Antisemitismus als einen Fall von Rassismus behandelt, kann er das Beispiel der Juden für seine Argumentation benutzen. Die Konsequenz dieser Deutung des Rassismus mittels des kolonialen Paradigmas ist zudem, dass Rassismus als ausschließlich «weiße Ideologie» (ebd.: 190) erscheint. Das stimmt, wie Miles und Balibar zeigen, zumindest dann nicht, wenn auch innereuropäische ideologische Prozesse der Unterordnung und Beherrschung von Gruppen (wie der Arbeiter/innenklasse, der Bauernschaft) als Rassenkonstruktion beschrieben werden. Auch der Völkermord in Ruanda 1994[35] oder Japans Behandlung[36] der Kolonien können als Fälle von nicht-weißem Rassismus diskutiert werden.

---

35 Die Unterscheidung von Hutu und Tutsi gab es bereits vor der belgischen Kolonialisierung Ruandas. Aber erst die koloniale Situation hat die beiden Gruppen, die sich bis dahin nur aufgrund ihrer Vieh- oder Ackerbautätigkeit unterschieden, rassistisch aufgeladen. Hutu und Tutsi waren äußerlich so wenig zu unterscheiden, dass sich die Mörder auf den von der Kolonialherrschaft eingeführten Vermerk im Ausweis verlassen mussten, ob es sich um einen Hutu oder Tutsi handelte (vgl. zum ruandischen Völkermord Heeger 1998).

36 Hinter den Rechtsordnungen in Japan und seinen Kolonien standen rassistische Vorstellungen. Die Gewalt gegen die Chinesen während des

6.2 Rassenkonstruktion als ideologischer Vorgang bei Robert Miles

Während Melber den Fokus seiner Betrachtungen auf den Kolonialismus als Folge der Expansion des Kapitalismus legt, nimmt Robert Miles (*1950), ein britischer Soziologe und Politikwissenschaftler, den Rassismus als Ideologie in den Blick. Der Ideologiebegriff wird bei ihm allerdings anders gebraucht als in den marxistischen Traditionen. Miles unterscheidet zwischen Rassenkonstruktion und Rassismus. Rassenkonstruktion ist ein «Prozess der Grenzziehung zwischen verschiedenen Gruppen, wobei bestimmte Personen, primär mit Bezug auf (angenommene) angeborene (gewöhnlich phänotypische) Merkmale innerhalb dieser Grenzen verortet werden. Es handelt sich also um einen ideologischen Vorgang.» (Miles 2000: 21) Miles weist ausdrücklich darauf hin, dass die Präsenz des Begriffes ‹Rasse› nicht zwingend notwendig für die Konstruktion von ‹Rassen› ist. Gerade der zu seiner Zeit gegenwärtige Diskurs – er schrieb sein Buch *Rassismus. Einführung in die Geschichte und Theorie eines Begriffs* 1989 – brauche den Begriff der ‹Rasse› gar nicht, um die Kategorien von schwarz und weiß zur Kennzeichnung von Gruppen einzusetzen. Miles hebt hier auf die Willkür in der Auswahl der körperlichen Merkmale ab, die zum Bedeutungsträger werden, um Gruppen zu konstruieren.

Es geht ihm gar nicht darum, abzustreiten, dass Menschen hinsichtlich ihrer Hautfarbe unterschiedlich aussehen. Er zeigt vielmehr, welche Merkmale zur Rassenkonstruktion ausgewählt werden. Die Auswahl von bestimmten Kriterien wird als Bedeutungskonstitution (signification) bezeichnet (ebd.: 21). Es gibt keine Rassentheorie, die z.B. die Ohrengröße oder die Form der Fingernägel zum entscheidenden Distinktionskriterium erhoben hat. Miles zeigt, wie Hautfarbe zum Unterscheidungsmerkmal wird, weil sie soziale Beziehungen strukturiert und nicht, weil

zweiten Sino-Japanischen Krieges (1937–1945) im Nanjing-Massaker ist nur ein Beispiel. Als weiteres Beispiel führt Fischer-Tiné die Wiedereinführung der bereits im japanischen Mutterland abgeschafften Prügelstrafe zwischen 1904 und 1921 in Japans Kolonialreich an. Die Notwendigkeit dieser Form der Strafe ließ sich angeblich wissenschaftlich nachweisen, da «diese Form der Bestrafung für die kulturell und körperlich andersartige Bevölkerung Taiwans und Koreas am besten geeignet sei» (Fischer-Tiné 2015).

sie am einfachsten am Menschen zu beobachten wäre. Die Wahrnehmung des Sozialen nach Hautfarbe macht klar, wo ein jeder hingehört. Miles betont jedoch auch, dass sich die Merkmale, die zu Bedeutungsträgern werden, historisch verändern. Der Kern der Rassenkonstruktion (racialisation) besteht darin, dass die konstruierte Gruppe für eine von Natur aus existierende Gruppe gehalten wird und sich entsprechend reproduziert (vgl. ebd.: 21).

Die Rassenkonstruktion erfolgt als dialektischer Prozess, so Miles (vgl. ebd.). Demjenigen, der ein Merkmal zum Rassenkriterium erhebt, ist klar, dass dieses Kriterium nicht nur auf eine andere Gruppe angewendet wird, sondern auch auf die eigene. Deshalb wählen Rassentheoretiker/innen nur solche Merkmale aus, bei denen sie selbst besser abschneiden (fleißig-faul, klug-dumm, wohlgeformt-unförmig). Selbst wenn eine Eigenbezeichnung noch gar nicht feststeht: In dem Moment, in dem jemand anderes als schwarz klassifiziert wird (und nur als das), schließt das ein, dass die klassifizierende Person auch eine Farbzuweisung braucht. «Das ‹Schwarz-Sein› der Afrikaner widerspiegelte daher das ‹Weiß-Sein› der Europäer: Diese Gegensätze gehören zusammen, jeder gab dem anderen seine Bedeutung innerhalb eines umfassenden Vorgangs der Bedeutungskonstitution.» (ebd.; Ders. 1991: 101)

6.2.1 Rassismus ist eine Ideologie

Der Begriff Rassismus sollte nach Miles nur auf ideologische Phänomene angewandt werden (vgl. Miles 2000: 22). Was heißt das? Auch Miles verweist auf die vielen Verwendungsweisen des Begriffs Ideologie. Er legt sich daher auf folgendes Verständnis von Ideologie fest: «Ideologie ist eine spezifische Diskursform.» (Miles 1999: 58) Als ideologisch sind alle Diskurse zu bezeichnen, die zu einer verzerrten Vorstellung der Beziehungen zwischen Menschen und gesellschaftlichen Beziehungen führen. Diese Diskurse müssen weder systematisch und kohärent vorgetragen sein noch einen intentionalen Grund dergestalt haben (vgl. ebd.), dass jemand anderes absichtsvoll über das Wirken der gesellschaftlichen Kräfte getäuscht werden soll. ‹Fake News› wären diesem Verständnis nach keine Ideologie, weil der Sinn von Fake News in der absichtlichen Verbreitung von falschen Informationen besteht.

Worin besteht nun aber das Ideologische am Rassismus? Miles schreibt, dass Rassismus sich nicht notwendig auf biologische Inhalte beziehen muss, sondern sich auch auf kulturelle konzentrieren kann. Rassismus begründet Ungleichheit mit dem Argument, dass die Menschheit aus unterschiedlichen Gruppen besteht (vgl. ebd.: 67f.). Das bedeutet nun aber nicht, dass jede «deterministische Behauptung über gruppenbezogene Unterschiede» (ebd.: 68) rassistisch wäre. Würde Rassismus auf diese Weise definiert, gäbe es beispielsweise keine Möglichkeit mehr, Rassismus von Sexismus zu unterscheiden. Um die Spezifik der rassistischen Ideologie bestimmen zu können, führt Miles zunächst einen weiteren Begriff ein: den der Ausschließungspraxis. Diese besagt zunächst einmal nur, dass eine Gruppe bei der Zuteilung von Ressourcen und Dienstleistungen nachweislich benachteiligt wird, ohne Aussagen über die Ursachen dieses Ausschlusses treffen zu können; denn dazu bedarf es weiterer Untersuchungen. Darüber hinaus beziehen sich Ausschließungspraxen auf vorsätzliche Handlungen und auch auf Folgen, die Strukturen der Ungleichheit schaffen. Und schließlich ist das Verhältnis von Ein- und Ausschluss ein dialektisches. Das meint: Ausschließungsprozesse, die verhindern, dass Personen aus bestimmten Herkunftsländern eine Wohnung finden, bestimmen zugleich die Kriterien, die anderen einen Zugang zum Wohnungsmarkt ermöglichen. Damit ist der Ausschluss der einen der Einschluss für andere und umgekehrt (vgl. Miles 2000: 23f.) Ausschließungspraxen eine rassistische Motivation nachzuweisen ist schwierig. In der Unterscheidung zum Rassismus, um die es Miles hier geht, fehlt ihnen die Spezifik – also der ideologische Gehalt – über den der Rassismus definiert werden sollte. D.h. auch, dass Ausgrenzungspraxen nicht immer mit funktional notwendigen Ausgrenzungsideologien zusammenfallen.

Der spezifische ideologische Gehalt des Rassismus besteht nach Miles darin, dass durch den Prozess der Rassenkonstruktion zunächst bestimmten «biologischen Merkmalen eine Bedeutung zugeschrieben wird, wodurch sie zum Erkennungs-Zeichen bestimmter Gruppen werden. Status und Herkunft der Gruppen werden so als natürlich und unveränderlich vorgestellt, [...].» (ebd.: 24) Anschließend muss die «so gekennzeichnete Gruppe [...] mit zusätzlichen, negativ bewerteten (biologischen oder kulturellen) Merkmalen versehen werden, als verursache sie negative Merkmale für andere» (ebd.). Erst diese Wertung mache den Rassismus, so Miles.

Es gibt nach Miles vier weitere Merkmale der rassistischen Ideologie (vgl. Miles 1999: 106–113; 2000: 24–27). Das erste Merkmal ist der bereits angesprochene dialektische Charakter der Rassenkonstruktion. Zweitens kann Rassismus als kohärente Theorie (Rassentheorie) oder aber auch als loses Geflecht von Stereotypen, Bildern und Zuschreibungen (Rassismus im Alltag) in Erscheinung treten. Das dritte Merkmal des Rassismus ist dessen praktische Angemessenheit. Er fungiert als «Sinngebungsinstanz» (Miles 2000: 25), weil er die Welt erklärt[37]. Die konkreten Inhalte und Deutungen variieren je nach Klassenzugehörigkeit. Teil seiner Angemessenheit ist auch, dass die konkreten Erfahrungen, die Menschen aufgrund ihrer Klassenlage machen, rassistisch verarbeitet werden. Rassismus geht auf konkrete Bedingungen und Widersprüche innerhalb kapitalistischer Gesellschaften und Probleme von Klassenangehörigen zurück. Nicht nur mit Stuart Hall ist Miles sich hier einig, auch Leo Löwenthal und Norbert Gutermann beschreiben in *Falsche Propheten. Studien zur faschistischen Agitation* (1982 [1949]) eine «gesellschaftliche Malaise» der kapitalistischen Moderne, die der faschistische Agitator aufgreift und rassistisch oder antisemitisch interpretiert (vgl. Löwenthal/Gutermann 1982: 29). «Der Agitator aktiviert also die primitivsten und bedrängendsten Reaktionen seiner Anhänger auf allgemeine Krisenentwicklungen der gegenwärtigen Gesellschaft.» (ebd.: 150) Was Löwenthal und Gutermann hier beschreiben, ist die agitatorische Ergänzung zu dem von Miles beschriebenen Aspekt der klassenbezogenen rassistischen Verarbeitung realer Probleme. Antirassistische Interventionen sollten sich daher lieber darauf konzentrieren, gesellschaftliche Verhältnisse zu verbessern, anstatt Menschen davon zu überzeugen, dass sie Unrecht haben, so Miles[38]. Das vierte

37 Dass der Rassismus hier als Welterklärung konzeptualisiert wird, ist umstritten. Sicher gibt es Aspekte, die dem Rassismus auch welterklärende Funktionen verleihen, doch ist seine Erklärungskraft zumindest im Vergleich zum Antisemitismus als einem umfassenden Welterklärungsversuch geringer.

38 Auch das ist aus meiner Sicht ein problematischer Vorschlag. Es ist sicher richtig, die hier identifizierten Ursachen ändern zu wollen, aber Menschen, die rassistisch argumentieren, nicht zu widersprechen, ist falsch. Nicht deshalb, weil ich glaube, das vernünftige Argumente hier Aussicht auf Erfolg hätten, sondern, weil es wichtig ist, rassistische Aus-

und letzte Merkmal des Rassismus als Ideologie ist sein variabler historischer Gehalt. Rassismus ist «keine einmalige, statische Ideologie, die sich an Hand spezifischer Vorstellungen, Bilder und Stereotypen identifizieren ließe» (Miles 2000: 26). Sowohl das Objekt des Rassismus (die Gruppe) als auch die Bedeutungsträger (natürliche Merkmale, nach denen unterschieden wird) sowie deren zugeschriebenen negativen Eigenschaften können sich historisch verändern. Auch die konkreten Bilder und Klischees über eine Gruppe verschieben sich mit historischen Ereignissen. Neben diesen variablen Zügen des Rassismus gibt es aber auch kontinuierliche. Neue Rassismen sind nach Miles eine Mischung aus alten Rassismen und der Hinzufügung neuer Aspekte (vgl. Miles 1991: 112).

6.2.2 Institutioneller Rassismus

Miles verwendet den Begriff des institutionellen Rassismus auf zweifache Weise. Er bezieht ihn erstens auf Verhältnisse, die sich explizit aus einem vorgängigen rassistischen Diskurs ergeben und zweitens auf die Formierung eines neuen Diskurses. Um eine Ausgrenzungspraxis der ersten Form als rassistischen Diskurs zu qualifizieren, ist es nötig, die Geschichte der Diskurse zu untersuchen und so nachzuweisen, dass es «vor dem Schweigen (oder der Umformung) einen rassistischen Diskurs gegeben hat» (ebd.). Miles illustriert beide Formen an britischen Beispielen (vgl. Miles 1999: 113–116; 2000: 27–29). Nachfolgend soll der institutionelle Rassismus zunächst in seiner ersten Form am Beispiel des deutschen Staatsbürgerschaftsrechts erläutert werden.

Während des Nationalsozialismus wurden Antisemitismus und Rassismus zur Staatsdoktrin. Die antisemitische und rassistische Programmatik des Nationalsozialismus hatte ihren ideologischen Vorlauf in den Rassentheorien des 19. Jahrhunderts und in der völkischen Bewegung, die eine Hierarchisierung der Menschheit anstrebten, an deren unterster Stelle die Juden standen (vgl. Kwiet 2001: 50f.). Juden wurden nicht nur in diesen Ideologien hierarchisch abgewertet, sondern standen auch im Alltagsbewusstsein vieler Menschen für das ‹ganz

---

sagen nicht stehen zu lassen und damit auch einer gesellschaftlichen Tendenz entgegenzuwirken, in der rassistische Äußerungen normaler und akzeptierter werden.

Andere›.[39] Die bis dahin relativ bedeutungslose Eugenik und die so genannte ‹Rassenhygiene› haben mit der Machtübernahme der Nationalsozialisten ihren Platz in verschiedenen medizinischen, philosophischen und sozialwissenschaftlichen Auffassungen gefunden (vgl. ebd.: 52). Eugenik und Rassenhygiene wurden Gegenstand zahlreicher Gesetze.

Das Reichsbürgergesetz (RBG I, I S. 1146) vom 15. September 1935 unterscheidet Menschen nach ihrer Herkunft unter Anwendung rassistischer und antisemitischer Klassifikationen. Auf der einen Seite stehen diejenigen mit «deutschem oder artverwandtem Blut», auf der anderen Seite sogenannte «Angehörige rassefremden Volkstums». Der Staatsangehörige «deutschen oder artverwandten Blutes» war «alleiniger Träger der vollen politischen Rechte» im Nationalsozialismus (vgl. Schmitz-Berning 2000: 537). Juden, Sinti und Roma sowie alle anderen, die in einem nun erforderlichen Abstammungsnachweis nicht belegen konnten, dass sie ‹arischen Blutes› waren, wurde der Bürgerstatus abgesprochen. Sie wurden sowohl von staatlicher Seite (Gesetze, Verordnungen) diskriminiert, aber auch von anderen nicht-staatlichen Körperschaften (Vereinen, Verbänden) ausgeschlossen. Rassistisch fundiert war auch das «Gesetz zum Schutze des deutschen Blutes und der deutschen Ehre» – das so genannte Blutschutzgesetz – welches die Möglichkeiten der Heirat und des erlaubten Geschlechtsverkehrs zwischen Deutschen und Nicht-Deutschen regelte.

Das deutsche Staatsbürgerschaftsrecht fand seine rechtliche Grundlage bis zu seiner Änderung im Jahr 2001 im *ius sanguinis* (das Recht der Abstammung, wörtlich das «Recht des Blutes»). Das Abstammungsrecht trat nicht erst im Nationalsozialismus in Kraft, sondern bereits 1914 und ist keine ausschließlich deutsche Regelung (es existiert ähnlich in der Schweiz und in Israel). Die deutsche Spezifik und rassistische Bedeutung erhält diese Regelung allerdings, wenn man sich die historischen Bezüge vor Augen führt. Oliver Trevisiol zeigt in seinem Buch *Die Einbürge-*

39 Juden nehmen im Antisemitismus immer die Rolle des ganz Anderen ein. Sie werden aus der rassistischen Logik von Über- und Unterordnung exkludiert und einer Metaambition bezichtigt: der Zersetzung. Je nach dem konkreten historischen und kulturellen gesellschaftlichen Kontext wird ihnen unterstellt, die ‹Volksgemeinschaft›, die Umma, ganze Nationen, die Traditionen, die Moral etc. zersetzen zu wollen. Das Zuschreibungspotential scheint hier unerschöpflich.

rungspraxis im Deutschen Reich 1871–1945 (2006), dass vor allem der Einfluss völkischer Verbände und Politiker die Gestaltung und Praxis der Einbürgerung bestimmt hat. Schon während der Weimarer Republik wurden Juden als ‹fremdstämmig› diskriminiert. Auch Zuwander/innen aus dem Osten galten aufgrund der antipolnischen und antislawischen Praxis als fremd. Schwarzen wurde in der Regel die Einbürgerung verweigert.

Die rassistische Fundierung der Gesetzgebung während des Nationalsozialismus hat sich auch im bundesrepublikanischen Staatsbürgerschaftsrecht nach 1945 zumindest teilweise fortgesetzt. So konnte nur der-/diejenige die deutsche Staatsbürgerschaft erhalten, der/die deutsche Vorfahren hatte. Das zeigte sich auch anhand der unkomplizierten Einbürgerung der deutschen Vertriebenen und ‹deutschstämmigen› Flüchtlinge nach Ende des Zweiten Weltkrieges. Eine problemlose Einbürgerung gab es für andere Gruppen nicht. Im Licht von Miles' Definition erfüllte das deutsche Staatsbürgerschaftsrecht zumindest bis zu seiner Reform 2001 die Merkmale der ersten Form des institutionellen Rassismus, in dem Ausgrenzungspraxen aufgrund rassistischer Motive fortgeführt wurden.

Während es bei der ersten Form um die Weiterführung von Ausgrenzungspraxen geht, findet bei der zweiten Form des institutionellen Rassismus die Formierung eines neuen Diskurses statt (vgl. Miles 1999: 113). Die zweite Form des institutionellen Rassismus bezieht Miles auf «Verhältnisse, in denen ein explizit rassistischer Diskurs dergestalt abgewandelt wird, daß der direkt rassistische Inhalt verschwindet, während die ursprüngliche Bedeutung sich auf andere Wörter überträgt» (ebd.: 113). Diese zweite Form verkettet verschiedene Rassismusformen, weil sie beispielsweise Elemente eines biologistisch argumentierenden (‹Rasse›) mit einem kulturalistisch argumentierenden Rassismus (Kultur) verbindet. Diese Form von Miles' Bestimmung des institutionellen Rassismus erfasst das, was in der Rassismusforschung auch als kulturalistischer bzw. Neo-Rassismus bezeichnet wird. Das alte rassistische Vokabular wird vermieden, die Inhalte bleiben jedoch im Kern erhalten. Es formiert sich also ein neuer rassistischer Diskurs. Diesen Wandel im rassistischen Vokabular erläutert Miles am naheliegenden Beispiel der Neuen Rechten (vgl. Miles 1999: 84ff.).

6.2.3 Verknüpfungen von Rassismus mit anderen Ideologien

Ein letzter und sehr wichtiger Schlüsselbegriff in Miles' Rassismustheorie ist der der ideologischen Artikulation. Wie ist der Rassismus mit anderen Ideologien, wie mit dem Sexismus oder Nationalismus verbunden? Ideologien können sich inhaltlich aufeinander beziehen, sich in ihren Argumenten ergänzen oder fließend ineinander übergehen. Die Frage danach, wie Rassismus mit anderen Ausgrenzungspraxen zusammenwirkt, wurde schon an anderer Stelle als Gegenstand der Rassismusforschung diskutiert.

Ich beginne mit der Darstellung von Miles' Überlegungen zum Verhältnis von Nationalismus und Rassismus. Zur Vorbereitung dieser Diskussion legt Miles zunächst dar, dass der Rassenbegriff, noch bevor er im Zuge des kolonialistischen Zugriffs auf außereuropäische Gesellschaften eingesetzt wurde, eine Kategorie zur Bestimmung von Menschen in den europäischen Gesellschaften selbst war. Die Kategorie ‹Rasse› war zuerst eine Art der Herrschaftslegitimierung der Aristokratie über die Massen. Außerdem wurde sie zur Deutung historischer Kämpfe in Europa genutzt, später auch zur Deutung sozialer Strukturen anderer, außereuropäischen Gesellschaften (vgl. dazu Miles 1991: 200–207). Miles ist daran gelegen, den Rassismus nicht nur in seiner außereuropäischen Form zu beschreiben, sondern auch auf die innereuropäischen Auswüchse von Rassenkonstruktion aufmerksam zu machen. Um die Bedeutung innereuropäischer Rassenkonstruktionen zu verstehen, ist es wichtig, die Entwicklung der Klassenherrschaft und die Entstehung und Reproduktion des Nationalstaates in den Blick zu nehmen. Miles tut nun etwas sehr Ungewöhnliches in seiner Rassismusanalyse: Er zeigt, wie schon Bauernschaft und Proletariat als ‹Rassen› konstruiert wurden und erschüttert so die weit verbreitete Annahme, dass nur ‹Nicht-Weiße› negativ von Rassismus betroffen sind.

Dieser Blickwinkel auch auf innereuropäische Rassenkonstruktionen stützt für Miles die Annahme historisch spezifischer Rassismen und die ständige Neubestimmung dessen, was ‹rassisch› gesehen jeweils ‹dazu›gehört. Die Mission der ‹Zivilisierung› verbindet den inner- und den außereuropäischen Rassismus (vgl. dazu auch Henning Melber). Sie geht davon aus, dass bestimmte Gruppen zivilisatorisch noch nicht so weit wie die Europäer/innen sind und diesen Stand auch nicht ohne fremde Hilfe erreichen werden. Das Projekt der ‹Zivilisierung›, so Miles, zielt darauf, soziale Hierarchien, mithin Herrschaftsverhältnisse, zu errichten und bestehende zu legitimieren (vgl. Miles 1991: 201). Die Abgrenzung zu den ‹Wilden› oder ‹Primitiven› erfolgt durch distinktes Verhalten, Sprechen, die Kontrolle der Körperfunktionen usw. Ihren innereuropäischen Ausgang nahm die Zivilisierung – hier bezieht sich Miles auf Norbert Elias' Studie *Über den Prozess der Zivilisation* (1976 [1939]) – im 16. Jahrhundert; beginnend mit der Feudalklasse, über die Aristokratie und die Bourgeoisie. Im späten 18. und frühen 19. Jahrhundert kam es dann zu einer Naturalisierung von Herrschaft. So behauptet die Aristokratie, dass Herrschen ihr ‹im Blut› läge. Diese Behauptung war der Versuch, die schwindende reale Macht der Aristokratie durch den Aufstieg des Bürgertums und deren Machtzugewinn weiterhin zu legitimieren (vgl. ebd.: 206). Dass zunächst innereuropäische Bevölkerungsgruppen Objekte der Rassenkonstruktion waren, zeigt für Miles, dass Nationalismus wie Rassismus Gruppen als autonom und natürlich setzen. Beide Ideologien legen fest, wer Mitglied einer dieser natürlichen Gruppen sein kann und wer nicht. Damit sind beide «Ideologien der Ausgrenzung» (ebd.: 210).

So gesehen gäbe es gar keinen Unterschied zwischen Nationalismus und Rassismus. Beide definieren Eigenschaften, nach denen sich Zugehörigkeit bestimmt. Jedoch kennt der Rassismus die Auffassung nicht, dass «jede besondere, naturgegebene Nation […] sich innerhalb territorialer Grenzen politisch organisieren können [solle]» (ebd.: 210f.). Dies ist eine Besonderheit des Nationalismus. Die Auffassung, dass alle Nationen (mit Ausnahme der Juden, so die Antisemiten)[40] ein Recht auf politische

40 Ursprünglich war der Zionismus eine Bewegung, die das «Selbstbestimmungsrecht der Völker» auch für die Juden zu realisieren suchte und mit anderen europäischen Nationalismen moderne Gestalt annahm. Häufig wird gegen diese nationalen Selbstbestimmungsambitionen eingewendet, dass das Judentum lediglich eine Religion sei und keine unabhängige Nationalität besäße, die sich auch in Form einer Nation nebst Territorium in Eigenstaatlichkeit zu materialisieren habe. Für den Antisemiten verkörpern Juden das Geld, den Internationalismus und den Universalismus. Dieser Zuschreibung folgt die Feststellung, dass Juden kein Volk, kein Staat und keine Nation seien. Da sich der Antisemitismus auf Israel als Nation und gegen ein phantasiertes Treiben von weltweit agie-

Selbstbestimmung haben sollten, beinhaltet ein Bekenntnis zur prinzipiellen Gleichheit aller (anerkannten) Nationen, selbst wenn es negative oder Vorstellungen von Anders- oder Minderwertigkeit gibt. Daher können Vorstellungen über die Unterschiede zwischen Nationen neben Vorstellungen existieren, die nationale Gruppen vor dem Hintergrund des Konzeptes der Nation als gleich anerkennen (vgl. Miles 1991: 211).

Im Rassismus hingegen gibt es auch die Vorstellung von der Natürlichkeit des Unterschieds, nicht nur «um auszugrenzen, sondern um zu marginalisieren» (Miles 1991: 211). Mit dem Argument, dass der Rassismus «bestimmte Rechte und Ressourcen, oft alle Rechte und Ressourcen (einschließlich des Rechts auf Leben)» einigen Menschen verweigert, verdeutlicht sich der Unterschied zum Nationalismus, der «dem anderen ein Existenzrecht zugesteht und ihn in einem allgemeinen Sinne als gleichwertig anerkennt» (ebd.: 211). Die Unterscheidung von Rassismus und Nationalismus, die Miles hier vorträgt, ist allerdings nicht kompatibel mit einem Verständnis von Rassismus, das auch kulturelle Abwertung einbezieht. Und dieses Rassismusverständnis, das sowohl biologistische als auch kulturalistische Ausschlüsse begründet, vertritt Miles sehr explizit (vgl. dazu ebd.: 210). Miles Argument für eine Trennung von Rassismus und Nationalismus schwächelt vor der Realität eines kulturalistisch argumentierenden Rassismus: Dieser Neo-Rassismus ist ethnopluralistisch, in dem Sinne, dass «man ja nichts gegen Ausländer habe, aber sie sollen an ihrem Herkunftsort leben». Jeder sei viel wert, aber nur auf seinem angestammten Territorium. So wie der Ethnopluralismus es ablehnt, dass sich jemand einfach zu einer Nation bekennt, weil die Nation hier als ein ethnisch verstandenes Volk gedacht wird, so sehr dient der Ethnopluralismus auch der Ausgrenzung dessen, was als fremd etikettiert wird. Der Ethnopluralismus verbindet die nationalistische mit der rassistischen Idee, ohne offensichtlich als Rassismus erkennbar zu sein.

Eine zusätzliche Ebene der Gleichheit – wie die Anerkennung anderer Nationen im Nationalismus – formuliert der Rassismus hingegen nicht. Diese Marginalisierung macht den Rassismus

---

renden Juden richtet, ist der Antisemitismus transnational und national zugleich. Kaum eine andere nationalistische Bewegung wird bis heute so massiv mit dem Ende ihrer Existenz bedroht wie Israel (vgl. dazu Marz 2014: 201–217).

zum «Bestandteil eines Herrschaftsprozesses» (ebd.: 212). Es ist also die Frage nach der Ressourcenverweigerung, die nach Miles Rassismus und Nationalismus unterscheidet. Allerdings, so kann hier gegen Miles eingewendet werden, erscheint das Zugeständnis einer prinzipiellen Gleichheit der Nationen nicht ganz intentionslos, ist diese Anerkennung – in der rassistischen Logik – auch ein ‹Schutz› vor der Vermischung verschiedener Gruppen. Miles kommt dieser Kritik am Ende seines Aufsatzes entgegen: «Auf diese Weise [vermittels der Ressourcendistribution, U.M.] kann Rassismus die Grenzen der Nation abstecken und eine Vorstellung von nationaler Einheit gegen die als ‹Rasse› konstruierte und marginalisierte Gruppe herstellen» (ebd.: 212).

Mit der Betonung des Rassismus als Reproduzent einer Herrschaftsstruktur stellt Miles noch einmal zwei Dimensionen seines Rassismusverständnisses heraus: Erstens wirkt sich die Konstruktion natürlicher Differenzen zwischen Gruppen auf der Ebene der Praxis aus. «Dem als ‹Rasse› gedeuteten Anderen werden Ressourcen verweigert» (ebd.: 212), die der Eigengruppe auch in Zeiten der Not zugestanden werden. Das betrifft das «Recht, die eigene Arbeitskraft besitzen und verkaufen zu können, das Wahlrecht, das Recht, politischen Parteien anzugehören, der Zugang zu bestimmten Berufen oder zu bestimmten, vom Staat (mit-)verteilten Ressourcen (Erziehung, Wohnraum, Krankenhäuser, medizinische Behandlung)» (ebd.). Die zweite Dimension betrifft die Zugehörigkeit innerhalb einer sozialen Formation. Die Konstruktion natürlicher Unterschiede erleichtert untergeordneten Klassen die «ideologische Identifikation [...] mit Organisationen und Institutionen, die für die Produktion und Distribution materieller und immaterieller Ressourcen» (ebd.) zuständig sind. Rassismus hilft so dabei, die Klassengegensätze abzuschwächen, wie bereits mit den Überlegungen Henning Melbers gezeigt wurde. Insofern ist für Miles die Ausbeutung der Kolonien eine konsequente Übertragung der Praxis der herrschenden Klasse auf die neue kapitalistische Produktionsweise: Es sind Handlungen (Rassenkonstruktion, Rassismus, Ausbeutung), mit denen die ‹herrschende Klasse› bereits in den europäischen Nationalstaaten begonnen hatte.

Eine aktuelle Variante dieser Auffassung findet sich bei dem französischen Soziologen Didier Eribon. Die Dethematisierung von Klasse und sozialer Deprivation ist auch für Eribon eine Erklärung für den Aufstieg des Front National und die Zustimmung zu seinem rassistischen Programm. Eribon weist die Annahme zurück, dass Parteien mit einer rassistischen Programmatik *wegen* ihres Rassismus gewählt werden. Die Wahl des Front National ist für Eribon nur einer partiellen oder indirekten Zustimmung zur Programmatik geschuldet; manch einer wählt den FN vielleicht nicht für seinen Rassismus: Sie wählen sie auch *trotz* ihres Rassismus. Einen Satz, der dieses Missverhältnis zwischen Wahl und Zustimmung zur Programmatik auf den Punkt bringt, spricht seine Mutter aus: «Das ist was anderes, dafür hab' ich die doch nicht gewählt.» (vgl. Eribon 2016: 131) Als eine wichtige Ursache diskutiert er die Tilgung von Klassen-(antagonismen) aus dem politischen Diskurs und die rassistische Besetzung des Klassenantagonismus. Soziale Konflikte werden nicht mehr als Konflikte zwischen Arm und Reich gedeutet, sondern sie werden gewissermaßen ethnisiert, als Konflikte zwischen einheimischer Mehrheitsbevölkerung und Migranten/innen (vgl. ebd.: 124f., 139).

Miles ist nicht nur der Verknüpfung von Rassismus und Nationalismus nachgegangen, sondern auch jener von Rassismus und Sexismus. Wie der Rassismus basiert auch der Sexismus auf einem Prozess der Bedeutungskonstitution. Miles schreibt, dass «wirkliche biologische Geschlechtsunterschiede als absolute Unterschiede gekennzeichnet und deterministisch mit einer Reihe zusätzlicher (wirklicher oder behaupteter) biologischer und kultureller Merkmale verbunden werden» (Miles 2000: 30; Ders. 1999: 117). Dieser Prozess der Bedeutungskonstitution schaffe zwei Geschlechter: Männer und Frauen. Der biologische Unterschied sei somit die Grundlage, um soziale Geschlechter zu konstruieren. Diese angeblichen unterschiedlichen Eigenschaften von Männern und Frauen, man könnte sogar ‹Anlagen› sagen, geben nach Miles die Möglichkeiten vor, wie die Geschlechter in ökonomischen, politischen, kulturellen und sozialen Bereichen der Gesellschaft partizipieren und welche Aufgaben sie in diesen Bereichen übernehmen. Der Sexismus erklärt und rechtfertigt nach Miles also unterschiedliche Positionen von Männern und Frauen, insbesondere rechtfertigt er die Behandlung von Frauen als minderwertig[41] (vgl. Miles 2000: 30; Ders. 1999: 117).

41 Die von Miles hier vorgeschlagene Bestimmung des Sexismus ist sehr klassisch. Im traditionellen Sexismus – also das, was Miles hier be-

Miles zeigt, wie die biologische Tatsache, dass Frauen Kinder bekommen können und Männer nicht, historisch dazu führte, sie im Bereich der Kindererziehung und Care-Arbeit einzusperren. «Frauen wurden als Gebärmaschinen dargestellt, und es wurde alles getan, um diese Festlegung zu zementieren.» (Miles 2000: 30; Ders. 1999: 118) Dieser Umstand markiert nach Miles die Schnittstelle zum Rassismus, weil die biologische Reproduktion der Dreh- und Angelpunkt auch der Reproduktion der ‹Rasse› sei. An den Frauen hänge mit anderen Worten die Aufgabe, die ‹Reinheit der Rasse› zu bewahren; d.h. die Fortpflanzung mit ‹rassisch› fremden Personen ist Tabu. Eine derart radikale Sicht wird heute kaum formuliert oder gar praktiziert, aber Miles spricht als Beispiel die Arbeitsmigration aus dem australischen Kontext an. Wenn Migranten aufgrund eines Arbeitskräftemangels rekrutiert wurden, dann waren es vor allem alleinstehende Männer. Frauen, so Miles, wurden aufgrund der Sorge um die Reproduktion einer ‹fremdem Rasse› von der Migration ausgeschlossen (vgl. Miles 2000: 30; Ders. 1999: 118). Auch in Deutschland gab es mit der so genannten ‹Gastarbeiter›-Anwerbung, ein Begriff, der in der Bundesrepublik Deutschland der 1960er-Jahre entstanden ist, eine zeitlich befristete Arbeitsmigration. Die Arbeiter kamen auf der Grundlage von Anwerbeabkommen aus Italien, Spanien, Griechenland, Türkei, Marokko, Südkorea, Portugal, Tunesien und Jugoslawien. Zunächst kamen diese Arbeiter/innen allein und es waren bis in die 1970er-Jahre überwiegend junge Männer. In die DDR kamen mehrheitlich junge, ledige Männer, aus dem einfachen Grund, weil eine dauerhafte Ansiedlung ihrer Familien nicht angestrebt wurde. Anders als im Beispiel von Miles gab es in der Bundesrepublik eine solch rassistische Anwerbepolitik nicht. Das zweite Beispiel, das Miles zur Darstellung der Verknüpfung von Rassismus und Sexismus anführt, betrifft die

---

schreibt – werden die Geschlechtsunterschiede stark betont und kombiniert mit dem Glauben an die Minderwertigkeit der Frau. Herkömmliche Rollenverteilungen werden befürwortet. Zentral für den modernen Sexismus/Neosexismus hingegen ist die Leugnung einer fortgesetzten Diskriminierung, trotz offensichtlicher Verbesserungen der Stellung der Frau im historischen Verlauf. Darüber hinaus beschränkt Miles seine Darstellungen auf die gesellschaftlich vorherrschende Vorstellung der Existenz von nur zwei Geschlechtern (Heteronormativität). Es wäre daher sicher lohnend Miles' Überlegungen zur Verknüpfung von Sexismus und Rassismus auch auf queere Lebensrealitäten zu erweitern.

Zeit der kolonialen Expansion. Wenn es darum ging, sich als Kolonialmacht in einem anderen Land zu etablieren, war es sehr wichtig, dass Frauen und Männer dieses koloniale Projekt gemeinsam betrieben, um «durch höhere Geburtenraten einen Bevölkerungszuwachs der Kolonisatoren zu bewirken» (vgl. MacKenzie 1984: 160, zit. nach Miles 2000: 30). Ähnlichkeiten zwischen Rassismus und Sexismus liegen vor allem in der Zuschreibung von Emotionalität, Impulsivität oder geringerer Intelligenz. Allerdings teile ich Haugs Unsicherheit hinsichtlich Miles' Anliegen, dieses Verhältnis zwischen Sexismus und Rassismus zu bestimmen, da unklar bleibt, ob Miles «nur die Möglichkeit des Andockens der einen Ideologie bei der anderen oder eine Affinität und tendenzielle Wesensgleichheit behaupten will» (Haug 1992: 38).

6.2.4 Kritik: Rassenkonstruktion ist Rassismus

Miles' Differenzierung zwischen Rassenkonstruktion und Rassismus wurde in der Vergangenheit vielfach als nicht logisch bzw. künstlich kritisiert (Scholz 2005: 122; Terkessidis 1997: 75). Einerseits bedingten sich Rassenkonstruktion und Rassismus gegenseitig, weil schon die Rassenkonstruktion wertend sein kann, was Roswitha Scholz prägnant zum Ausdruck bringt: «Rassenkonstruktion ist [...] per se schon Rassismus» (Scholz 2005: 122). Scholz ergänzt einen weiteren strittigen Aspekt in Miles' Rassismustheorie, nämlich, dass die Unterteilung in «Rassismus nach Theorien» einerseits und einer «losen Ansammlung von Stereotypen» andererseits suggeriert, dass rassistische Sichtweisen von Philosophen, Naturwissenschaftlern nichts mit dem Rassismus der Arbeiterklasse zu tun hätten (ebd.: 122f.). Aber natürlich sind auch lose, nicht zu einem mehr oder weniger stimmigen System verbundene rassistische Auffassungen in Fragmenten von Philosophie und Naturwissenschaft beeinflusst.

Ein weiterer Kritikpunkt berührt ein allgemeines Problem, dem sich Theorien gegenübersehen, die den Rassismus gesellschaftstheoretisch zu erklären versuchen. Wann immer gesellschaftliche Umstände als determinierend erachtet werden, ist besondere, nicht nur sprachliche, auch analytische Sorgfalt geboten, damit der Verweis auf die gesellschaftlichen Umstände nicht entschuldigend wirkt. Miles' Behauptung, dass Rassismus kausale Erklärungen liefere, könnte daher als Legitimation gedeutet werden und suspendiert das subjektive Moment durch den Vorrang der Umstände (vgl. ebd.: 123).

Wenn Rassismus als subjektive Welterklärung fungiert, dann sollte auch dargelegt werden, wie Rassismus massenwirksam wird. Diesen Aspekt vermisst Johannes Zerger in Miles' Rassismustheorie (Zerger 1997: 141). Mit dieser Kritik verbunden ist ein weiterer Einwand, der von verschiedenen Autoren/innen vorgetragen wird: Miles' Theorie stellte keine Verbindung zu sozialpsychologischen Aspekten her. Die Frage danach, in welchem Verhältnis psychologische Dispositionen zu gesellschaftlichen Verhältnissen stehen, bleibt bei Miles unbeachtet (vgl. dazu Scholz 2005: 124; Zerger 1997: 142; Terkessidis 1997: 72). Und schließlich gilt die Kritik auch Miles' zu starker Konzentration auf die phänotypischen Merkmale. Kulturalistische Formen des Rassismus können so schwer erfasst werden (vgl. Zerger 1997: 142), wenngleich Miles diesen Wandel des Rassismus von einem biologistisch zu einem kulturalistisch argumentierenden in seiner Bestimmung des institutionellen Rassismus und anderen Arbeiten (vgl. Miles 1991: 209f.; 1999: 84ff.) thematisiert.

Eine marxistische Kritik an Miles' Analyse des institutionellen Rassismus formulieren Karakayali/Tsianos. Sie fordern eine materialistische Einbettung der Analyse des institutionellen Rassismus, die zeigen müsse, welche gesellschaftlichen Verhältnisse sich auf welche Weise in den Institutionen ausdrücken. Darüber hinaus müsse dargelegt werden, welche Veränderungen des Politischen oder des Sozialen im Verlauf der Institutionalisierung stattgefunden haben. Nur so könne gezeigt werden, wie Institutionen in die «Geschichte der rassistischen Verhältnisse» eingebettet sind (vgl. Karakayali/Tsianos 2004: 16). Unter Rückgriff auf Balibar und Wallerstein formulieren sie folgende Perspektive auf die Rolle des Staates bei der Produktion von Rassismus: Die Arbeitsmigration entspreche den Funktionserfordernissen des Kapitalismus im Weltmaßstab und sei mit Prozessen der Ethnisierung und Segmentierung auf dem Arbeits- und Wohnungsmarkt verbunden. Der Arbeitsmarkt weise eine nationale Segmentierung auf, die über den Staat vermittelt ist. Diese Ethnisierung des Arbeitsmarktes führe zu einer strukturellen Desorganisation der Arbeiter/innen (‹Beherrschten›). Zugleich nationalisiere der Staat die Arbeiter/innenklasse über den Wohlfahrtsstaat durch unterschiedliche Zuwendungen. «Die Trennung von Lohnarbeit und Staatsbürgerschaft für einen Teil der Arbeiterklasse liefert dann die Grundlage dafür, dass sich der Rassismus konstitutiv in die institutionelle Materialität des Staates einschreibt.» (ebd.: 17) Institutioneller Rassismus kann demnach nur mit einer Änderung des Verhältnisses von Nation, Staat und dessen Grenzen bekämpft werden.

6.3 Rassismus als Resultat ideologischer Mächte, Apparate und Praxisformen – die Analysen des PIT

Das ‹Projekt Ideologietheorie› war ein Arbeitszusammenhang, der zwischen 1977–1985 existierte und sich vor allem auf die Analyse des deutschen Faschismus konzentrierte. Neben Frigga Haug untersuchten Wolfgang Fritz Haug, Jan Rehmann und Manfred Behrens ideologische Mächte im Hinblick auf deren Funktionen, Praktiken und Effekte. Das Anliegen des Projektes Ideologietheorie (PIT) war, so Wolfgang Fritz Haug (*1936), die Frage «[...] nach der Vergesellschaftung im Problemkreuz von Arbeitsteilung, klassenantagonistischen Produktionsverhältnissen und den ideologischen Mächten, allen voran der Staat» (Haug 1986: 1) stets neu zu stellen. Diese Beschränkung auf historisches Material ermöglicht den Blick auf die vielfältigen Beziehungen zwischen einzelnen ideologischen Mächten. Die theoretischen Bezugspunkte des PIT finden sich bei Karl Marx und den Marxisten Antonio Gramsci und Louis Althusser. Die Ideologietheorie des PIT grenzt sich ab vom ‹Psychoanalytismus› der Kritischen Theorie und deren Paradigma des falschen Bewusstseins, aber auch vom Positivismus, der gesellschaftliche Verhältnisse nicht in Frage stellt, sowie von postmodernen Positionen, die nicht mehr zwischen Ideologischem und Nicht-Ideologischem unterscheiden (vgl. ebd.). Von besonderem Interesse ist für das PIT ein Verständnis von der Massenwirksamkeit des Rassismus, also die Frage danach, warum Menschen den Rassismus und andere ideologische Mächte akzeptieren. Daher wird der Blick auch auf die Subjektkonstitution – also die Art und Weise, wie Subjektivität geformt wird – gerichtet.

6.3.1 Das Ideologische des Rassismus

Wie ist nun das Ideologische im PIT bestimmt? Die Analyse konzentriert sich auf die Funktionsweisen der ideologischen Mächte, Apparate und Praxisformen. Ideologiekritisch ist diese Analyse dennoch, weil sie diese Funktionsweisen immer vom «Standpunkt einer klassenlosen und herrschaftsfreien Gesellschaft denkt» (Rehmann 2008: 153), so Jan Rehmann. Das PIT verbindet explizit Ideologiekritik und Ideologietheorie – eine Scheidung die so weder bei Marx noch in der Kritischen Theorie vorgenommen wurde. Das meint, das Projekt konzentriert sich auf Apparate und Diskurse und wendet sich sowohl «dem entfremdeten Charakter als auch der materiellen Existenzweise von Ideologie» (Rehmann 2008: 154) zu.

Das PIT unterscheidet zwischen einzelnen Ideologien (Rassismus, Antisemitismus usw.) und *dem* Ideologischen. «Das Ideologische im Allgemeinen ist die Grundstruktur der entfremdeten Vergesellschaftung-von-oben, unlösbar verbunden mit der staatsförmigen Aufrechterhaltung der Klassengesellschaft und der Funktionen des Gemeinwesens.» (Haug/PIT 1979: 187) Das Ideologische ist «hier nicht primär als Geistiges zu fassen, sondern als Modifikation und spezifische Organisationsform des ‹Ensembles der gesellschaftlichen Verhältnisse› und der Teilhabe der Individuen an der Kontrolle dieser Verhältnisse oder auch nur ihrer Einbindung in sie» (ebd.: 179f.). «Als erste ideologische Macht» bezeichnet das PIT den Staat mit seinem Gewaltmonopol. Das PIT geht davon aus, dass gewisse «Kompetenzen gesellschaftlicher Handlungsfähigkeit», allen voran die Arbeit, auf übergeordnete Mächte übergehen. Solche Formen der «Lebenstätigkeit», wie die Arbeit, wurden «ursprünglich ‹horizontal›, das heißt zwischen Gesellschaftsmitgliedern», organisiert. «Diese Kompetenzen werden nun transferiert auf Überbauinstanzen und deren Beamtenapparate.» (ebd.: 180f.) Ergebnis einer Vergesellschaftung-von-oben ist der «Rassismus-von-oben». Für diese Form des Rassismus entwickelt Haug, wie wir später sehen werden, den Begriff des strukturellen Rassismus. Die ideologischen Mächte fielen, so das PIT, mit ideologischen Formen zusammen: z.B. des Politischen, des Religiösen oder des Moralischen. Diese seien als objektive Praxis-, Diskurs- und Denkformen zu verstehen (vgl. Rehmann 2008: 155). Das Ideologische als vertikale Vergesellschaftung zieht sich durch unterschiedliche gesellschaftliche Bereiche hindurch. Innerhalb dieser ideologischen Formationen bewegen sich die Individuen, um handlungsfähig zu bleiben.

Als Gegenbegriff zu dieser vertikalen Vergesellschaftung gilt dem PIT die Selbstvergesellschaftung (horizontale Vergesellschaftung); also eine «[…] gemeinschaftlich-konsensuelle[] Kontrolle der gesellschaftlichen Lebensbedingungen» (Haug/PIT 1979: 178; Rehmann 2008: 158). Diese gilt Haug als Ort der potenziellen Emanzipation, weil er in ihr eine wirklich wirksame Handlungsmacht sieht. Diese Vorstellung eines gesellschaftlichen Ortes, der sich dem Zugriff des Ideologischen entziehen kann, ist umstritten und existiert, das weiß auch das PIT, so nicht in Reinform. Sowohl vertikale als auch horizontale Formen der Vergesellschaftung durchdringen einander wechselseitig.

Wie wirkt nun der Rassismus konkret als Ideologie mit dem zusammen, was eben als das Ideologische – die Vergesellschaftung-von-oben – beschrieben wurde? Nachfolgend soll der Begriff des Ideologischen im PIT am Beispiel des Rassismus im Nationalsozialismus aus Sicht des PIT beleuchtet werden. In seinem Buch *Elemente einer Theorie des Ideologischen* (1993) untersucht Haug u.a. Antisemitismus und Rassismus des Nationalsozialismus daraufhin, wie sie in marxistischen Ansätzen erklärt wurden. Antisemitismus wird bei Haug als ein Fall von Rassismus behandelt. In seiner Arbeit *Die Faschisierung des bürgerlichen Subjektes* (1987) fragt er u.a. danach, wie die Rassenideologie die Köpfe der Deutschen erreichte. Haug identifiziert zwei Konzepte im Rassismus: erstens das der Objektivierung – eine biologistisch-objektivistische ‹Rassen›-Anthropologie – und zweitens die Anrufung des Subjekts, das sich im Rahmen des rassistischen Diskurses verpflichtet fühlt, diese rassistischen Überlegungen zu akzeptieren und für gültig zu halten (vgl. Haug 1987: 55).

Wie auch Balibar wendet sich Haug dem Verhältnis von ‹Rasse› und Klasse zu und zeichnet die historische Verwendung des ‹Rassen›-Begriffes nach (von der Behauptung der Minderwertigkeit der unteren Klassen zur untergeordneten ‹Rasse›). Der Klassenantagonismus (Arbeiterklasse vs. Bourgeoisie) werde im Rassismus des Nationalsozialismus in den Gegensatz von Pflichtvergessenen und Pflichtbewussten (pflichtvergessen = ‹Rassenschande›) ideologisch übertragen. Die Eugenik, zeigt Haug, liefert hierfür die wissenschaftliche Grundlage. Eugenik und ‹Rassenpflege› sind ideologisch verbunden, schließt er, weil beide die Vorstellung vom Niedergang der Erbmasse und dem Vormarsch der sogenannten ‹Minderwertigen› vorantreiben und diesem angeblichen Prozess zugleich entgegenarbeiten (vgl. Haug 1987: 57). Im Rassismus spiegelten sich so die vertikalen Strukturen der Klassenherrschaft und des Staates. «Das Rassenmaterial füllt sich spezifisch in die Ränge und Räume der Herrschaftsstruktur; und die klassenspezifischen und herrschaftlichen bzw. subalternen Charaktere sind in die Erbmasse der Rassen spezifisch eingesenkt.» (ebd.: 59)

Die verordnete ‹Rassenzugehörigkeit› des Menschen lege also bestimmte Positionen fest, die Menschen in einer Gesellschaft perspektivisch einnehmen können. Die rassenpolitische Steuerung der Bevölkerung im Nationalsozialismus habe somit zwei Aufgaben. Einerseits setze der nationalsozialistische Staat ein Auslesevorbild durch. Mit dem Anspruch der ‹Aufartung› der deutschen Gesellschaft stellte er den ideologischen und materiellen Rahmen bereit. In Folge dieser ideologischen Vorgaben durch den Staat unterstelle sich das Subjekt dem ‹Rassegedanken› und entwickelte ein ‹rassisches› Pflichtgefühl. Das heißt, es verpflichtet sich, zu einer sogenannten «Aufnordung» (ebd.: 62) der deutschen Gesellschaft beizutragen und unterstützt Maßnahmen, die diesem Ziel dienlich sind. Die biologische Zucht werde folglich durch die ideologische Zucht ergänzt (vgl. ebd.). Neben der historischen Analyse des Rassismus im Nationalsozialismus geht es Haug aber auch um die gegenwärtigen Formen des Rassismus, die im nächsten Abschnitt näher betrachtet werden.

6.3.2 Dialektik des Anti-Rassismus

In seinem Aufsatz *Zur Dialektik des Anti-Rassismus* (1992) legt Haug dar, welche Formen und Ursachen der zeitgenössische Rassismus hat, und leitet daraus Überlegungen ab, wie er zur kritisieren sei. Dabei kommt er nicht umhin, auch den Anti-Rassismus in seinen Gewissheiten zu erschüttern. Der besagte Text von Haug entstand zu einer Zeit, als in Deutschland die Zahl rassistisch motivierter Angriffe sprunghaft wuchs: Das Pogrom von Rostock- Lichtenhagen, die Mordanschläge von Mölln und Solingen sind die Ereignisse, die in der Öffentlichkeit bis heute präsent sind. Haug identifiziert verschiedene Problemfelder des Anti-Rassismus, von denen die meisten bis heute relevant sind.

Das erste Problem betrifft den Umgang mit den körperlichen und kulturellen Unterschieden zwischen Menschen. Es gibt verschiedene Strategien damit umzugehen: Eine Variante wäre es, die Unterschiede zu leugnen. Da aber der Rassismus ‹Rassen› konstruiert, scheint es aus antirassistischer Perspektive richtig zu sein, die Gleichheit der Menschen zu betonen. Aber die Logik dieser Perspektive habe dennoch etwas mit dem Rassismus gemein. Haug bezieht sich hier auf die *Dialektik der Aufklärung* von Horkheimer und Adorno, wenn er schreibt, dass es die «Wut auf die Differenz» (Horkheimer/Adorno 1997: 233) sei, die sich ein solcher, die Unterschiede leugnender Anti-Rassismus, mit den Rassisten/innen teile. Die zweite Variante, zeigt Haug, besteht in der Über-Affirmation des Unterschieds. Eine Gesellschaft ohne Rassismus könne dann nur mittels der reziproken Anerkennung von Differenz und Fremdheit und des Ausschlusses der Gemeinsamkeit funktionieren. In so einer Gesellschaft ist jedoch jeder der Fremde des anderen. Man hätte es dann mit einer Gemeinschaft von Fremden zu tun. Auch hier formuliert Haug ein «aber»: Die Affirmation der Andersheit führe zur Abschaffung des Universalen und stehe so in der Nähe zum kulturalistischen Rassismus (dem Neo-Rassismus), der einen «kulturellen Artenschutz» propagiert (vgl. Haug 1992: 30).

Ein weiteres Problem ist der bereits erwähnte Universalismus. Gleichberechtigung, so Haug, setzt Andersheit voraus. Statt sie zu negieren, wäre sie in einem universellen Horizont zu institutionalisieren. Dem Universalismus stehen vielen Partikularismen gegenüber. Er paart sich häufig mit westlicher Hegemonie, die ihrerseits Teil des rassistischen Diskurses ist (siehe bspw. der Umerziehungsgedanke im kolonialistischen Denken, auf den ebenso Melber und Miles hinweisen). Haug kritisiert, dass diese Einsicht dazu geführt hat, das Allgemeine insgesamt aufzugeben, statt ein neues Allgemeines zu schaffen (ebd.).

Als nächstes Problem kommt Haug auf die Idee des falschen Bewusstseins zu sprechen, die das Sein bestimmt. Er stellt hier das Marx'sche Diktum, das das Sein das Bewusstsein prägt, auf den Kopf. Der Rassismus erschaffe ‹Rassen›, die es aber nicht gebe. Nur nähme das Alltagsbewusstsein der Menschen von diesem wissenschaftlichen Tatbestand nicht umfänglich Kenntnis und so präge die Vorstellung, dass es ‹Rassen› gebe, die gesellschaftlichen Verhältnisse. Dann aber sei der ‹Rassenglaube› allein schon realitätsbildend (ebd.: 31). Ähnlich sehen das auch Horkheimer/Adorno in der *Dialektik der Aufklärung*, wenn sie schreiben, dass der Faschismus die Idee der ‹Rasse›, sich selbst, wahrgemacht habe (vgl. Horkheimer/Adorno 1997: 192). Insofern prägt auch das rassistische Bewusstsein wiederum das Sein.

Ein weiteres Problem erkennt Haug darin, dass der Term ‹Rasse› aus der offiziellen Sprache verschwunden ist und andere Bezeichnungen nach sich gezogen hat. Die Grundbedeutung und die Assoziationen von ‹Rasse› schwängen jedoch auch in den Ersatzbegriffen mit. Die Zensur, so Haug, liegt dem Verschwinden des Terms zugrunde, nicht der Idee, die auch hinter Begriffen wie Volk, Kultur etc. steht. Mit der Vermeidung des Begriffs ‹Rasse› wird der Rassismus heruntergespielt. Erst der Blick auf die Unterschiede zwischen den Menschen könne dem Rassismus Paroli bieten (vgl. Haug 1992: 31).

Das fünfte Problem betrifft die Frage: «Was tun wir, wenn wir bestimmte Problematiken als Rassismus definieren?» (Haug 1992: 32) Der Antirassist konstruiert den Rassisten als einen, der ‹Rassen› konstruiert. Das Konzept des Rassismus hat formal mit dem Konzept der ‹Rasse› etwas gemein, so Haug: Beide seien totalisierende Interpretationen. Wir vereinten heterogene Elemente unter dem «sinnhaften Schirm des Rassismus», aber es gebe nicht den Rassismus, sondern viele Rassismen. Dennoch wendet sich Haug gegen einen zu weiten Rassismusbegriff. Der wissenschaftliche Anspruch, die Differenzen zwischen ausgemachten Rassisten/innen und Menschen, die rassistische Aussagen tätigen oder solche, die indifferent sind, wahrzunehmen, trifft hier auf die politische Absicht, den Rassismus zu kritisieren (vgl. ebd.).

6.3.3 Rassismus-von-unten und Rassismus-von-oben

Nach der Darstellung dieser fünf Problemfelder kommt Haug zu einer Bestimmung des Rassismus. Er unterscheidet zwei Rassismusformen: Zunächst nennt er den spontanen «Rassismus-von-unten», der im Alltagsleben verwurzelt und bewusstseinsprägend sei, ohne bewusstseinsfähig zu sein. Der «Rassismus-von-oben» hingegen sei der politisch organisierte Rassismus, den er deshalb auch als strukturellen Rassismus bezeichnet, weil er in der gesellschaftlichen und staatlichen Herrschaftsmacht angelegt sei. Damit weicht Haug von dem Verständnis anderer Rassismusdefinitionen, z.B. der von Miles, zum strukturellen Rassismus ab.

Haug datiert den Beginn des Rassismus auf das Entstehen des kapitalistischen Weltmarktes, der sich von Beginn an der Sklavenarbeit bedient habe. Rassismus ist, so Haug, der Weltwirtschaft eingeschrieben und sei das «hauptsächliche hegemoniale Artikulationsprinzip». Nicht erst die ‹Rasse›-Idee konstituiere Immigranten zu (scheinbaren) Konkurrenten, sondern (wirkliche) Konkurrenz wird rassistisch verarbeitet [...]» (Haug 1992: 40). Damit wird Rassismus für Haug zu einem «Spezialfall sozialstaatlicher Verteilungskämpfe» (ebd.). Dieser Gedanke einer rassistischen Verarbeitung der kapitalistischen Vergesellschaftung findet sich bei Haug in den Überlegungen zu einem «Rassismus-von-unten» wieder. Der spontane, plebejische Rassismus bereitet den ‹Herrschenden› Sorge, insbesondere, wenn er von oppositionellen Machtanwärtern benutzt wird (ebd.: 33).

Die Dynamik zwischen AfD und ihrer Anhängerschaft wäre ein aktuelles Beispiel dafür, wie einerseits die AfD den rassistischen ‹Protest› der Straße seit 2015, der sich u.a. bei PEGIDA formierte, stärkt und andererseits diesem Rassismus ideologisch Futter bietet. Dies geschieht durch eine gezielte populistische Rhetorik, die es der AfD ermöglicht, sich einerseits als Tabubrecher zu inszenieren, andererseits sich als einzige Partei zu inszenieren, welche die (rassistischen) Ängste und Sorgen des Volkes versteht (Alleinvertretungsanspruch).[42]

---

42 Hier zeigt sich das Ineinandergreifen von Rassismus und Antisemitismus, denn die verbalen Angriffe gegen die ‹Lügenpresse› und ‹links-grün-versiffte Eliten› folgen einer strukturell antisemitischen Argumentation. Der Antisemitismus und die mit ihm verbundenen Vorstellungen über das Funktionieren von Gesellschaft richten sich nicht ausschließlich gegen konkrete Juden, sondern gegen ‹das Jüdische›, von dem sich das antisemitische Bewusstsein ein Bild phantasiert hat. Deshalb kann der Antisemitismus alles unter seine Objektphantasie subsumieren, wenn es das Attribut jüdisch ‹verdient›. Strukturell antisemitisch ist eine Vorstellung dann, wenn sie gesellschaftliche Prozesse in dichotomischen Kategorien von Gut und Böse wahrnimmt, hinter komplexen gesellschaftlichen Vorgängen eine machtvolle Clique vermutet, die konspirativ und im Verborgenen die Fäden zieht, eine Macht unterstellt wird, die über gesellschaftlich relevante Machtbereiche (Medien, Wirtschaft und Poli-

Diese Form des Rassismus sei, wie Haug schreibt, zunächst ein Problem von Staat und Gesellschaft (vgl. ebd.: 33). Als Normalfall des Sozialen beschreibt Haug folgende Situation: Der Kapitalismus vernichte herkömmliche Unterschiede und zersetze seine eigene Gesellschaft. Der Staat agiere wiederum als komplementäres Gegenteil des Kapitalismus und suche diesen zu stabilisieren, indem er der Atomisierung entgegenarbeite. Der Nationalismus halte dabei die atomisierten Mitglieder der Gesellschaft durch eine gemeinsame Kultur zusammen. Treten zu dieser üblichen Vergesellschaftungssituation weitere Krisen, entfessele sich nach Haug der Rassismus als Form sozialen Protests. Die Ursache dieses Rassismus von unten sei ein «Krieg der underdogs». Krisen und deren Folgen erklären für Haug, warum der «Aufschrei der sozial getretenen Kreatur zum Haß-Schrei werden kann» (Haug 1992: 34). Brandstiftung und Mord versteht Haug demnach als verwandelte Formen von Protest; ein «Modus des entfremdeten Protests gegen Entfremdung» (ebd.). Die rassistisch handelnden Underdogs wollen Migranten/innen im Status der Underdogs halten; nach dem Motto: Ein anderer soll ganz unten sein. Wieland Elfferding, ehemaliger Mitarbeiter beim Projekt Ideologiekritik, plädiert an dieser Stelle für die Unterscheidung von Ausländerfeindlichkeit und Rassismus. Den Protest «von unten» als Rassismus zu benennen, identifiziere den falschen Gegner. Daher unterscheidet er verschiedene Ebenen von Aggressionshandlungen mit unterschiedlichen Konsequenzen[43] (vgl. Elfferding 1989: 107). Der «Rassismus-von-unten», den Haug auch interaktiven Rassismus nennt, könne politisch verwendet werden, wenn eigentlich politisch zu bewältigende Krisensymptome an die Polizei und Justiz überwiesen werden. Der interaktive Rassismus spalte so die unteren Schichten und stabilisiere Herrschaft (vgl. Haug 1992: 34).

Wie greift nun der «Rassismus-von-oben» als zweite Form des Rassismus in diese gesellschaftliche Situation ein? Die Metapher für den strukturellen Rassismus, den «Rassismus-von-oben», ist die vom überfüllten Boot. Ausgangspunkt des Ras-

tik) ihre Ziele und Interessen durchzusetzen sucht und diese Felder kontrolliert sowie damit die Menschen manipuliert.

43 Für Elferding führe Fremdenhass demnach zu Mord, nationalistischer Populismus zu Krieg und Rassismus zum Völkermord (vgl. Elfferding 1989: 107).

sismus sind für Haug lagebedingte Gruppenkonflikte der subalternen Klassen. Der Protest der vom sozialen Abstieg Bedrohten verschiebe sich auf hinzukommende Konkurrenten im Verteilungskampf und kreise um Ressourcen wie Wohnraum, öffentliche Verkehrsmittel, Krankenhäuser, Bildungschancen und die Sicherheit vor Übergriffen (vgl. Haug 1992: 41). Der Kern dieses strukturellen Rassismus ist hier durchaus wörtlich zu nehmen: denn es geht um die gesellschaftlichen Strukturen, die den Rassisten/innen keine «Wahl» (ebd.: 41) ließen.

Diese strukturell Deformierten – um im Bild des zu vollen Bootes zu bleiben – verweigern Hilfe, stoßen aus und greifen an. Nur dass die Metapher des vollen Bootes, so ist hier Haug zu entgegnen, mittlerweile nicht mehr nur eine Metapher für die rassistische Überfremdungsphantasie ist, sondern tödliche Realität für diejenigen, die auf ihrem Weg nach Europa im Mittelmeer ertrinken. Es ist das Boot der Geflüchteten, das kentert, nicht das der deutschen Gesellschaft. Wenn Regierungen entscheiden, Rettungsboote nicht in ihren Häfen anlegen zu lassen oder Rettungsaktionen kriminalisieren, sind das Entscheidungen, die Ausdruck der gesellschaftlichen Strukturen sind, die das PIT im Blick hat; Strukturen, die Menschen in einer westlichen Industrienation glauben lassen, selbst kaum genug zu haben.

Dass diese Diskussionen um Ressourcenknappheit stets durch Identitätsdebatten (wer gehört dazu?) flankiert werden, thematisiert Haug hier nicht. Es ist nicht einfach zu klären, inwieweit identitätsbezogene Debatten, beispielsweise die Frage danach, ob der Islam zu Deutschland gehört, Resultat dieses strukturellen/sozialen Abgehängtseins sind. Dort wo strukturelle Bedingungen nicht zu verändern sind, wäre eine solche Verschiebung auf das Thema Identität und Zugehörigkeit der einfache Weg der Bearbeitung sozialer Prekarität. Was sich jedoch deutlich zeigen lässt, ist, dass Fragen um Identität, Kultur, Andersheit und Fremdheit schon immer Themen des Rassismus waren. Dass diejenigen, die für PEGIDA und die AfD derzeit auf die Straße gehen, nun aber gar nicht mehrheitlich das soziale Prekariat sind, schränkt die Überzeugungskraft von Haugs Analyse ein.

Zwar war die AfD bei den Bundestagswahlen 2017 unter Arbeiter/innen mit 19% die erfolgreichste Partei, aber ihre Wähler/innen rekrutierte sie zu ähnlichen Anteilen auch aus anderen

Bevölkerungsschichten (Angestellte 11%, Beamte 10%, Selbständige 12%). D.h. nicht nur einkommensschwache Personen haben die AfD gewählt (vgl. zu konkreten Zahlen: Naumann 2017). Es sind nicht nur die sozial Schwachen, nicht die Ungehörten, nicht die, die keine Stimme haben und nicht die Ungebildeten, die der AfD vor allem ihre Stimme gegeben haben. AfD-Anhänger/innen haben ein pessimistisches Selbstbild, das nicht einer objektiven soziökonomischen Situation entspricht. Die AfD ist kein Sammelbecken der Abgehängten; es ist der Glaube an die eigene Zurücksetzung, die die Menschen antreibt, sich als deklassiert zu inszenieren und bedroht zu fühlen. Gefühle subjektiven Benachteiligtseins, darauf weist Samuel Salzborn hin, die in der relativen Deprivation zum Ausdruck kommen, sind nicht erklärend für extrem rechte Einstellungen. Sie sind bereits Ausdruck des Ressentiments gegenüber Menschen, denen es soziökonomisch schlechter geht. Massenpsychologisch gesehen, basiert der Erfolg der AfD darauf, dass sie Menschen verbindet, die sich als zu kurz gekommen begreifen. D.h. diese Menschen denken, dass sie mehr verdient hätten als andere (vgl. Salzborn 2017: 140f.). Zu diesem fiktiv-psychologischen Aspekt der Deprivation hat Haug wenig zu sagen.

Abweichend von anderen Verwendungsweisen ist Haugs Bestimmung des Neorassismus. Er verwendet diesen Begriff nicht wie jene Theoretiker/innen, die den Wechsel in der rassistischen Argumentation von der ‹Rasse› zur Kultur bezeichnen. Haug fasst darunter stattdessen die Auslese in der Konkurrenz jenseits der Hautfarbe. Nicht einige ‹Rassen› sind privilegiert, sondern Auslese herrsche universell in der gesamten Gesellschaft, über die einstigen rassistischen Privilegierungen hinweg. ‹Rasse› tauche nur noch an den Stammtischen auf, die Haug dennoch für einen sehr bedeutenden Hegemonieapparat hält. Schlüssig ist das nicht: Das Bonner Institut für die Zukunft der Arbeit (IZA) hat 2010 und 2016 Studien veröffentlicht, die nachweisen konnten, dass in Deutschland Menschen mit einem türkischen Namen auch dann noch sehr viel mehr Bewerbungen auf eine Stelle schreiben müssen, wenn sie in Deutschland geboren und aufgewachsen sind und über dieselben Qualifikationen verfügen wie ein/e fiktive/r Konkurrent/in mit einem typisch deutschen Namen (vgl. Kass/Manger 2010). Die Benachteiligung steigt, wenn die Bewerberinnen zudem ein Kopftuch tragen (Weichselbaumer 2016). Ein anderes Problem ergibt sich mit der Konzeption von Haugs Neo-Rassismusverständnis: Er selbst spricht sich immer wieder für einen engen Rassismusbegriff aus. Die Charakterisierung der Auslese der ‹Minderwertigen› in jeder ‹Ethnie› als Neo-Rassismus macht Rassismus zum Funktionsprinzip des Kapitalismus schlechthin. So werden alle Katzen grau.

6.3.4 *Kritik: Rassisten sind keine Opfer*

Diese Perspektive auf die Ursachen des «Rassismus-von-unten» hat Konsequenzen für seine Bekämpfung. Haug plädiert gegen die Bezeichnung jenes Protests-von-unten als Rassismus. Wer «alle möglichen Phänomene» als rassistisch bezeichne, vollziehe eine «totalisierende Interpretation» (Haug 1992: 35). Wenn man alles als Rassismus bezeichne, worin sich bspw. Angst artikuliert, so trete das Bezeichnete eben durch die Bezeichnung erst hervor. Mit anderen Worten: Der Hinweis auf das rassistische Argument verstärke die rassistische Haltung. Die Konzeption des «Rassismus-von-unten» – als Protestform der Subalternen – ist aus meiner Sicht problematisch. Menschen, die sich rassistisch äußern, handeln hiernach aus Notwehr. Rassismus wird als «Aufschrei der sozial getretenen Kreatur» verstanden. «Könnte es sogar sein, daß der interaktive Rassismus [der Rassismus von unten, U.M.] bereits eine bewußtlos wütende Reaktion auf den vordringenden Neorassismus wäre?» (ebd.: 43) Diese Interpretation des Rassismus erzeugt allenthalben Mitgefühl bzw. Verständnis für die rassistischen Täter/innen, weil deren Rassismus als Reaktion auf die eigene Verzweiflung erscheint. Es ist unstrittig, dass kapitalistische Vergesellschaftung das Subjekt zum Leiden bringt. Zu widersprechen ist jedoch dem ausschließlichen Determinismus des Gesellschaftlichen, der die Eigenverantwortung des einzelnen Subjekts nicht mehr thematisieren kann. Der Selbstwahrnehmung von PEGIDA-Anhänger/innen und Co. als verzweifelte, besorgte Bürger/innen, sollten gerade Linke widersprechen. Sie sollten auch der Politik widersprechen, die die Ängste und Sorgen der Bürger/innen (gemeint sind die Protestierenden gegen Flüchtlingsunterkünfte) meint ernst nehmen zu müssen.

Haug betont immer wieder, dass es nur Rassismen gebe, keinen Rassismus. Doch was diese vielen Rassismen eint, bleibt unklar. Haugs ideologietheoretischer Ansatz sagt nicht, was die Bilder des aktuellen Rassismus sind und wie sie entstanden sind. Das Argument, man dürfe eine/n Rassist/in nicht so nennen, weil man sonst selber konstruiere, wie der/die Rassist/in selbst, führt ins Leere. Folgte man diesem Argument, wäre jede inhaltliche Bestimmung einer pejorativen, abwertenden Praxis unmöglich – denn sie kann ja gar nicht anders als die Abwerter als solche eben abzuwerten.

Genau an der inhaltlichen Bestimmung des Rassismus fehlt es dann auch bei Haug. Ohne inhaltliche Bestimmung lassen sich Rassist/innen auch nicht so bezeichnen. Das mag zudem an seiner Konzentration auf die inhaltliche Bestimmung des Ideologischen «als Reproduktionsform der Entfremdung, ideelle Vergesellschaftung im Rahmen staatsförmig regulierter Herrschaft» (Haug 1993: 17), liegen. Das Ideologische ist eine analytische Kategorie, die «Wirkungszusammenhänge der Herrschaftsproduktion» in den Blick nimmt und nichts über die «Wesenseigenschaften von Phänomenen» aussagt (vgl. ebd.). Es geht Haug folglich vorrangig um die Bedeutung dieses Phänomens als Ideologie zur Stabilisierung von Herrschaft – weniger um seine konkrete Eigenlogik und seine spezifischen Folgen. Das ist ideologietheoretisch konsequent, aber für die Rassismusanalyse unbefriedigend.

Auch die Trennung von Ideologie und Selbstvergesellschaftung mag Haugs Zurückhaltung den (rassistischen) Protest von unten als solchen zu kritisieren, geschuldet sein. Ihm ist klar, dass in kapitalistisch organisierten Gesellschaften der Ort der Emanzipation nur als potentieller gedacht werden kann, der so nicht existiert. Auch wenn die Idee der Selbstvergesellschaftung ein Problem vieler gesellschaftheoretischer Ansätze – nämlich vor lauter Determinationen keine verantwortlichen Subjekte mehr zu haben – zu überwinden sucht, so bleibt im Falle der Rassismusanalyse das Problem, die Akteure des Rassismus doch wieder als sich nur wehrende Subjekte von der Verantwortung zu suspendieren.

Gerade im Zusammenhang mit Rassismus und Antisemitismus ist die Vorstellung eines autonom handelnden Subjekts jedoch zu verteidigen. Das voluntaristische Moment in der Subjektkonstitution sichert nicht nur die prinzipielle Möglichkeit einer besseren Gesellschaft ab, sondern gleichermaßen die Verantwortlichkeit des Subjekts bei beispielsweise rassistischen Angriffen. Die Einsicht Adornos, dass selbst, wenn wir denken, wir zu sein, wir dennoch in «weitem Maße als Agenten unserer Funktion» (Adorno 2001 [1964/65]: 102) handeln, ist wichtig, um insbesondere die neoliberale Illusion ultimativer, individueller Handlungsfreiheit zurückzuweisen. Sie führt uns aber nicht weiter im Hinblick auf die Verantwortlichkeit des Subjektes, die bereits in den gesellschaftstheoretischen Analysen beginnen muss. Seit einigen Jahren gibt es Bemühungen, das voluntaristische Moment in der Ideologiekritik der Kritischen Theorie mit Sartres Existentialismus, insbesondere mit dem Begriff des Engagements zu unterfüttern. Dieser Begriff besteht darauf, «jeden Menschen in Besitz dessen, was er ist, zu bringen und auf ihm die gänzliche Verantwortung für seine Existenz ruhen zu lassen» (Sartre 1989: 12; vgl. zur dieser Vermittlung von Adorno und Sartre: Dahlmann 2012; Scheit 2011; Sturm 2014).

7 Erklärungen des Rassismus II: Der Vorrang des Sozialpsychologischen

Die Kritische Theorie, später häufig tituliert als «Frankfurter Schule», entstand in den 1930er-Jahren. Im Zentrum ihrer Forschungen standen erstens die Beziehungen von ökonomischer Basis und kulturellen Bewusstseinsformen, zweitens die Analyse der Vermittlung von sozioökonomischen Strukturen und sozialpsychologischen Dispositionen und drittens das Verhältnis von Politik und Ökonomie (vgl. Dubiel 1988: 20f.). Einerseits steht sie mit zahlreichen Theoremen in der Tradition des Marxismus, genauer in der Tradition seiner ‹westlichen›, erkenntnistheoretisch orientierten Entwicklungsvariante, die mit Georg Lukács und Karl Korsch ihr Profil gewann, andererseits bricht die stete Betonung psychologischer Aspekte mit dem antipsychologischen Kritikmodus von Karl Marx, den auch der Freud-Gegner Lukács noch fortgeführt hatte.

Warum wird aus einem Marx'schen Denken heraus Psychologie auf einmal wichtig? Innerhalb der aufgeklärten Gesellschaft gibt es nach Auffassung der Kritischen Theoretiker bestimmte Widersprüche, die sich in allen gesellschaftlichen Bereichen zeigen. Dazu zählt das gleichzeitige Vorhandensein von Gleichheit und Ungleichheit der Menschen, gleich als Vertragspartner und vor dem Recht, ungleich nicht trotzdem, sondern deshalb als Kapitalist und Ausgebeuteter. Auch Gesellschaft und Natur stehen sich scheinbar unversöhnlich gegenüber; ‹Fortschritt› entpuppt sich in vielerlei Hinsicht als Regression. Der Kritischen Theorie geht es um eine grundlegende Analyse und Kritik der modernen Gesellschaft. Sie betont die enge Verflochtenheit von Gesellschaft und Individuum. Die Totalität der Gesellschaft, von der die Kritische Theorie spricht, umfasst die vielen Einzelmomente der Gesellschaft, die durch die Struktur der warenproduzierenden Gesellschaft, sprich die ökonomischen Verhältnisse, bedingt sind. Und so sind Probleme der Gesellschaft wie der Antisemitismus oder der Rassismus nicht Phänomene, die isoliert betrachtet werden könnten; sie müssen stattdessen in ihrem gesellschaftlichen Entstehungszusammenhang begriffen werden. Sie sind eben nicht nur bei einzelnen, politisch besonders extremen oder besonders dominanten Personen zu finden. Die Charakterstrukturen selbst sind ein soziales Produkt. Psychologie soll also nicht etwa den Blick entpolitisieren und auf die bloß individuelle, vorgesellschaftliche Ebene richten. Stattdessen gilt Kapitalismus nun als so allumfassend, dass sich im Einzelnen (in dessen Bewusstsein und Unbewusstsein) Entscheidendes der Vergesellschaftung abspielt. Die Soziologin wird durch die Eigenart ihres Gegenstandes genötigt, auch Psychologin zu sein. Eine wichtige Annahme ist in diesem Sinne, dass die moderne kapitalistische Gesellschaft als ‹Prototypen› der Moderne die autoritäre Persönlichkeit hervorbringt. Diese Erkenntnis hat lange gebraucht, bis sie Eingang in die Einsichten der so genannten Rechtsextremismusforschung gefunden hat: Rechtes Denken ist nicht ein Phänomen des exotischen Randes, sondern prototypisch für die psychologischen Verwerfungen moderner Gesellschaft.

Die autoritarismuskritischen Überlegungen der Kritischen Theorie werden dennoch vielfach allein vor dem Hintergrund ihrer sozialpsychologischen Annahmen diskutiert. Die Kritische Theorie hat das Konzept der autoritären Persönlichkeit allerdings auch gesellschaftskritisch fundieren wollen. Dass dieser Teil aufgrund der empirischen Schwerpunktsetzung der konkreten Studien in den 1940er-Jahren zu kurz kam und darum verstreut in anderen Werken der Kritischen Theorie zu suchen ist, ist bedauerlich. Statt jedoch diese Grundlegung nachzutragen, haben nachfolgende Modifizierungen des Konzeptes (vgl. dazu beispielhaft Altemeyer 1996) die gesellschaftstheoretischen Grundlagen gänzlich gestrichen. Eine der wenigen Ausnahmen auf Seiten auch empirisch gesättigter Forschung, die das Autoritarismuskonzept aufgreift und die Anstrengung einer gesellschaftstheoretischen Fundierung nicht scheut, sind die seit 2002 erscheinenden (Leipziger) «Mitte-Studien» (seit 2018 Autoritarismusstudie) um Oliver Decker und Elmar Brähler.

7.1 Die Autoritarismusstudien der alten Kritischen Theorie

Die Konzeptualisierung des autoritären Charakters in den 1930er-Jahren wurde maßgeblich durch Erich Fromm, Herbert Marcuse und Max Horkheimer als Herausgeber der *Studien über Autorität und Familie* (1936) sowie durch die Mitarbeit Theodor W. Adornos an der Studie *The Authoritarian Personality* vorangetrieben. Die zentralen Fragen der Untersuchungen waren stets: Welche Bedingungen führen zu einer freiwilligen Unterwerfung unter gesellschaftliche Herrschaft? Warum handeln Menschen gegen ihre objektiven Interessen? Welche Art von Menschen akzeptiert antisemitische Ideen? Welche ‹Funktion› erfüllt der Antisemitismus in der Persönlichkeitsstruktur? (Frenkel-Brunswik/Sanford 1993 [1946]: 119) Ausgangspunkt für die damalige Initiierung der *Studien zum autoritären Charakter* war der Antisemitismus. Doch schon bald stellte sich heraus, dass der Antisemitismus Teil eines größeren Syndroms war – des Autoritarismus. Entsprechend fanden in den Untersuchungen auch Items ihren Platz, die den Rassismus fassen sollten. Rassismus wurde in den Studien als «Ethnozentrismus» bezeichnet; gemeint war ein biologistisch argumentierender Rassismus. Die Einbettung der Rassismusanalyse geschah also in der frühen Kritischen Theorie vermittels des Autoritarismuskonzeptes eher implizit (vgl. Adorno 1973: 3).

Die Grundannahme der Studie ist, dass ethnozentrische, antidemokratische und antisemitische Einstellungen zusammengehören, weil sie Ausdrucksweisen ein und desselben psychologischen Syndroms sind (vgl. ebd.: 12). Nicht alle Einstellungen müssen dabei gleichermaßen stark ausgeprägt sein. Autoritarismus ist ein Geflecht von dynamisch aufeinander bezogenen Persönlichkeitsmerkmalen (ebd.: 45f.). Skalen, die explizite Vorurteils- und Abwertungsaspekte fassen (Antisemitismus, Ethnozentrismus, politisch-ökonomischer Konservatismus), wurden korreliert mit einer Skala, die die tieferliegende psychologische Disposition zum Faschismus fassen sollte (F-Skala). Wer hohe Werte auf dieser F-Skala zeigt (mit Subskalen wie z.B. Projektivität, Konventionalismus, Autoritätshörigkeit), der denkt mit hoher Wahrscheinlichkeit auch antisemitisch und rassistisch. Die Idee war nun: Weil die Werte auf der F-Skala mit gleichsam vorpolitischen, größtenteils unverfänglichen Fragen zu ermitteln sind (das konnten die Forscher/innen in unzähligen Tests belegen), bilden sie das tieferliegende Syndrom des Autoritarismus ab, das konkrete Vorurteile überhaupt erst speist. Außerdem vermeidet man auf diese Weise die Verfälschung, die sich immer dann einstellt, wenn die Interviewten angesichts politisch offensichtlich heikler Fragen besonders vorsichtig oder unehrlich antworten.

Weitere Grundannahmen zur autoritären Persönlichkeit sind in den *Studien zum autoritären Charakter* wie folgt formuliert: Was die Menschen sagen und in etwa auch was sie wirklich denken, hängt in weitem Maße von dem geistigen Klima ab in dem sie leben (vgl. Adorno 1973: 5). Die Faschismusanfälligkeit und entsprechende Einstellungen werden somit als Ausdruck einer mangelnden Ich-Stärke verstanden – der autoritätsgebundene Charakter überwertet Stärke, Autorität gerade deshalb, weil er psychologisch schwach ist. Eine solche Charakterstruktur werde in den USA – wo die Untersuchung erstmals durchgeführt wurde – v.a. in weißen, patriarchalischen Mittelschichtfamilien produziert. Die Kritische Theorie hat die Entstehung des Autoritarismus stets im Spannungsfeld von gesellschaftlichen Bedingungen und sozialpsychologischen Dispositionen zu verorten gesucht. Dabei wird aber keine Seite als Determinante ausgewiesen, sondern beide befinden sich in einem ständigen Wechselverhältnis, wie schon Erich Fromm betont (vgl. Fromm 1993: 158). Autoritäre Reaktionen mitsamt den dazugehörigen rassistischen und antisemitischen Einstellungen werden durch Erziehung und Sozialisation früh in der Familie gebildet und durch die Einrichtung der Gesellschaft geformt und praktiziert. Soweit in aller Kürze zu den Grundannahmen der Kritischen Theorie und deren Autoritarismuskonzept. Wie können wir heute daran anknüpfen?

7.2 Das Verhältnis von Rassismus und Autorität in der Gegenwart[44]

Werfen wir zunächst einen Blick auf den gesellschaftlichen Kontext – also die autoritäre Dynamik (Decker 2018: 50) – in der die autoritäre Persönlichkeit entsteht. Die gegenwärtige Form des Kapitalismus ist durch einen extremen Ökonomismus gekennzeichnet, der sich in allen Lebensbereichen abbildet und Menschen nach den Möglichkeiten ihrer Vernutzung hierarchisiert. Eine sich im permanenten Krisenzustand befindende warenproduzierende Gesellschaft befeuert autoritäre Reaktionen und rassistische Spaltungen beständig, weil sie Menschen zwingt, sich narzisstisch zu inszenieren und aufzuwerten. Ethnisierungen und Rassifizierungen gehören neben Klasse und Geschlecht zu den Strukturgebern von Ungleichheit. «[...] kaum eine Gesellschaft ist reich und mächtig geworden bzw. geblieben, ohne die Aneignung und Ausbeutung von Leben oder Gütern, die ihr nicht an/gehören – ohne Raub/Krieg» (Klinger 2012).

Die Verantwortung für die Selbsterhaltung, so Jan Weyand, wird an den Einzelnen verwiesen, aber die Bedingungen dafür entziehen sich seinen Einflussmöglichkeiten. Das betreffe sowohl das Handeln derer, die ihre Arbeitskraft verkaufen müssen, als auch die, die Eigentümer an Produktionsmitteln sind. So wiederhole sich durch den Zwang aller zur Reproduktion des Kapitalismus als Sozialform ein scheinbar naturhafter Prozess beständig. Die Konkurrenz, die sich dadurch zwischen den Menschen entwickelt, führe zu einer übermäßigen narzisstischen Besetzung der eigenen Person. Das Erleben von realen Ohnmachtserfahrungen produziere dabei notwendig das Gegenteil dieser positiven Inszenierung; nämlich eine permanente narzisstische Kränkung (vgl. Weyand 2001: 101ff.). Eine neue Entwicklung verstärkt diesen allgemeinen Trend kapitalistischer Vergesellschaftung in den letzten Jahren. Luc Boltanski und Eve Chiapello (2003), Christina Kaindl (2009; 2012) oder auch Ulrich Bröckling (2007) zeigen in ihren Arbeiten, dass der Zwang zur Selbstinszenierung der Arbeitssubjekte extrem gewachsen ist. Der «neue Kapitalismus» präsentiert sich mit schlanken Unternehmensstrukturen, einem kommunika-

44 Die Darstellungen in 7.2 und 7.3 orientieren sich teilweise an meinem Artikel *Annäherungen an eine Kritische Theorie des Rassismus* (2017) in der Zeitschrift Peripherie.

tiven Management, Teamarbeit, Aufwertung von Kreativität und Eigensinn, flexiblen (befristeten) Arbeitsverträgen sowie gestiegenen Anforderungen an Mobilität und Aktivität (vgl. Boltanski/Chiapello 2001; 2005). Dabei werde zunehmend die Rhetorik von Aktivierung, Entscheidung und Selbstverwirklichung bedient (vgl. Kaindl 2009: 94). Starke Hierarchien am Arbeitsplatz, so Kaindl weiter, werden ersetzt durch eine Subjektivierung von Arbeit, der Zwang gehe nicht mehr vom unmittelbaren Vorgesetzten aus, sondern werde gleichsam von innen permanent reproduziert. Das habe zwei Folgen: Diese Art organisierte Selbstverwirklichung führe erstens zu Unterwerfung und Selbstausbeutung. Zweitens laste die Rede von alternativlosen Marktzwängen das Scheitern den Subjekten selbst an. Berufliches Scheitern werde so durch die Subjekte als selbstverantwortet, «als individuelles Ungenügen», gedeutet und «nicht auf strukturelle gesellschaftliche Probleme» zurückgeführt, wie Kaindl schreibt (2012: 23). Der Rückgang formeller Arbeitsverhältnisse betrifft nicht nur die unteren Schichten, sondern bedroht mittlerweile auch die gesellschaftliche Mitte. Prekäre Beschäftigungsverhältnisse – durch Teilzeit und befristete Arbeitserträge – verschärfen den gesellschaftlichen Druck zur Lohnarbeit. Die Repressionen des sozialstaatlichen Modells werden immer stärker und führen zu einer Stigmatisierung von so genannten «Sozialschmarotzern» (vgl. Decker/Kiess 2013: 33, 35).

Es gibt in Deutschland zwei wichtige Langzeitstudien, die sich mit antidemokratischen Einstellungen und Vorurteilen befassen und sich beide mehr oder weniger explizit auf das Konzept der autoritären Persönlichkeit beziehen. Eine der Studie heißt *Deutsche Zustände*. Sie wurde von einer Forschungsgruppe des Instituts für interdisziplinäre Konflikt- und Gewaltforschung der Universität Bielefeld unter Leitung von Wilhelm Heitmeyer zwischen 2002 und 2011 durchgeführt. Die andere Studie ist die *Leipziger Mitte-Studie*; eine repräsentative Umfrage zu autoritären und extrem rechten Einstellungen in Deutschland. Diese Einstellungen werden seit 2002 alle zwei Jahre von einer Arbeitsgruppe der Universität Leipzig unter Leitung der Sozialpsychologen Elmar Brähler und Oliver Decker erhoben. Beide Studien zeigen, dass für die deutsche Gesellschaft von einer relativ stabilen rassistischen und antisemitischen Basis ausgegangen werden muss[45]. Dieser Bodensatz an Ressentiments entlädt sich eruptiv in gesellschaftlichen Krisensituationen. Solch ressentimentgeladene Eruptionen entstehen aufgrund sich verschärfender objektiver Krisenerscheinungen, aber auch durch bloß subjektiv wahrgenommene Verschärfungen oder nur vermeintliche Bedrohungen der eigenen wirtschaftlichen Situation. Es ist an dieser Stelle wichtig zu betonen, dass diejenigen, die die AfD 2017 bei den Bundestagswahlen mit 12,6% oder 1933 die NSDAP bei den Reichstagswahlen mit 43,9% gewählt haben, nicht diejenigen waren, die objektiv von der ökonomischen Krise besonders betroffen waren. Die ökonomische Krise des Systems führt zu einer Hinwendung zu rechten Parteien – die diffuse Abstiegsangst eher als der Abstieg. Das konnten schon Falter et. al. (1983) für den Nationalsozialismus zeigen.

Betroffenheit generiert sich für den Autoritären aus dem subjektiv empfundenen Gefühl eben betroffen zu sein. Diese subjektive Wahrnehmung resultiert in Perspektiven der Kritischen Theorie letztlich aus der Angst der sozial Atomisierten. Dabei ist die Angst kein Gefühl echter Verzweiflung, sondern wie Ulrich Bröckling provokant formuliert: «Man will Angst haben.» Bröcklings Grundaussage ist nun die, dass Angst eine kalkulierte und rationalisierte Emotionsbehauptung ist, um im politischen Diskurs zu bleiben. AfD-Wähler/innen sagen, sie hätten Angst. Das AfD-Wahlprogramm liest sich wie das Ranking populärer Ängste der Deutschen erhoben durch die R+V Versicherung. Diese befragte 2018 zum 27. Mal die Deutschen zu ihren größten Ängsten. Das Sprechen über Angst sei selbstverstärkend; es gleiche häufig einem sich Hineinreden und treibe die Dynamik der Übertreibung ständig an. Die Berufung auf Angst habe einen klaren strategischen Vorteil: Wer die Angstkarte ausspielt, unterläuft Kritik. Der «Affekt immunisiert gegen Fakten» (Bröckling 2016: 4). Angst sei das ‹Argument›, in das der Hass auf geflüchtete Menschen und die Wut gegen die etablierte Politik gekleidet wird. Die Angstbehauptung wäre demnach eine Gelegenheit, diese Ressentiments auszuleben. Dabei gehen Angst, Wut und Hass ineinander über. Wer sich auf Angst berufe, werde ernst genommen. Die Angstrhetorik suggeriere zudem eine Notwehrsituation (vgl. ebd.: 5). Diese

45 2010 fühlten sich ca. 33% der Befragten im Hinblick auf Muslime «fremd im eigenen Land», 2018 sind es schon 55% bundesweit (vgl. Decker 2018: 18).

Angst, so zeigten Daphi et al., bezieht sich auf eine ‹kulturelle Überfremdung› wahlweise durch (US-)Amerika, allgemein ‹Fremde› oder den Islam, auf den Verlust nationaler Identität und die Angst, dass Deutschland an Einfluss in der Welt verlieren könnte. Ebenso gehe es um konkrete Ängste, wie der vor sozialem Abstieg, dem Verlust sozialer Sicherungen oder vor Terroranschlägen (vgl. Daphi et al. 2015: 24). ‹Asylchaos›, ‹Islamisierung des Abendlandes›, ‹großer Austausch›[46] (vgl. Bröckling 2016: 5f.) sind die vorgetragenen Angsthemen heute, die Rede vom Untergang (des Abendlandes) war es schon zu Zeiten Leo Löwenthals, als dieser die Reden faschistischer Agitatoren analysierte.

Angst soll also die Anfeindungen, Diskriminierungen und Angriffe erklären; sie legitimieren. Die Legitimation hat historisch gesehen für den Rassismus schon immer eine zentrale Rolle gespielt. Der kritische Theoretiker Detlev Claussen führt die Wurzeln des Rassismus auf die im 19. Jahrhundert zunehmende Ergänzung von alltäglichen Vorurteilen mit der Populärwissenschaft zurück (vgl. Claussen 1994: 5). Claussen betrachtet Rassismus und Antisemitismus als Bestandteile einer «Alltagsreligion». Diese vereinheitliche das Bewusstsein der Gesellschaftsmitglieder und ordne die Welt vor dem Hintergrund gesellschaftlicher Widersprüche, mit denen der Einzelne konfrontiert ist. Die Alltagsreligion greife wahrnehmbare äußere Unterschiede zwischen den Menschen auf und stelle klar, wer wo hingehört. So fülle sie die Feststellung sozialer Unterschiede mit Sinn und verarbeitet so menschliche Unterschiede im Alltag (vgl. ebd.: 18). «Die unterschiedlichen Hautfarben signalisieren dem Alltagsbewußtsein eine ehemals äußere Ordnung der Arbeit, die verinnerlicht werden mußte.» (ebd.: 19)

Die Sklavenarbeit, schreibt Claussen, sei das ‹Vorbild› jener Gewalt, die sich, freilich abgeschwächt, im Zwangscharakter der freien Lohnarbeit findet (vgl. ebd.: 20). Die gesellschaftliche Genese des Rassismus verortet er in der «Kombination von Kolonialsystem und Sklaverei» (Claussen 1994: 16). Rassismus, argumentiert Claussen, habe einen anti-emanzipatorischen und anti-modernen Grund. Er sei gegen die emanzipatorische Tendenz der Aufklärung gerichtet und gegen die liberalen und

46 Als ‹großen Austausch› bezeichnet bspw. die Identitäre Bewegung die Vorstellung, dass die Politik eine gezielte Änderung der Bevölkerungszusammensetzung plant.

sozialistischen Demokraten des 19. Jahrhunderts entwickelt, die im Zuge der Modernisierung auch das Verbot der Sklaverei forderten. Rassistische Ideologien im 19. Jahrhundert waren, nach Claussen, vor allem für diejenigen attraktiv, die egalitäre Vorstellungen zurückweisen wollten. Die rassistischen Theorien entstanden in der Zeit der aufklärerischen Moderne als Versuch, den Ausschluss von Menschen aus dem Gleichheitsversprechen zu begründen (vgl. ebd.: 16f.).

Claussen ist jedoch wichtig zu betonen, dass die Verbrechen des Nationalsozialismus keine logische Folge einer auf die Spitze getriebenen Anwendung der Rassenlehren des 19. Jahrhunderts gewesen seien. Es gebe keine einfache Kette vom Wort zur Tat. Die Rassenideologie der Nationalsozialisten legitimierte vielmehr die deutschen Weltherrschaftsambitionen, die nach dem verlorenen Ersten Weltkrieg eine neue Rechtfertigung brauchten. Claussen insistiert darauf, die Vernichtungspraxis im Nationalsozialismus nicht einfach nur als Resultat einer Weltanschauung zu begreifen. Ihm geht es darum, das «irrationale Moment des gesellschaftsgeschichtlichen Prozesses jenseits jeder Rationalität der Selbsterhaltung» (Claussen 1994: 3) zu betonen. Es sei ein kritikwürdiges Bedürfnis nach Sinn: das Unbegreifliche, wofür Auschwitz steht, nachträglich durch solche Erklärungen zu rationalisieren.

Er weist die Annahme, dass die nationalsozialistische Vernichtungspraxis nur eine konsequent fortgeschriebene Entwicklung der in der Moderne angelegten pseudowissenschaftlichen Rassetheorien auch deshalb zurück, weil er die aufgeklärte Moderne gegen ihre postmodernen Kritiker/innen verteidigen will. Diese werfen in antirassistischer Absicht die «gesamte Moderne als rassistisches System» über Bord, weil sie Nationalsozialismus und Rassismus als direkte Folge der Moderne bestimmen. Nicht eine – wie von Horkheimer und Adorno diagnostizierte – Dialektik der Aufklärung, die sowohl durch die Gleichzeitigkeit von Gleichheit wie Ungleichheit sowie Fortschritt und Rückschritt gekennzeichnet ist, sondern Moderne als Ganzes wird in manch postmoderner Kritik als euro-amerikanisches Hegemonieprojekt kritisiert (vgl. ebd.: 8f.). Eine solche Verurteilung der Moderne als Ganzes findet sich auch bei vielen westlichen Linken nach 1989, immer dort, wo Rassismus, Universalismus, Kolonialismus und Aufklärung in eins gesetzt werden. Rassismus entstand explizit als anti-universalistische Ideologie. Seine

Identifizierung mit dem Universalismus der Aufklärung opfert die Möglichkeit von Kritik: «Eine linke Generalabrechnung mit der Aufklärung als angeblicher Rechtfertigungsideologie imperialistischer Herrschaft begibt sich der einzigen intellektuellen Waffe, mit der sich das politische Denken vom Antiuniversalismus des Rassismus unterscheiden kann.» (ebd.: 17)

7.3 Subjektkonstitution der autoritären Persönlichkeit

An den bisherigen Darstellungen ist bereits erkennbar, wie schwer es in der Beschreibung des Sozialen ist, Gesellschaft und Subjekt analytisch zu trennen. Persönlichkeit umfasst in den Studien zur autoritären Persönlichkeit Verhaltensmuster und bewusste Überzeugungen, wie sie für bestimmte Personen charakteristisch sind, sowie tieferliegende, unbewusste Triebe, die ihr Verhalten motivieren. Die Ebenen der Persönlichkeit (auch tiefere, wenig rationale Schichten) umfassen das Sozialverhalten, das Gesellschaftsbild, bewusste Ziele, Hoffnungen und Ängste (Frenkel/Brunswik 1993 [1946]: 120). Nicht alle Autoritären haben die gleiche Persönlichkeit, aber sie haben ähnliche Tendenzen. Der Begriff des Charakters, wie er in den Studien verwandt wird, hat nichts mit einer angenommenen unveränderlichen Essenz von Menschen an sich zu tun: Die «Einsicht in die Charakterstruktur ist der beste Schutz gegen die Tendenz, konstante Züge im Individuum ihm als ‹angeboren› oder ‹basal› oder ‹rassisch bedingt› zuzuschreiben» (Adorno 1973: 8).

Die autoritäre Persönlichkeit weist einen starken Konventionalismus, also die starre Bindung an konventionelle Werte des Mittelstandes auf. Sie neigt zu autoritärer Unterwürfigkeit autoritärer Aggression und wehrt das Subjektive und Sensible ab. Sie ist schicksalsgläubig und denkt in rigiden, stereotypen Kategorien. Sie identifiziert sich mit Machtgestalten und nimmt das Soziale in Dimensionen wie Herrschaft und Unterwerfung, stark/schwach usw. wahr. Die autoritäre Persönlichkeit ist allgemein feindselig und diffamiert das Menschliche (Destruktivität und Zynismus). Sie glaubt an wüste und gefährliche Vorgänge in der Welt und projiziert unbewusste Triebimpulse auf die Außenwelt. Darüber hinaus ist sie übertrieben mit sexuellen ‹Vorgängen›, insbesondere denjenigen anderer Menschen beschäftigt (vgl. Adorno 1973: 45f.).

Neben den bereits dargestellten Einflüssen der warenproduzierenden Gesellschaft sind es auch Einflüsse aus dem familiären Umfeld, die der Ausprägung autoritärer Reaktionen zuarbeiten – die Arbeiten der 1930er-Jahre untersuchen etwa auch den Zusammenhang zwischen der Veränderung in der Wirtschaftsstruktur mit Veränderungen der Vaterrolle. Auch in den *Studien zum autoritären Charakter* und in vielen späteren Studien zum Autoritarismus werden übereinstimmend eine strafende und disziplinierende Erziehung, eine daraus resultierende Elternidealisierung, ein Mangel an emotionaler Zuwendung, eine Bagatellisierung innerer Prozesse sowie eine strikte Orientierung an äußeren Konventionen als prägend bestimmt. Ein rigides Über-Ich, das von einem schwachen Ich begleitet wird, ermögliche die autoritäre Unterwerfung (vgl. bspw. Oesterreich 2000; Heydari//Hagish 2013). Sind es anfangs noch väterliche Figuren, denen sich unterworfen wird, können diese sehr wohl auch von gesellschaftlichen, kollektiven Instanzen eingenommen werden. Wichtig ist, dass sie es ermöglichen, Verantwortung und moralisches Gewissen zu delegieren.

Insbesondere die oben angesprochene Diagnose der Selbstführung der Subjekte im Neoliberalismus lässt sich an das Konzept eines sekundären Autoritarismus (vgl. Decker/Kiess/Brähler 2015) anschließen. Die Annahme eines sekundären Autoritarismus basiert auf der Vorstellung, dass eine konkrete Führungsfigur durch eine unpersönliche Autorität – eine Theorie oder ein abstraktes Ideal – ersetzt wird (ebd.: 23). Insbesondere heute, in Zeiten einer Selbstführung der Subjekte im Neoliberalismus, hat sich die Bedeutung einer Führungsfigur für die autoritäre Persönlichkeit verändert. Um zu verstehen, warum Menschen sich einem Kollektiv unterwerfen, muss die Attraktivität der Kollektivbildung verstanden werden. Die permanente Beschwörung der nationalen, ‹rassischen› oder kulturellen Höherwertigkeit gewährt Sicherheit und emotionalen Schutz, wo moderne Vergesellschaftung die Psyche beständig durch die gescheiterten Selbsterhaltungsbestrebungen beschädigt. Vermeintliche Angriffe auf das Kollektiv werden vom Einzelnen als bedrohlich empfunden. Eine nach außen gewendete Aggression minimiert die Differenzen im Inneren der Gesellschaft und so wird die Unversöhnlichkeit mit dem Feind umso härter beschworen.

Die Autoritären reagieren heute nach wie vor wie eine Masse und versichern sich untereinander ihrer Abwertungstendenzen nach außen. Der Bindung an eine konkrete Führungsfigur, die typisch für den alten Autoritarismus war, bedarf es heute nicht mehr notwendig.[47]

Die Leipziger *Mitte-Studien* (2013; 2015) thematisieren, wie nach dem Nationalsozialismus die autoritäre Sehnsucht nach einem Führer auf die Wirtschaft bzw. die ökonomischen Ideale warenproduzierender Gesellschaften verschoben wurde (vgl. Decker/Kiess 2013: 16). Diese Tendenz beobachtete Adorno bereits in den 1950er-Jahren. Der kollektive Narzissmus, der durch den Zusammenbruch des NS-Regimes beschädigt wurde und sich in den Nachkriegsjahren vollständig auf den wirtschaftlichen Aufschwung konzentrierte (vgl. Adorno 1977 [1959]: 563f.), erfährt seit den 1980er-Jahren durch die neoliberalen Subjektanforderungen eine weitere Zuspitzung. So beschreiben Decker/Kiess, dass wirtschaftliches Wachstum nach dem Nationalsozialismus auch als «narzisstische Plombe diente, weil es den Deutschen nach dem Krieg die Identifikation mit einem Größen-Selbst gestattete» (2013: 29). Dieses neue Ideal autoritärer Unterwerfung gewähre allerdings den Subjekten nicht so viel Sicherheit wie es eine konkrete Führungsfigur täte. Der Kern eines jeden Autoritarismus', ob nun mit oder ohne Führer, besteht in der Unterwerfung. Das Ich werde schwach gehalten durch verschiedene Sicherheitsbedrohungen; egal ob sozialer Abstieg, Leistungs- oder Würdeentzug (vgl. Reitz/Draheim 2007: 116).

Die nötige Sicherheit bezieht das autoritäre Subjekt aus seiner Anbindung an eine (imaginierte) Gemeinschaft wie die Nation. Die affektive Bindung autoritärer Subjekte an die Nation ist nicht neu. Das autoritäre Subjekt verlangt, so Flecker/Hentges, in seiner nationalen Sehnsucht eine «stark autoritäre Reintegration der ‹Volksgemeinschaft›» und idealisiert «jene Mechanismen, die […] [seine] eigenen ökonomischen und emotionalen Bedürfnisse sehr effektiv dem Willen der mächtigen Akteure

47 Vermutlich ist Autoritarismus heute nicht mehr so sehr mit Konventionalismus und autoritärer Unterwürfigkeit verbunden. Gerade die veränderten Anforderungen des Kapitalismus nach Selbstführung und Vermarktung der Persönlichkeit erfordern eine Persönlichkeit, die mehr Stärke, Aggressivität und Erfolg ausstrahlt (vgl. dazu Rippl/Kindervater/Seipel 2000: 25f. und Petersen 2008: 165f.).

und Institutionen unterordnen» (Flecker/Hentges 2007: 177). Während die Klassenbeziehungen und die Strukturen der Gesellschaft selbst nicht hinterfragt werden, rebelliere der Autoritäre beispielsweise gegen den Zwang zur «politischen Korrektheit» (vgl. ebd.).

Gerade weil die rassistische Weltanschauung nun keineswegs so konsistent ist, wie es scheint, bleibt zu ergründen, warum sie von so vielen geglaubt wird – also auf welche Dispositionen sie bei ihren Anhänger/innen trifft. Die Einbettung der Rassismusanalyse erfolgt in der Kritischen Theorie vermittels des Autoritarismuskonzeptes eher implizit. Weiter oben wurde bereits darauf hingewiesen, dass der Ausgangspunkt für die *Studien zum autoritären Charakter* die Untersuchung des Antisemitismus war. Jedoch wurde deutlich, dass der Antisemitismus nicht isoliert existiert, sondern als Teil eines größeren Syndroms, eben des Autoritarismus, betrachtet werden muss. So stellt die Studie fest, dass «[...] zwei Drittel der Befragten sowohl auf der einen [Ethnozentrismus-Skala, U.M.] als auch auf der anderen Skala [Faschismus-Skala, U.M.] im oberen Quartil rangieren und daß es praktisch keine Umkehrung gibt, das heißt Fälle, in denen eine Versuchsperson auf der einen Skala hohe und auf der anderen niedrige Punktwerte hat» (Adorno 1973: 92). D.h. Rassisten/innen neigen zum Faschismus und umgekehrt. Wir können mit den *Studien zum autoritären Charakter* nicht erfahren, wie Rassismus historisch entstanden ist, aber sie erklären die Persistenz und die Verbindung zu anderen reaktionären Ideologien wie dem Antisemitismus. Und sie machen plausibel, dass eigentlich von Subjekt, Identität, Tiefenstrukturen der Psychologie und ihrer sozialen Produktion zu reden ist, wo es zunächst nur um politische Statements und Vorurteile zu gehen scheint.

Ich habe allerdings bis hierher die beiden Phänomene Rassismus und Antisemitismus in unzulässiger Weise nebeneinander behandelt, was der gemeinsamen Betrachtung unter dem Label der autoritären Persönlichkeit geschuldet war. Dennoch folgen sie mindestens unterschiedlichen Logiken und sind für das Subjekt und die Gesellschaft unterschiedlich ‹funktional›. Eine aus dem Syndromcharakter der autoritären Persönlichkeit ableitbare Annahme kann auch für eine gegenwärtige Analyse von Rassismus und Antisemitismus übernommen werden: dass, wer rassistisch denkt und handelt, i.d.R. auch zum Antisemitismus neigt.[48] Adorno formulierte in den *Studien zum autoritären Charakter*: «Wenn auch Antisemitismus in erster Linie immer noch als ein Aspekt des allgemeinen Ethnozentrismus zu verstehen ist, kann es doch keinen Zweifel daran geben, dass er seine eigenen spezifischen Merkmale hat.» (Adorno 1973: 94)

Mit Blick auf die vorangegangenen Darstellungen, die zeigten, wie viel stärker autoritäre Subjekte die eigene Existenz durch wirtschaftliche Krisen bedroht sehen als nicht autoritäre Personen, bleibt zu fragen, ob dieser Umstand schon zu einer rassistischen oder antisemitischen Reaktion führen muss. Wohl kaum. Die gesellschaftliche Mitte inszeniert sich als Leistungsgemeinschaft und begründet den sozialen Ausschluss von Menschen kulturalistisch und ethnisierend (vgl. Lewed 2009). Dazu braucht es eine Subjektzurichtung, die genau diese Identifizierung mit Kultur oder ‹Rasse› bei einer gleichzeitigen Identifizierung von vermeintlichen Krisenverantwortlichen hervorruft, anstatt die Unterwerfung unter ein zerstörerisches System in Frage zu stellen.

Die konformistische Revolte ist eine Möglichkeit, Fragen nach systemischen Ursachen von Krisen zu vermeiden. Die Frustration und Aggression, die sich häufig im Kontext antisemitischer und rassistisch motivierter Attacken entlädt, richtet sich gegen gesellschaftlich stigmatisierte Menschen. Das können Angehörige so genannter ‹Fremdgruppen› sein oder jene, die mit bestimmten Krisen des kapitalistischen Systems traditionell assoziiert werden: die Juden. Der Autoritäre muss sich mit einem Kollektiv identifizieren, das den Weg zur Aggressionsabfuhr bereitet. Die ‹Rebellierenden›, die sich das ‹Volk› nennen, glauben im Sinne der Allgemeinheit zu handeln, wenn sie Menschen angreifen. «Die Gewalttäter spekulieren in ihrer konformistischen Rebellion schlau auf die Schwachstellen des Systems, wenn sie die Menschen treffen und schlagen, die von der Gesellschaft selbst stigmatisiert worden sind.» (Claussen 1994: 21) Die aufgestauten, negativen Gefühle können sich nur entladen, wenn sich die Autoritären der stillschweigenden Zustimmung der so

48 Als Horkheimer in einem Nachruf über den Psychoanalytiker Ernst Simmel schreibt, dass dieser zeigte, «daß der Rassenhaß den Psychosen, besonders der Paranoia, nähersteht als den Neurosen» (Horkheimer 1978 [1948]: 488) wird deutlich, wie ungeklärt das Verhältnis von Antisemitismus und Rassismus auch für die frühe Kritische Theorie war.

genannten ‹Herrschenden oder Eliten›, der Polizei oder Politik sicher wähnen, wie sich exemplarisch an dem Pogrom von Rostock-Lichtenhagen nachvollziehen lässt (vgl. dazu Geelhaar/Marz/Prenzel 2013).

Gesellschaftliche Krisen werden von den Autoritären durch Personalisierung konkretisiert. Mit der Krise werden folglich je nach ideologischer Präferenz entweder die offensichtlich Überflüssigen im Kapitalverwertungsprozess (z.B. Arbeits-, Wohn- und Obdachlose, geflüchtete Menschen) in Verbindung gebracht oder aber die (angeblichen) Repräsentanten des Kapitals: die Angehörigen der Finanzsphäre. Im ersten Fall verschafft sich das rassistische Ressentiment Luft, im anderen Fall das antisemitische. Der zentrale Gedanke autoritarismuskritischer Perspektiven ist die Einschätzung, dass sich eine krisenhafte Wahrnehmung der Gesellschaft rebellisch auf der Straße organisiert. Neben den weiter oben bereits aufgeführten Ängsten vor Überfremdung, Asylchaos, Islamisierung hat das R+V-Infocenter weitere Ängste der Deutschen erfasst. Auf Platz zwei, drei und vier rangieren die Angst vor einer Überforderung durch mehr Asylbewerber, die Angst vor Spannungen durch den Zuzug von Ausländern und die die Angst vor der Überforderung der Politiker (vgl. R+V Langzeitstudie 2018).

Aus autoritarismuskritischer Perspektive formieren sich hier Ängste, die regelrecht nach einem starken Staat schreien. Das Gefühl mangelnder sozialer Ordnung, die politische Entscheidungsträger/innen nicht mehr zu regulieren imstande sind, kommt hier deutlich zum Ausdruck. Wie passt nun aber der für den Autoritären konstatierte Hang zum Konventionalismus und zur Unterwerfung mit einer Kritik an politischen Entscheidungsträgerinnen – als Autoritäten – zusammen? Widerspricht die notorische Kritik an den ‹Eliten› seitens der extremen Rechten nicht der Rede vom Autoritarismus? Autoritäre brauchen Persönlichkeiten, die Stärke, Macht und Durchsetzungsvermögen ausstrahlen. Werden beispielsweise einer Regierung diese Attribute aber abgesprochen, erscheint sie als schwache Gruppe, gegen die sich die autoritäre Persönlichkeit wendet. Zudem beschreibt Adorno den Konventionalismus nur als einen Pseudokonventionalismus, der eben keine echte Verinnerlichung von konventionellen Normen und Moralvorstellungen ist, sondern nur eine oberflächliche Adaption, unter der rebellische Neigungen umso ungebändigter schlummern. Adorno formuliert in einem Brief aus dem Jahr

1944 an Horkheimer die These, dass Rebellentum und Konventionalismus in einem ambivalenten Verhältnis zueinander stünden: Destruktive und rebellische Regungen seien demnach unbewusst und «Konservatismus und Konventionalismus die Rationalisierung» (Adorno/Horkheimer 2004: 393).

Historisch gesehen, darauf weist schon Erich Fromm hin, gibt es immer wieder Auflehnungen gegen Autorität. Diese Auflehnungen geschehen, wenn die Autorität ihre entscheidenden Qualitäten verloren hat: absolute Macht und Überlegenheit. Und so kommt es zu der Forderung, die alte Autorität gegen eine neue, stärkere Autorität auszutauschen. Die konformistische Revolte kann demnach auch Resultat eines als schwach wahrgenommenen Staates sein, dem die Lösung sozialer Probleme nicht (mehr) zugetraut wird. Insbesondere dieser Impuls wird im rechten Populismus thematisiert mit der Rede von einer ‹Altpolitik›, die die Augen vor den aktuellen Problemen verschließe und sich Sachzwängen ergebe. Die über alle Fraktionen derzeit verbreitete Rede von einer Erosion des Rechtsstaates, die zu einem großen Teil eine diskursiv herbeigeführte Schwäche des Rechtsstaates (vgl. Janisch 2018: 45) ist, arbeitet dieser Wahrnehmung erheblich zu, womit wir zu der Bedeutung von Agitation kommen.

7.4 Propaganda und Agitation

Die tiefenpsychologisch orientierte Theorie des Autoritarismus findet ihre Konkretion in den kritisch-theoretischen Überlegungen zur Agitation. Sowohl forschungsgeschichtlich wie sachlich gehört beides demselben Zusammenhang an. Folgen wir der Kritischen Theorie, dann ist autoritäre Agitation nicht in erster Linie über bestimmte Interessen oder auch über ‹rechte› Ideen, Inhalte und deren Geschichte zu erschließen, sondern über die psychologische Dynamik zwischen Führer und Publikum. Agitation besteht dann aus der Anwendung eines begrenzten Sets von ‹Tricks›, die die autoritäre Psychologie anspricht, verstärkt und an den Agitator bindet. Unter den exilierten Kritischen Theoretikern war es vor allem Leo Löwenthal, der diese Tricks ausgiebig erforschte. Und mit seinen Perspektiven lassen sich heute erhellende Deutungen für das Phänomen des sogenannten Populismus gewinnen.

Zurzeit ist der Begriff des Populismus in aller Munde. Vielfach scheint es, als fungiere der Begriff des Populismus, insbesondere in der nicht-wissenschaftlichen, öffentlichen Debatte, als ein dem Rechtsextremismus vergleichbarer Oberbegriff für allerlei Abweichungen von einer als neutral vorgestellten politischen Mitte. Dies ist nicht nur analytisch verkürzt, es spielt auch dem in der kritischen Forschung zur extremen Rechten umstrittenen Extremismusparadigma zu. Populismus lässt sich begrifflich sinnvoll nur nutzen als Charakterisierung einer Form der politischen Ansprache. Mit der kritischen Theorie und deren weithin rezipiertem Konzept der Kulturindustrie[49] lässt sich Populismus als Modus jeder Politik begreifen, die ein vorgestelltes Volk irrational anrufen will, sich dabei aber technisch-rationaler, hochmoderner Mittel bedient: Irrationale Gedankenflucht, darin aber zugleich auskalkulierte ‹Psychotechnik›. Der kulturindustrielle Standard von Wiederholung, Verdopplung, Übertreibung findet sich darum mustergültig in der populistischen Ansprache. Ähnlich wie in der Werbung kommt es zu einer Standardisierung von Propagandareizen. Standardisierung trifft auf das stereotype Denken der Anhänger/innen (vgl. Adorno 1970: 503).

Populismus ist dennoch nicht inhaltsleer, sondern braucht bestimmte ideologische Voraussetzungen, die wir im autoritären Syndrom finden. Populistische Mobilisierung stützt sich auf bereits bestehende «Ressentiments, Vorurteilsstrukturen und Angstaffekte» (Dubiel 1985: 646). Wenn wir die populistische Ansprache als eine Form der Agitation – Löwenthal sagt dazu eine «bestimmte Art von öffentlicher Tätigkeit» (Löwenthal 1982: 19) – verstehen, dann sind es vor allem zwei Studien der alten Kritischen Theorie, die hier sehr instruktiv für aktuelle Analysen sind: Leo Löwenthals und Norbert Gutermans Studie *Falsche Propheten. Studien zur faschistischen Agitation* (1982 [1949]) und Adornos, die amerikanischen Studien zusammenfassenden und stärker psychoanalytisch argumentierenden Überlegungen in *Die Freudsche Theorie und die Struktur der faschistischen Propaganda* (1970 [1951]). Beide Arbeiten zeigen, dass in Krisenzeiten die Bereitschaft für psychologische Manipulation steigt.

49 Eine gelungene Einführung in die Kulturindustriethese findet sich bei Heinz Steinert.

Löwenthal spricht von einer «gesellschaftlichen Malaise», also einer allgemeinen Unzufriedenheit über gesellschaftliche Verhältnisse, die der Keimboden der Agitation ist. Rechte Agitatoren greifen jene Missstände nicht nur einfach auf: Sie machen sie besonders deutlich und intensivieren eine bereits vorhandene Emotionalität. Löwenthal hat fünf emotionale Komplexe hervorgehoben, die in modernen Gesellschaften normal sind. Zunächst ist hier das *Misstrauen* gegenüber Sozialphänomenen zu nennen, die nicht begriffen werden. Dieses Misstrauen wird zweitens begleitet von Gefühlen der Hilflosigkeit, Passivität und *Abhängigkeit*. Als Drittes kommt Löwenthal auf das Gefühl der *Vorenthaltung* zu sprechen, das er treffend mit dem auch heute noch viel zitierten Satz: «Wir füttern die Fremden durch» illustriert. Gefühle der *Angst* sind der vierte emotionale Komplex. Er bezeichnet das Gefühl, dass die moralischen Fundamente des gesellschaftlichen Lebens ins Wanken kommen. Fünftens ist eine gewisse *Desillusionierung* zu nennen, die dazu führt, dass die Politik verunglimpft wird, die Freiheiten der Menschen als gefährdet angesehen werden und die in der Behauptung mündet, dass die Politik die «grenzenlose Unwissenheit des Volkes» ausnutze (vgl. Löwenthal 1982: 27–29). «Der Agitator ersetzt bewusst die objektive Kritik der sozialen Wirklichkeit durch eine Pseudo-Personifikation mit dem Thema.» (ebd.: 120)

Dieser Umstand, dass vorhandene Emotionen durch den Agitator verstärkt werden, nennt Löwenthal «umgekehrte Psychoanalyse». Der faschistische Agitator tritt seinem Publikum mit einer Absicht gegenüber, die das Gegenteil psychoanalytischer Ziele ist: Er verstärkt systematisch die neurotischen Ängste und kognitiven Verunsicherungen. Ziel ist es, anders als bei der Psychoanalyse, den/die Anhänger/in unmündig und in Abhängigkeit zu halten. Das psychoanalytische Ziel: «Wo Es war, soll Ich werden» unterläuft die faschistische Agitation, denn das Unbewusste soll durch gesellschaftliche Kontrolle enteignet werden (vgl. Löwenthal 1982: 61f., ders. 2000: 122; Adorno 1970: 506; Dubiel 1985: 646).

Die Themen der Agitation sind entstellte Versionen echter sozialer Probleme, deren Funktion darin besteht, eine *bestimmte* Gemeinschaft zu reproduzieren. Die Themenspanne scheint innerhalb der Agitation nicht besonders groß zu sein, was nochmals zeigt, dass Populismus nicht ideologiefrei ist. Primär besteht die Agitation nicht nur in einer falschen Situationsdarstellung, sondern in der Nutzung psychologischer Faktoren: Desorientierung wird bestärkt, Irrationalität übertrieben. Die Führungsposition wird nicht aus sachlicher Überlegenheit beansprucht, sondern aus eigener Betroffenheit. Typisch ist eine Personalisierung statt der Benennung objektiver Ursachen. D.h., die häufige Rede über die Eliminierung von Personen («Merkel muss weg», «Wir werden sie jagen»[50]), vertuscht, dass es nicht um die Beseitigung von Missständen geht, die rechte Agitatoren anstreben, wenn sie die Macht dazu haben.

Löwenthal hat zu Beginn seines Buches eine fiktive Rede aus vielen Reden faschistischer Agitatoren kompiliert. Schauen wir uns heute die Inhalte rechter bis extrem rechter Reden an, so finden sich erstaunliche Überschneidungen: Aus der Rede von der Fremdsteuerung ausländischer Mächte ist heute die Rede von der Fremdsteuerung durch EU und Wallstreet geworden; aus einer Verschwörung der Eliten die Verschwörung der Volksverräter; aus der Bedrohung christlicher Freiheiten die Bedrohung Europas durch den Islam; aus dem offenen Antisemitismus ist ein sekundärer geworden, der die Schuld an Übergriffen den Juden und Israel gibt und anstelle der Forderung nach Recht, Ordnung und Anständigkeit haben wir heute einen Diskurs um Kriminalität und innere Sicherheit, um nur einige der wichtigsten inhaltlichen Parallelen zu nennen (vgl. zu den alten Inhalten Löwenthal 1982: 14–17).

Die Agitation, die Adorno und Löwenthal untersucht haben, bedient sich psychotechnischer Methoden, die auch von aktuellen Untersuchungen zum Populismus herausgearbeitet werden: ein ausgeprägter Anti-Intellektualismus, Verschwörungsdenken, der Topos vom «großen kleinen Mann» bzw. das «einfache Leute»-Prinzip. Populisten wie Agitatoren reden von gesunden Instinkten und schlichten Gemütern. Ihre Anhänger/innen seien nicht frustriert, sondern verfügten über einen gesunden Menschenverstand, der den Politiker/innen abhandengekommen sei bzw. gänzlich fehle. Dabei gibt der Agitator zu, selbst

50 «Da wir ja nun offensichtlich drittstärkste Partei sind, kann sich diese Bundesregierung […] warm anziehen. Wir werden sie jagen, wir werden Frau Merkel oder wen auch immer jagen – und wir werden uns unser Land und unser Volk zurückholen», so Alexander Gauland am Wahlabend im September 2017.

nicht alles zu wissen; betont aber seinen Sinn für das Volk (vgl. zu aktuellen Untersuchungen bspw. Lohl 2017; Butterwegge/Hentges/Wiegel 2018; Niehr/Reissen-Kosch 2019). Diese Annäherung ans ‹Volk› ist ein wichtiger Kunstgriff, um Massen zu begeistern. Sie muss aber begleitet werden von der Suggestion von Stärke und Durchsetzungsfähigkeit. Denn nur so kann der Autoritäre Zuflucht in der Autorität finden.

Zwischen Agitator und Publikum, zwischen Führer und Gefolgschaft, zwischen Sender und Empfänger besteht aus autoritarismuskritischer Perspektive eine symbiotische Beziehung. Agitator/innen müssen sich nicht verstellen, um ihr Publikum zu erreichen. Es braucht eine Identifizierung mit der bzw. die Projektion auf die Autorität (vgl. Fromm 1936: 84), damit die Dynamik zwischen Agitator und Publikum in Gang kommt. Der Führer muss daher als Über- und als Durchschnittsmensch zugleich erscheinen, «so wie Hitler als eine Verbindung von King-Kong und Vorstadtfriseur posierte», wie Adorno bemerkte (Adorno 1970: 496). Dies meint der bereits erwähnte Topos vom «großen kleinen Mann», den rechte Redner/innen als propagandistischen Trick auch heute noch benutzen. Der Führer muss nur seine eigene Psychologie geschickt einsetzen; er muss einfach nur sein Innerstes nach außen kehren (ebd.: 502f.).

Wie passt die zentrale Rolle einer anerkannten Führungsfigur für die Autoritären, die Adorno und Löwenthal herausstellten, zu der bereits weiter oben angesprochenen Bedeutungslosigkeit des Führers heute? Wir können die angesprochenen Propagandatricks in vielen aktuellen Reden rechter Politiker/innen wiedererkennen. Und die potentielle Wechselwirkung zwischen Redner/in und Anhänger/innen verweist auf die Dynamiken des Autoritarismus. Der Agitator muss die latent vorhandenen Bedürfnisse beim Publikum treffen, damit die Agitation erfolgreich ist. Zwei Tricks, auf die Autoritäre besonders anspringen, sind hier erwähnenswert: der so genannte Einheitstrick, der die Differenz von den Anderen, ‹draußen› betont und die Gemeinsamkeiten innerhalb der Gruppe übertreibt und die Gleichmacherei: ein repressiver Egalitarismus, nicht aber die Verwirklichung wahrer Gleichheit durch Abschaffung der Unterdrückung (vgl. Adorno 1970: 501).

Jan Lohl arbeitet Aspekte aktueller Reden rechter Propaganda am Beispiel von PEGIDA und der AfD heraus. Die Reden folgen stets der gleichen Struktur: Das deutsche Volk wird als Opfer einer bedrohlichen Situation dargestellt. Als Täter sehen die Agitatoren/innen Migranten/innen, politische und mediale Eliten sowie diejenigen, die für eine Erinnerung an den Nationalsozialismus eintreten. Auch Lohl spricht von einer ideologischen Verflechtung von völkischem Nationalismus, antimuslimischem Rassismus, strukturellem Antisemitismus sowie Anti-Feminismus und Maskulinismus in einem ideologischen Syndrom. Vermittelt seien diese Ideologien mit aus Modernisierungsprozessen resultierenden Konfliktlagen, also etwa im Gefühl zu scheitern, in der Angst zu versagen und nutzlos zu sein sowie in der Ohnmacht gegenüber der Forderung, sich zu perfektionieren und zu verwirklichen. Diese Aspekte werden in rechten Reden aufgegriffen. Die Schiefheilung, die die psychoanalytisch inspirierte Kritische Theorie schon für den Antisemitismus feststellte, bestehe demnach im Erleben von gesellschaftlich bedingtem Leid als individuellem Versagen und der Verschiebung dieser negativen Gefühle auf Feindbilder (vgl. Lohl 2017: 283f.); also eine Wahrnehmung, der auch die Tendenzen des neo-liberalen Kapitalismus zuarbeiten.

Rechte Akteure unterbreiten ein affektives Angebot. Es geht in den hier vorgestellten Perspektiven weniger darum, dass ihre Argumente widerlegbar sind, sondern darum, dass ihnen die Chance entzogen werden muss, Affekte zu mobilisieren. Es geht rechter Agitation nicht um überzeugendes Argumentieren, sondern um psychologische Effekte, die sich einstellen, wenn Ressentiments verbreitet oder eine Anti-Establishment-Attitüde zur Schau gestellt wird. Dieses Primat des Affektiven braucht eine Entsprechung in der politischen Auseinandersetzung: «Parteien, die dem Rechtspopulismus Aufmerksamkeit statt Verachtung widmen, dürfen von der Zivilgesellschaft nicht erwarten, dass sie rechte Personen und rechte Gewalt ächtet. […]. Daraus dürften demokratische Parteien für den Umgang mit Leuten, die solchen Parolen nachlaufen, eigentlich nur eine Lehre ziehen: Sie sollten diese Art von ‹besorgten Bürgern›, statt um sie herumzutanzen, kurz und trocken als das abtun, was sie sind – der Saatboden für einen neuen Faschismus.» (Habermas 2016: 38f.)

7.5 Kritik: Vorsicht vor der Psychologisierung

Nachfolgend möchte ich einige Kritikpunkte zusammentragen, die gegen die analytische Behandlung des Rassismus in der Kritischen Theorie vorgebracht werden können. Rassismus wird in diesem Denken zunächst als ein Aspekt unter vielen anderen möglichen Dispositionen beschrieben und bleibt so in seiner historischen Genese unterbestimmt. Darauf wurde bereits weiter oben hingewiesen. Der ausschließliche Bezug auf das Autoritarismuskonzept kann daher nur bedingt überzeugen. Die Einbeziehung gesellschaftlicher Ursachen wird zwar behauptet, aber zumindest in den *Studien zum autoritären Charakter* nicht explizit geleistet. Hier ist insbesondere auf die so genannten Leipziger-Mitte-Studien zu verweisen, die diese Lücke in ihrer Analyse der gegenwärtigen deutschen Gesellschaft zu schließen suchen (vgl. dazu bspw. Decker/Brähler 2018).

Die Einbettung des Rassismus in das Autoritarismuskonzept liefert einen Rahmen, der ein universelleres Verständnis der Bedeutung von Rassismus in der Vermittlung zwischen Subjekt und Gesellschaft ermöglicht. Dieser Kontext bietet darüber hinaus die Möglichkeit einer gemeinsamen Betrachtung von Antisemitismus und Rassismus, ohne dabei Spezifika zu nivellieren. Insbesondere im Hinblick auf die originären und historischen Entstehungsursachen des Rassismus sollte dieses Konzept aber nicht allein stehen. Die Analyse des Rassismus setzt analytisch hier erst an einem Punkt ein, wo keine Aussagen über die Entstehung des Rassismus mehr getroffen werden können. Ganz gleich, ob Rassismus wie bei Hund schon in der Antike existierte oder wie bei Miles oder Klinger in der Moderne aufkommt: Das Autoritarismuskonzept kann nur seine gegenwärtige Bedeutung erklären, was nicht unbedeutend, aber eben auch nicht hinreichend ist.

Für den Antisemitismus hat die Kritische Theorie schon in den 1940er-Jahren ein sehr elaboriertes theoretisches Konzept vorgelegt, für den Rassismus bis heute nicht. Einer Selbstkritik haben Horkheimer und Adorno (1997a [1952]) sich ausgesetzt, wenn sie selbst die Gefahr betonen, Rassismus zu pathologisieren und damit vorschnell vom Problem der Gesellschaft zur Krankheit der Einzelnen zu machen. Die Beschäftigung mit psychologischen Fragen, ersetzt nicht die soziologische Argumentation. «Wohlverstanden: Es geht nicht darum, das Auftreten totalitärer Systeme einfach psychologisch zu erklären. Die Gewalt solcher massenfeindlichen Massenbewegungen rührt von mächtigen politischen und wirtschaftlichen Interessen, und ihre Anhänger, die sich nicht umsonst Gefolgschaft nennen, sind keinesfalls ihre bestimmenden Träger. Dennoch bedürfen die Nutznießer jener Bewegungen in der modernen Massengesellschaft der Massen. Die Studien nun zeigen die unbewußten seelischen Bedingungen auf, unter denen Massen für eine Politik gewonnen werden können, die ihren eigenen vernünftigen Interessen entgegengesetzt ist.» (Horkheimer/Adorno 1997a: 361)

Die autoritäre Persönlichkeit wird im Rahmen einer Analyse der allgemeinen Subjektkonstitution konzeptualisiert. Der in dieser Aussage aufscheinende Determinismus erzwingt die Frage danach, warum nicht alle Personen innerhalb einer Gesellschaft zu Rassisten/innen oder Antisemiten/innen werden. Die Möglichkeiten reflektierten Handelns werden in der Forschung verschieden diskutiert. Gesellschaftstheoretische Theorien verbauen häufig mit einem zu starken Determinismus die theoretische und auch praktische Möglichkeit subjektiver Handlungsmächtigkeit. Gerade das Konzept eines Charakters oder einer Persönlichkeit legt die Möglichkeiten der Veränderung nicht unbedingt nahe (vgl. Adorno 1973: 8). Um diesen Kritikpunkt zu unterlaufen, schlägt Oliver Decker, ein Herausgeber der Mitte-Studien, vor, nicht mehr von autoritärer Persönlichkeit, sondern vom «autoritären Syndrom» (2018: 51) zu sprechen. Die Rede vom Syndrom statt der Persönlichkeit soll der Tatsache eines lebenslangen Prozesses der Entwicklung von Bedürfnissen und psychischen Fähigkeiten des Menschen Rechnung tragen. Das autoritäre Syndrom ist somit «Ausdruck und Folge dieser noch immer wirkenden autoritären Dynamik in der Gesellschaft» (ebd.).

Inhaltliche Kritik entspannt sich bis heute an der Diskussion, ob es einen Autoritarismus auch bei linken Personen gibt. Adorno hat dies zeitlebens bejaht. Und auch ein Blick in die Geschichte und Organisierung linker Bewegung liefert gute Gründe, die Anfälligkeit für das Autoritäre nicht allein rechts zu verorten. Zu denken wäre hier an die innerlinken Kämpfe um die Ausrichtung der geplanten Revolution im spanischen Bürgerkrieg (1936–1939), die hierarchische Organisierung «orthodoxer Linker» oder die Organisationsdebatte autonomer

Linker (AA/BO in den 1990er-Jahren) in der Bundesrepublik. Zu denken wäre auch an die verstörenden Sympathien vieler Linker für autoritäre Regime, solange diese eben nur dem Feind – U.S.A., dem Westen, der Nato – Paroli zu bieten scheinen. Wissenschaftliche Studien zum Autoritarismus sind sich uneins: Einige belegen und andere widerlegen die Annahme eines linken Autoritarismus[51]. Der Blick auf die unterschiedlichen Zielsetzungen zwischen rechten und linken Einstellungen sowie die Tatsache, dass autoritäre Aggression sich stets gegen sozial Schwächere und Minderheitenangehörige richtet, zeigt, dass zumindest dieser Aspekt des Autoritarismus ein Alleinstellungsmerkmal der Rechten ist. «Autoritäre Persönlichkeiten stehen grundsätzlich auf der Seite der politischen Macht und sind von daher in den westlichen Industrienationen politisch ‹rechts›. […] Nimmt man die Grundidee des Autoritarismuskonzeptes ernst, erklären zu wollen, warum Menschen zur Lösung ihrer individuellen Probleme Autorität suchen und sich den Herrschenden oder den Mächtigen unterwerfen, dann macht in unserer Gesellschaft die Konzipierung eines Left-Wing-Authoritarianism wenig Sinn.» (Oesterreich 1996: 60f.) Ganz so eindeutig ist diese Perspektive Oesterreichs allerdings nicht. Rechts und Links sind zunächst politische Einstellungen; Autoritarismus, wie er in den *Studien zum autoritären Charakter* untersucht wurde, ist eine Persönlichkeitsstruktur – politische Präferenzen erscheinen demgegenüber sekundär, abgeleitet, oberflächlich. In den *Studien zum autoritären Charakter* entwickelt Adorno eine Typologie verschiedener Erscheinungsformen des Autoritarismus. Und auch die Typologie des autoritären Charakters in den Studien spricht dafür, dass selbst zunächst unkonventionell erscheinende Menschen autoritär sein können. Der rebellische Typus beispielsweise ist dadurch gekennzeichnet, dass trotz aller rebellischen Inszenierungen die autoritäre Persönlichkeitsstruktur

---

51 Rokeach, Milton / Fruchter, Benjamin (1956). A Factorial Study of Dogmatism and Related Concepts. In: Journal of Abnormal and Social Psychology. 53/1956. S. 356-360. Kritisch dazu: Shils, Edward (1954): Authoritarianism ‹Right› and ‹Left›. In: Christie, Richard / Jahoda, Marie (Hrsg.): Studies in the Scope and Method of ‹The Authoritarian Personality›. Continuities in Social Research. Glencoe, Ill.: The free Press. S. 24–49. Die Uneindeutigkeit dieser Ergebnisse verweist eher darauf, dass autoritäre Persönlichkeitsstrukturen auch unter Linken zu finden sind, was aber weniger mit linken Inhalten zu tun hat, sondern mit den Personen, die Träger dieser Strukturen sind.

doch dominant bleibt. Rebellion wäre hier nicht die Suche nach Autonomie und Selbstbestimmung, sondern der Austausch der einen (schwachen) Autorität gegen eine stärkere. Adorno räumt aber selbst ein, dass der autoritär-rebellische Typ nur äußerst schwer von echten, unautoritären Reaktionen zu unterscheiden ist (vgl. Adorno 1973: 328).

8 Erklärungen des Rassismus III: Der Vorrang des Diskursiven

Die beiden nachfolgenden Theorien eint ihr Fokus auf die diskursiv vermittelte Dimension des Rassismus. Sie reagieren auf das, was in den Kultur- und Sozialwissenschaften als «linguistic turn» bezeichnet wird. Mit der in den 1980er-Jahren vollzogenen linguistischen Wende gingen die Sozial- und Geisteswissenschaften davon aus, dass Sprache nicht nur bei der Erkenntnis der Wirklichkeit helfe, sondern maßgeblich Wirklichkeit erzeuge. Philipp Sarasin schreibt zu diesem Wandel: «Trotz zum Teil gewichtigen theoretischen Unterschieden im Einzelnen konvergieren vor allem die französischen Texte in einer Auffassung des Verhältnisses von Realität und Zeichen, die dem Zeichen den bloßen Abbildcharakter abspricht und ihm im Gegenzug die Funktion der Konstruktion epistemischer Dinge – das heißt sowohl gesellschaftlicher Wirklichkeit als auch der Natur – auflädt.» (Sarasin 2001: 54)

Diskurse erzeugen Wirklichkeit durch die Zuweisung von Bedeutung, die sich aus der Relationalität zu anderen Zeichen (d.h. sinnhaften Einheiten wie Worten, Begriffen, Bildern) ergeben. Von dem Sprachwissenschaftler Ferdinand de Saussure (1857–1913) bis zu den zeitgenössischen (Post-)Strukturalisten/innen besteht die tragende Idee ihrer Theorie darin, dass Zeichen stets auf andere Zeichen verweisen müssen, um Bedeutung zu erhalten. Die Bedeutung eines Zeichens resultiert aus der Beziehung zu anderen Zeichen. Ein Zeichen selbst verweist in dieser Perspektive nie auf Realität selbst, sondern konstituiert sich ausschließlich über den wechselseitigen Verweis auf ein anderes Zeichen. Strukturalistisch denken heißt hier vor allem, in Beziehungen zu denken (vgl. de Saussure 2001: 138). Diesen Zeichen wird nicht nur Abbildcharakter, sondern Konstruktionscharakter zugesprochen. Mit anderen Worten: Aussagen eines Diskurses verweisen stets auf andere Aussagen und vergegenständlichen sich konkret als Wirklichkeit. Diese Perspektive ermöglicht es nicht nur, die Vermittlung zwischen Strukturen und Subjekten sowie zwischen Subjekten zu verstehen, sondern auch, wie sich soziale Verhältnisse reproduzieren.

Insbesondere unter dem Einfluss des Poststrukturalismus (z.B. Michel Foucault, Jaques Derrida, Jaques Lacan) wurde die Auffassung zentral, dass von der Vorstellung, Wahrheit und Wirklichkeit entdecken zu können, abzurücken sei. So geht es Foucault darum, zu zeigen, «wie ein Anspruch auf Geltung von Aussagen in einem Gegenstandsbereich mit Hilfe von Macht durchgesetzt wird» (Junge 2009: 308).

8.1 Die Cultural Studies

Die britischen Cultural Studies[52] (nachfolgend CS), auf die sich in diesem Abschnitt konzentriert werden soll, sind ein Forschungsprojekt am so genannten Birminghamer Centre for Contemporary Cultural Studies (nachfolgend CCCS), welches die Bedeutung der Kultur in Alltagspraxen seit den 1960er-Jahren untersucht. Die CS eignen sich für die Überleitung von den materialistischen zu den diskurstheoretisch orientierten Ansätzen, weil sich an ihnen dieser Wandel in der Rassismusforschung selbst nachvollziehen lässt. Der bedeutsame Sammelband *The Empire Strikes Back* (1982) war noch stark der materialistischen Perspektive verpflichtet, während Stuart Hall (1939–2014) in einer deutlich späteren Arbeit das theoretische Vermächtnis der CS als «eine diskursive Formation im foucaultschen Sinne» (Hall 2004: 35) einordnet. Neben Stuart Hall sind es William Hoggart, Angela McRobbie, Raymond Williams, Paul Gilroy oder John Solomos, die beispielhaft für dieses politisch orientierte Projekt stehen.

Gerade dieser Anspruch, auch politisch zu wirken, stellt ein theoretisches Projekt vor das Problem, die gegenläufigen Ziele von Theorie und Praxis zu vermitteln. Hall formuliert dies so: «Hier macht sich die Spannung bemerkbar zwischen der Weigerung das Feld abzuschließen, einzugrenzen, es zu kontrollieren und der gleichzeitigen Entschlossenheit, einige Positionen darin zu markieren und für sie einzutreten. [...] Ich glaube nicht, dass Wissen abgeschlossen ist, aber ich glaube, dass Politik unmöglich ist, ohne etwas, dass ich ‹willkürlichen Abschluss› (arbitrary

52 Es gibt viele weitere Theorieprojekte in Großbritannien, den USA, Australien oder Europa, die sich Cultural Studies nennen. Einen guten Überblick bietet der Band *Schlüsselwerke der Cultural Studies* (2009) von Andrea Hepp, Friedrich Krotz und Tanja Thomas.

closure) genannt habe […].» (Hall 2004: 36) Das heißt beispielsweise, dass bestimmte Positionen – entgegen der wissenschaftlichen Offenheit – als abgeschlossen ausgewiesen werden müssen, um politische Forderungen aufzustellen. Gleichzeitig verlangt die akademische Eingebundenheit politische Mäßigung. Als Leitlinien seiner eigenen Arbeit nennt Hall ein Bewusstsein darüber zu entwickeln, dass intellektuelle Arbeit tödlicher Ernst ist und dass es einen Unterschied zwischen intellektueller und akademischer Arbeit gibt (vgl. ebd.: 49–51).

Die theoretischen Bezugspunkte liegen vor allem bei Karl Marx, Louis Althusser, Antonio Gramsci und Jaques Lacan; nicht aber in dem Sinne, als dass sich die CS auf diese Denker berufen würden, sondern sie zum Gegenstand ihrer theoretischen Abarbeitung machen. Nie haben diese Denker mit dem Anliegen der CS perfekt zusammengepasst. Marx wird von Hall beispielsweise eine unterkomplexe Beschäftigung mit den Untersuchungsobjekten Kultur, Ideologie, Sprache und dem Symbolischen vorgeworfen. Auch lehnen die CS, wie das PIT, Marxens Konzept des falschen Bewusstseins und die Vorstellung ab, dass der Kapitalismus sich quasi organisch aus seinen eigenen Transformationen entwickle. Vielmehr, so ihr Einwand, wurde der Kapitalismus anderen Gesellschaften durch Eroberung und Kolonialismus aufgezwungen. Den härtesten Vorwurf gegen Marx formuliert Hall allerdings, wenn er dessen Theorie als eurozentrisch bezeichnet (vgl. ebd.: 38f.). Auch Gramsci wird scharf kritisiert, obwohl dessen Hegemoniekonzept und die Vorstellung von «organischen Intellektuellen» für die CS wichtig wurden.

Hall identifiziert zudem zwei «Unterbrechungen» der Arbeit der CS: den Feminismus und den Kampf gegen den Rassismus. Beide Einflüsse sozialer Bewegungen sind sodann zu einem zentralen theoretischen Gegenstand der CS selbst geworden. Die feministische Intervention reorganisierte die theoretischen Annahmen der CS gewissermaßen mit fünf Perspektiven neu: das Private ist politisch aufzufassen; der Machtbegriff ist zu erweitern; Geschlecht und Sexualität sind zentral für das Begreifen von Macht; die Rückkehr von Subjektivität und Subjekt in die Analysen und die Re-Integration der Psychoanalyse in die Sozialwissenschaften (vgl. ebd.: 40–44). Und auch die zweite Unterbrechung, der Widerstand gegen den Rassismus, «repräsentierte eine entscheidende Wende in meiner eigenen theoretischen und intellektuellen Arbeit», so Hall (ebd.: 44). Die Arbeiten *Policing the Crisis* (1978) und *The Empire Strikes Back* (1982) stellen den Beginn dieser Integration einer systematischen Untersuchung des Rassismus am CCCS dar. Insbesondere Medien als Reproduzenten von Rassismus sind zum Gegenstand der Untersuchung geworden, weil auch die CS davon ausgehen, dass sich in ihnen Macht über die Konstitution von Bedeutungen spiegelt. Für die britische Gesellschaft konstatieren die Cultural Studies, dass der Rassismus aufgrund des historischen Kolonialismus tief verwurzelt ist. Auch betonen die CS, dass der Rassismus wandelbar ist und sich bestimmte Vorstellungen und Argumente vor dem Hintergrund der aktuellen politischen und sozialen Situation anders arrangieren (vgl. Hall 2004: 44f.).

Als eine weitere «Störung» der theoretischen Gewissheiten des CS bezeichnet Hall den sogenannten «linguistic turn»: «die Anerkennung der Textualität und der kulturellen Macht der Repräsentation selbst, als ein Ort der Macht und Regulation; des Symbolischen als einer Quelle von Identität» (ebd.: 45) sind das Ergebnis der Begegnung der CS mit der strukturalistischen und poststrukturalistischen Theorie.

8.1.1 Der Übergang von Materiellen zum Diskursiven

1982 noch beschreiben die CS in der Einleitung von *The Empire Strikes Back* das Problem des Rassismus wie folgt: «Wir plädieren für eine Konzeption des Rassismus, die eher historisch als soziologisch ist. So wie marxistische Darstellungen der historischen Verbindungen zwischen den spezifischen politischen Strukturen, die sich im ‹kapitalistischen Staat› konzentrieren, und dem Verlauf der kapitalistischen Entwicklung den dynamischen Charakter der politischen Beziehungen betont haben, so argumentieren wir, dass die Verbindungen zwischen Rassismus und kapitalistischer Entwicklung komplex und durch die spezifischen sozio-politischen Umstände, unter denen sie funktionieren, geprägt sind.» (Solomos et al. 1982: 11) Ethnische und rassistische Herrschaftsformen, so die Autoren/innen weiter, sind durch die politischen und ökonomischen Kräfte in den jeweiligen Gesellschaften bestimmt und nicht durch exogene Faktoren.

Auch die CS betonen in dieser frühen Auseinandersetzung mit dem Rassismus, dass rassistische Herrschaftsformen nicht linear sind, sondern Brüchen und Konjunkturen unterliegen (vgl. ebd.: 12, 14). Entsprechend bedeutsam sind für die CS die damaligen Veränderungen, die erstens der Kapitalismus von einem interventionistischen zu einem technokratischen durchlaufen hat (ebd.: 16), zweitens die Herausbildung eines staatlichen Autoritarismus in kapitalistischen Demokratien mittels eines Anstiegs von Überwachung und sozialer Kontrolle[53] sowie drittens die Analyse einer Hegemoniekrise des politischen Systems (ebd.: 19).

Im Zusammenhang mit den sogenannten «Race Riots»[54] wurden Gewalt, Recht, Ordnung und Freizügigkeit in den 1970er-Jahren in Großbritannien zu den zentralen Themen aller politischen Parteien und der Medien (vgl. Solomos et al. 1982: 21f.). ‹Rasse› wurde in diesem Zusammenhang zum Schlüsselkonzept, um die Krise zu erklären. Von einer Krise der britischen Lebensweise («crisis of the British way of life») waren vor allem die Autoritären überzeugt, die nicht nur die öffentlichen Räume, die Sozialfürsorge, die Schulen und die Wirtschaft, sondern vor allem die Familien durchdrungen haben (vgl. ebd.: 24). Damals sind es aus Sicht der Autoritären Frauen, Homosexuelle, Gewerkschafter/innen, Studierende, Arbeitslose usw. gewesen, die als «innere Feinde» einen Kampf gegen Großbritannien führten und damit die «outside force» der Schwarzen ergänzten und tatkräftig unterstützten (ebd.: 26). Auch in Deutschland lässt sich derzeit eine autoritäre Sehnsucht beobachten (vgl. dazu Heitmeyer 2018), die sich in dem Ruf nach Bewahrung der deutschen Identität, nach eindeutigen Geschlechtszuordnungen, nach Ordnung, nach Rechtsstaatlichkeit (an den deutschen Grenzen) und der Angst vor Kriminalität ausdrückt. Der äußere Feind sind geflüchtete Menschen, die mit

---

53 Damit ist im Speziellen bei den CS, in Anlehnung an Nicos Poulantzas, eine erhöhte Kontrolle über Bereiche des sozioökonomischen Lebens gemeint, der Niedergang der Institutionen der politischen Demokratie sowie eine Einschränkung formaler Freiheiten (vgl. Solomos et al. 1982: 17).

54 Als «Race Riots» werden häufig die gewalttätigen Unruhen in Großbritannien bezeichnet – u.a. in Notting Hill 1958, Southall 1976, Brixton und Bristol 1981. Solomos u.a. kritisieren an den populären Deutungen dieser Unruhen als ‹Rassen›-Unruhen, wie angebliche ‹rassische› und/oder kulturelle Konflikte sowohl das Geschehene als auch das Zukünftige systematisieren und zu erklären beanspruchen (vgl. Solomos et al. 1982: 28).

ihrer ‹Andersheit› sämtliche Belastungsgrenzen sprengen, wie es im Jargon nicht nur der Autoritären heißt. Als innerer Feind gelten Einzelpersonen und politische Entscheidungsträger/innen, die pluralen Lebensformen durch beispielsweise Gesetze und soziale Praxen zu mehr Akzeptanz verhelfen wollen.

Überlegungen, wie sie in *The Empire Strikes Back* dargelegt wurden, sind zweifelsfrei noch vor der Berührung mit den diskurstheoretisch orientierten Ansätzen entstanden. Der Rückgriff auf die diskurstheoretischen Konzepte verabschiedet nicht vollständig die materialistischen Analysen zum Rassismus. Hall sieht stattdessen ein sprachwissenschaftliches Verständnis von Diskurs als theoretische Erweiterung seiner Analysen an. Vielmehr seien alle menschlichen sozialen und kulturellen Praxen diskursive Praxen (vgl. Hall 2018: 69). Zentral für Halls Untersuchungen sind fortan vor allem kulturelle Praxen in Verbindung mit verschiedenen (populär-)kulturellen Materialien – dazu zählen Filme, Literatur, Bilder, Berichterstattungen der Presse usw. –, die auf die Herausstellung von impliziten bzw. verdeckten Rassismusformen, d.h. die naturalisierenden Repräsentationen in Form von Tatsache oder Fiktion, zielen.

‹Rasse› wird, wie in den anderen hier bislang behandelten Ansätzen auch, nicht als biologische Kategorie, sondern als eine diskursive betrachtet. Mittels der biologischen Betrachtung von ‹Rasse› werden naturalisierende Reduktionismen behauptet, kritisieren die CS. «Unterscheidungen nach physischen Charakteristiken – Hautfarbe, Haarform, physische und körperliche Eigenschaften als symbolische Markierungen» (Hall 1994: 207) werden zur Konstruktion von Gruppen benutzt. Entsprechend sind für Hall schwarz und weiß nicht natürlich, sondern in politischen und kulturellen Zusammenhängen konstruiert. Hall spricht von einer «Grammatik der Rasse» in ihren verschiedenen Elementen (vgl. Hall 1982: 527).

Als Bedeutungssystem ermögliche Rassismus «die Welt zu strukturieren und bedeutungsvoll zu klassifizieren» (Hall 2018: 57). Er helfe dabei, die Welt in definierten rassistischen Begriffen wahrzunehmen. Diese rassistisch definierten Begriffe stehen an unüberschreitbaren symbolischen Grenzen, die Ausdruck davon sind, wer dazu gehört und wer nicht. Charakteristisch für den Rassismus ist es, so John Solomos, «das Selbst als genetisch bestimmt zu betrachten, anstatt als kulturell vermittelt – ein Selbst, das Gestalt annimmt in dem, was uns als das ‹Natürlichste› und Unmittelbarste erscheint: im Körper.» (Solomos 2002: 158) Der Körper wird zum Träger des Reinen bzw. Unreinen und zum «Schauplatz und Ziel für Strategien der Normalisierung und Disziplin» (ebd.). Diese Definition ist eine sehr klassische Definition des Rassismus, die auf die somatisch-genetische Grundierung des rassistischen Denkens und auf das Gewordensein von Menschen im Rahmen der Sozialisation verweist.

8.1.2 ‹Rasse› als diskursives System

Ich will den Schwerpunkt der folgenden Überlegungen Halls zu ‹Rasse›, Ethnizität und Nation auf drei Vorlesungen – die «Du Bois Lectures» – legen, die unter dem Titel *Das verhängnisvolle Dreieck* 2018 auch einem deutschsprachigen Publikum zugänglich gemacht wurden. Diese Vorlesung hielt Hall 1994 in Harvard. Zur Diskussion stehen für Hall in seinen Überlegungen zu ‹Rasse› folgende Themen: Wie ist mit den biologischen Spuren des Rassendiskurses umzugehen? (vgl. Hall 2018: 63) Warum leben die rassistischen Klassifikationssysteme trotz des unabweisbaren Befundes, dass es keine ‹Rassen› gibt, fort? (ebd.: 66) Wie funktioniert ‹Rasse› im sprachwissenschaftlichen Verständnis als Signifikant (das in der Wirklichkeit keine reale Entsprechung hat) «gegenüber ihrer tödlichen Funktion in der Wirklichkeit und ihren realen Auswirkungen»? (ebd.: 67) Was ist auf die Behauptung zu erwidern, dass «wir einfach nur unseren Augenschein heranziehen müssen, um die Einschreibung rassischer Differenzen in Hautfarbe, Haarwuchs und Körperbau – an der Physiologie, Morphologie und der Melaninzusammensetzung – diverser menschlicher Gruppen, die sich auf Grundlage dieser Differenzen auf nur allzu vorhersehbare Weise untereinander verhalten, sehen […] können»? (ebd.: 68)

Sein Verständnis von ‹Rasse› formuliert Hall vor dem Hintergrund dieser Themen wie folgt: «Der Offensichtlichkeit all dieser Punkte aus der Perspektive des Alltagsverstandes [damit ist die zuletzt genannte Frage gemeint, U.M.] möchte ich dennoch das skandalöse Argument entgegenhalten, dass Rasse gesellschaftlich, historisch und politisch gesehen ein Diskurs ist, dass sie wie eine Sprache funktioniert, wie ein gleitender Signifikant, dass ihre Signifikanten nicht auf genetisch verbürgte Tatsachen, sondern auf jene Bedeutungssysteme referieren, die in den

Klassifikationen der Kultur fixiert worden sind, und dass diese Bedeutungen reale Konsequenzen nicht etwa aufgrund irgendeiner Wahrheit zeitigen, die ihrer wissenschaftlichen Klassifikation inhärent ist, sondern aufgrund des Willens zur Macht und des Wahrheitsregimes, welche in den sich wandelnden Diskursbeziehungen institutionalisiert sind, die solche Bedeutungen mit unseren Begriffen und Ideen im Signifikationsfeld herstellen.» (Hall 2018: 68)

Ich werde zum Verständnis dieses Zitates den diskurstheoretischen Begrifflichkeiten – das sind Diskurs, Signifikant, Bedeutungssystem, Wahrheit, Wille zur Macht, Wahrheitsregime, Signifikationsfeld – im Folgenden nachgehen. Ein rassistischer Diskurs formiert gewissermaßen die biologischen Unterschiede zwischen Menschen und macht sie so erst bedeutungsvoll. Weder behauptet Hall also, dass rassistische Klassifikationssysteme ein Abbild biologischer Differenzen geben, noch, dass äußere Unterschiede zwischen Menschen sich auf einer rein textuellen oder sprachlichen Ebene vollziehen und keine materielle Entsprechung haben. Hall sagt, dass es «natürlich materielle Differenzen aller Art in der Welt gibt» (Hall 2018: 72). Erst wenn man anfängt, solche Unterschiede zu ordnen und zu klassifizieren, erhalten sie Bedeutung. Erst der Diskurs erschafft die ‹Rasse›, von der doch ständig behauptet wird, sie sei in der Natur vorfindbar und entsprechend vom klassifizierenden wissenschaftlichen Blick erkenn-, entdeck- und beweisbar. Der rassistische Diskurs greift nur bestimmte somatische Unterschiede heraus und lässt andere unerwähnt; das hat auch Robert Miles schon gezeigt, wenn er schreibt, dass nicht alle körperlichen Merkmale zum Bedeutungsträger werden.

Die Beschreibung des Körpers ist immer sozial eingebettet; d.h. seine Beschreibung ist von der diskursiven Position bestimmt. Mit einem diskursiv orientierten Rassismusbegriff wird die Frage nach der Wahrheit von ‹Rasse› irrelevant. Hall will den Begriff der Natur nicht ganz aufgeben, kann aber über ihren Ursprung nichts sagen. Die Frage danach, ob es einen prädiskursiven (nicht rassifizierten) Körper gab, ist nicht zu beantworten und kann sich daher «nur» mit den Folgen der Naturalisierung des Sozialen beschäftigen. Das heißt, die diskursorientierte Rassismusforschung hinterfragt jene gesellschaftlichen Prozesse und Mechanismen (Wissensgestalten), die Menschen glauben lassen, etwas sei natürlich (wie ‹Rasse›), während es doch sozial produziert ist. Eine dieser Wissensgestalten ist seit der Aufklärung die Wissenschaft als «Trägerin der Imperative der Wahrheit» (Hall 2018: 75).

Worum es Hall also geht, ist zu verdeutlichen, dass erstens die natürlich vorfindlichen Differenzen zwischen Menschen im (rassistischen) Diskurs bedeutsam gemacht werden und – das ist der zweite wichtige Punkt – diese für die Konstruktion von ‹Rasse› hervorgehobenen Differenzen über den Einflüssen von Geschichte und Kultur auf Menschen stehen. Bis hier deckt sich sein Verständnis von Rassismus mit dem anderer Rassismustheoretiker/innen, die Rassismus als Praxis definieren, die zunächst eine Rassenkonstruktion durch die willkürliche Festsetzung bestimmter Merkmale als ‹rassisch› entscheidend vollzieht, auf welche die Behauptung von bestimmten Eigenschaften und Entwicklungsmöglichkeiten der so identifizierten ‹Rasse› folgt.

Als die Europäer/innen in Kontakt mit anderen Kulturen kamen, haben sie sich die Frage gestellt, ob es sich bei den Menschen, die sie trafen, um echte Menschen handeln würde. ‹Rassische› Differenz wurde zunächst an der Gegenüberstellung von ‹den Europäer/innen› und ‹den Anderen› behauptet. Mit der Aufklärung wurde die bis dahin verbreitete binäre Unterscheidung durch die Einstufung in unterschiedliche Zivilisationsgrade erweitert: «Erst mit der Aufklärung – unter deren panoptischen, universalistischen Blick alle Abstufungen menschlicher Differenz im Diskurs der Naturphilosophie als Teile eines einzigen Systems repräsentiert wurden – ging die diskursive Kennzeichnung von Differenz an einen neuen Ort über […].» (Hall 2018: 76) Sie unterschied nun nach diversen Graden, Stufen, Niveaus von «‹Zivilisation› und ‹Barbarei›» (ebd.: 76f.) innerhalb eines einzigen Klassifikationssystems. Nicht die Wissenschaft selbst ist für Hall das Problem, sondern ein Diskurs in ihr, der die Wahrheit einer menschlichen Kultur sucht. Die Wissenschaft (wie auch die Religion) will etwas abschließend fixieren, was nicht abschließend zu fixieren ist (vgl. ebd.: 78).

Hall wendet sich nun dem postmarxistischen/poststrukturalistischen Politikwissenschaftler Ernesto Laclau (1935–2014) zu und nutzt dessen Überlegungen, um zu verstehen, warum sich die Vorstellung des Biologischen auch im neo-rassistischen Diskurs so hartnäckig hält. Zentral ist hierbei Laclaus Begriff der Äquivalenzketten. Der Begriff der Äquivalenzkette erfasst scheinbar selbstverständliche gedankliche Verknüpfungen im

Alltagsbewusstsein. Im Fall des Rassismus ist es die Verknüpfung von Natur und Kultur. Um Hegemonie herzustellen, sind Äquivalenzketten, die solche Verbindungen suggerieren, sehr wichtig. Der Begriff der Hegemonie wurde zuerst von dem italienischen Neomarxisten Antonio Gramsci (1891–1937) eingeführt. Hegemoniekritik analysiert die Zustimmung zur abhängigen, subalternen und ausgebeuteten Lebensweise: Warum unterwerfen sich Menschen freiwillig einer Herrschaft? Damit Menschen in einer Gesellschaft rassistische Teilungen akzeptieren, ‹erklären› hegemoniale (rassifizierende) Diskurse beispielsweise, warum wer an welchem Platz in einer Gesellschaft ist. Die ‹rassische› Repräsentierung der Menschen in einer Gesellschaft erscheine mittels Naturalisierung, also «kraft der Natur als gerechtfertigt, verbürgt und somit als dauerhaft, fixiert, unbeweglich und transhistorisch» (Hall 2018: 80). Weil diese Verknüpfung von Natur und Kultur im rassistischen Diskurs so stark ist, ist es nach Hall sehr unwahrscheinlich, dass das Biologische gänzlich aus dem rassistischen Diskurs verschwinden kann. Hall unterstreicht hier die Bedeutung des biologistischen Arguments auch für den Neo-Rassismus, der sich zwar vorrangig auf Kultur beruft, aber nicht ausschließlich.

Hall stellt viele Überlegungen zu der Frage an, warum gerade die Hautfarbe zum entscheidenden Differenzierungsmerkmal zwischen den konstruierten ‹Rassen› wurde. Eine naheliegende Antwort des Alltagsbewusstseins verweist auf ihre Großflächigkeit und eindeutige Sichtbarkeit für das menschliche Auge. Hall, der an dieser Stelle auf das berühmte Buch von Frantz Fanon *Schwarze Haut, weiße Masken* (2016 [1952]) zurückgreift, zeigt, wie auch schwarze Menschen den Blick des «weißen Auges» übernehmen und ihrem Körper selbst einem rassifizierenden Blick unterwerfen. «Diese Zersplitterung ins Dinghafte, die Fixierung der schwarzen Person in der weißen Maske als Ergebnis des Blicks wird von demjenigen erzeugt, was Fanon sehr beredet als Prozess der *Epidermisierung* bezeichnet – die Einschreibung rassischer Differenz in der Haut.» (Hall 2018: 83; Herv.i.O.) Diese «Epidermisierung» (Fanon 2016: 11) bilde schließlich den Endpunkt der Wahrheit dessen, was über ‹Rasse› gewusst wird. Der schwarze Körper fixiert die Bedeutung von ‹Rasse› als «transzendentaler Signifikant» (Hall 2018: 84).

Um zu verstehen, was mit transzendentaler Signifikant gemeint ist, muss zunächst geklärt werden, was die Semiotik, die dem Strukturalismus und auch dem Post-Strukturalismus zugrunde liegt, unter Signifikant, Signifikat und Zeichen versteht. Signifikant bezeichnet einen Bedeutungsträger: ein Element mit Bedeutung. Ein Signifikat ist diese Bedeutung; ein Zeichen kombiniert Signifikant und Signifikat zu einem Element mit Bedeutung. Diese Zeichen stehen nie für sich allein; sie verweisen immer auf andere Zeichen. Wenn der schwarze Körper ein Signifikant ist, ist eine beispielsweise spezifische rassistische Zuschreibung seine Bedeutung. Als Zeichen verweist der schwarze Körper auf einen weißen Körper, sonst wäre das Spezifikum des Schwarzseins völlig irrelevant. Weil allerdings Hautfarbe, Haarwuchs oder Körperbau – oft ‹logischer›, weil sichtbarer Ausgangspunkt von Rassifizierungen im Alltag – selbst nur ein Bedingtes sind – nämlich Produkt des genetischen Codes – sind sie nach Hall «selbst nichts anderes als die Signifikanten eines unsichtbaren Codes» (ebd.): der Gene, die sich der Alltagswahrnehmung entziehen und nur den Naturwissenschaften zugänglich sind. Aber: Was das Alltagsbewusstsein sieht, gilt als wahr.[55] Aneinandergereiht wie Perlen in der Äquivalenzkette, so Hall, verbänden sich Hautfarbe, Haarwuchs und Körperbau mit Differenzen in der Kultur, den intellektuellen Kompetenzen, Temperamenten, gesellschaftlichen Errungenschaften usw. Diese Äquivalenzketten machten auf einer diskursiven Ebene die Verbindung von Physiologie und Kultur wirksam. Zivilisation oder Barbarei werden demnach zu einem logischen Abbild der Biologie. Es sind diese sozialhistorischen Assoziationen in den Äquivalenzketten, die nach Hall den Einfluss naturwissenschaftlicher Erkenntnisse, die besagen, dass es keine ‹Rasse› gibt, so unwirksam machen (vgl. Hall 2018: 85f.).

Hall kritisiert an W.E.B. Du Bois (1868–1963), dass dieser in einer seiner frühen Kritiken des Rassismus zunächst von einer «rassischen Essenz» ausgegangen sei. Du Bois hatte auf der Ebene des Sozialen, Historischen und Kulturellen etwas Einzigartiges bei jeder ‹Rasse› angenommen – eine «jeweilige Botschaft, ihr jeweiliges Ideal» (Du Bois 1897, zit. nach Hall 2018: 87). Hall kritisiert v.a. den teleologischen Gehalt

55 Hall bemerkt, dass sich an dieser Stelle der Rassismus und Sexismus sehr nahekommen, weil auch der Sexismus die Unterschiede den evidenten Unterschieden der Körper entnimmt und sogleich «soziale und kulturelle Bedeutungen auf biologische Weise zu fixieren sucht» (Hall 2018: 90).

dieser Überlegung des jungen Du Bois. Überzeugender sind für Hall die späteren Schriften Du Bois', in denen das kollektiv geteilte Schicksal der schwarzen Völker in der Sklaverei, ihre Rassifizierung und das lange Gedächtnis daran sozialhistorisch und kulturell bedeutsam sind und nicht die Vorstellung einer «essentielle[n] Botschaft, ihre[r] ‹Negro Message›» (Hall 2018: 87). Innerhalb des Rassediskurses kann das Biologische gar nicht das leisten, was es im Diskurs vorgibt zu leisten. Die biologische Ebene kann nicht gesichert kulturelle oder beispielsweise ökonomische Unterschiede auf Vererbung zurückführen. Sie kann auch nicht bestimmte emotionale oder kognitive Eigenschaften von Bevölkerungsgruppen fixieren. Weitaus wirkungsvoller ist es, Differenzen als diskursive Objekte zu konstruieren. Erst der diskursive Gebrauch der Unterschiede zwischen den Menschen ermöglicht alle Arten diskursiver Arbeit auf der Ebene des Alltagsverstandes. Gerade diese unbewussten Wissensformen sind nach Hall gefährlicher und am beständigsten (vgl. ebd.: 88f.).

Hall zeigt, wie wir noch so oft in antirassistischer Absicht die Existenz von ‹Rassen› leugnen können, aber die diskursiv hergestellten Äquivalenzketten machen die ‹Rasse› real. «[...] sie hat auch genau aus diesem Grund eine Wirklichkeit (obgleich sie eigentlich ‹nur ein Diskurs ist›), da sie rassische Effekte zeitigt – materielle Effekte in Bezug darauf, wie Macht und Ressourcen verteilt werden, symbolische Effekte darauf, wie Gruppen im Verhältnis zueinander hierarchisiert werden und psychische Effekte, die den Innenraum der Existenz jedes Subjekts bilden, das von ihr konstituiert wird und ins Spiel ihrer Signifikanten verstrickt ist.» (Hall 2018: 90) Das ist die Materialität des Diskurses von der nicht nur Hall spricht, sondern auch die im nächsten Abschnitt vorgestellte Kritische Diskursanalyse. Die Identität eines Menschen wird nicht durch seine Hautfarbe geprägt, wohl aber vom gesellschaftlichen Diskurs um Hautfarbe und die konkreten Konsequenzen, die mit diesem Diskurs verbunden sind.

Zusammenfassend lässt sich festhalten, dass Rassismus aus Halls Perspektive dazu dient, Menschen zu platzieren und sie in den ihnen zugewiesenen Identitäten zu fixieren. Rassismus polarisiert und spaltet durch seine Simplifizierungen die Kulturen. Er betont die Unterschiede und spielt Gemeinsamkeiten herunter. Dabei wird der Andere stets zur Formierung des Eigenen benötigt. Diese Formierung des Anderen bezeichnet Hall in Anlehnung an Fanon als «symbolische Gewalt». Rassismus setzt Grenzen und hilft so, Innen und Außen getrennt zu halten. Rassismus kann das Gefährliche, Bedrohliche, Beängstigende und Phobische nach außen verweisen. Was da genau hin- und hergeschoben wird, kann sich historisch ändern, weshalb Hall ‹Rasse› als «gleitenden Signifikanten» bezeichnet (vgl. Hall 2018: 92f.). Dennoch ist in diesen Projektionen immer auch etwas Nostalgisches bewahrt; eine Nostalgie «die nie weit entfernt ist und das heimliche Begehren der sogenannten zivilisierten Gesellschaften nach der erotischen Macht des Körpers, nach einem Repertoire an emotionalen Ausdrucksmitteln, nach würdevoller Leidensfähigkeit und rhythmischer Kraft – also nach essentieller Differenz – einschreibt, die in der ‹zivilisierten Welt› offenbar verloren gegangen ist» (Hall 2018: 94). Dass Begehren, Gewalt und Auslöschung in der Projektion nah beieinanderstehen, hat die Antisemitismusforschung vielfach gezeigt (vgl. dazu bspw. Pohl 2010). Diese Angewiesenheit des ‹Eigenen› auf das ‹Andere› im Rassismus mittels der essentialisierenden Projektion sollten antirassistische Politiken und solche des Widerstandes bedenken und nicht affirmieren. Vielfach, so Halls Kritik, verwenden auch antirassistische und Widerstandspolitiken einen essentialisierenden Rassebegriff, wenn sie die negativen Zuschreibungen der Rassisten/innen einfach positiv wenden und Schwarzen eine «positive, besondere, privilegierte oder sogar exzeptionelle Stellung in der Menschheitsgeschichte» (ebd.: 95) zusprechen, welche durch das biologische Erbe weitergegeben wird, wie es einst die Négritude-Bewegung tat. Die politischen und sozialen Auswirkungen von solchen Politiken und Bewegungen, die sich essentialistisch fundieren, sind problematisch, weil sie in den Logiken des Rassismus selbst verbleiben und somit kontraproduktiv sind.

8.1.3 Identität und Differenz

Im vorherigen Abschnitt wurde gezeigt, dass ‹Rasse› Teil eines diskursiven Systems ist. Als solches unterhält es Beziehungen zu anderen Formen kultureller Differenz. Zu diesen Formen gehört auch die Ethnizität als Kategorie, die – anders als die Kategorie ‹Rasse›, die eine biologische Differenzierung ist – für eine kulturelle Differenzierung von Menschen steht. Der Begriff Ethnizität ist deshalb kein unproblematischer Begriff, da er wie ‹Rasse› Teil eines Differenzdiskurses ist und zu Ausschlüssen sowie falschen Verallgemeinerungen führen kann. Vielmehr gilt er vielen als Ersatzbegriff für den Tabubegriff ‹Rasse›, ohne sich von den inhaltlichen Vorstellungen von ‹Rasse› abzuwenden.

Bevor sich dieser Problematik zugewandt wird, will ich Halls grundsätzliche Auffassung über Differenzdiskurse etwas vertiefen. Differenzdiskurse vollziehen sich auf dem «Feld der Herstellung bedeutungsvoller Unterscheidungen» (Hall 2018: 102). Sie sind mit Macht verbunden, die zu realen und symbolischen Unterordnungen führen. Interessant sind für Hall die Unterscheidungen, die von westlichen oder weißen Identitäten getroffen werden und die die Andersheit ihres Gegenübers beispielsweise als ‹Barbaren› im Kontrast zu den ‹Zivilisierten› konstruieren. Hall nennt dies einen Euro- oder Westzentrismus, in dem der Rassendiskurs den Körper des Anderen pathologisiert und fetischisiert. Aus der Einsicht, dass ‹Rasse› keine Fundierung in der Natur findet, sondern ein diskursives Produkt zur Konstruktion von Andersheit ist, das historisch und kulturell gewachsen ist, bietet sich intuitiv ein Begriff an, der diese gewachsene kulturelle Differenz zu fassen scheint: Ethnizität. Dieser Begriff fasst bestimmte Arten der Differenz, wie Sprache, Traditionen, religiöse Überzeugungen, Sitten usw. (vgl. ebd.: 102–104).

Seit seiner Einführung in den 1960/70er-Jahren war der Begriff Ethnizität in den US-amerikanischen Sozialwissenschaften umstritten, was nicht verhindert hat, dass er in anderen Ländern v.a. im politischen Kontext verwendet wurde und wird. Der Begriff der Ethnizität steht bildlich gesprochen zwischen ‹Rasse› und Nation. Aber er löst nicht die Probleme, die das Konstrukt der ‹Rasse› hervorgebracht hat. Denn auch Ethnizität bietet für rechte Diskurse die Möglichkeit, diese Kategorie, genau wie die der ‹Rasse›, zu essentialisieren und so ein Prinzip der Reinheit zu propagieren. Im Zusammenhang mit aktuellen politischen Debatten um eine ‹Überfremdung› und/oder ‹Islamisierung› Deutschlands wird der Verlust der ethnokulturellen Identität befürchtet. So heißt es bei der extrem rechten Identitären Bewegung/Deutschland in einem Artikel mit dem Titel *Warum wir Identitäre nicht nationalistisch sind!* (o.J.): «Jedes Volk Europas wird zwischen den liberalistischen Walzen der Masseneinwanderung, des Konsumwahns und des Werteverfalls zerrieben. Alle europäischen Völker verlieren ihre Identität und vergessen ihre Geschichte und ihre Kultur. Niemals war es wichtiger, dass die Europäer sich als solche begreifen und sich nicht durch nationalistische Ressentiments bei der Findung eines gemeinsamen und starken Überlebenswillens selbst im Wege stehen.» (Identitäre Bewegung o.J./a) Was durchaus verwundert, ist die Zurückweisung des Nationalismus durch die Identitären. Das heißt aber nicht, dass sie nicht an scheinbar natürlich verbürgte Gemeinschaften glauben. Ihre regionale, nationale wie auch europäische Identität definieren sie «nicht bloß anhand von Staatsgrenzen, Landesfarben und Nationalstaats-Angehörigkeit, sondern ethnisch und kulturell». Diese drei Identitäten müssten sich vielmehr in einem Gleichgewicht halten. Wie auch die rechte, ethnopluralistische Rede davon ausgeht, dass alle Völker gleichwertig und zu schützen sind, so sind es auch die Identitäten, die gleichgestellt sind. Jede Überbetonung der einen Ebene wird als schädlich für die anderen Ebenen erachtet, so einer der führenden Akteure der Identitären Bewegung/Österreich Martin Sellner (vgl. Sellner 2016). «Ethnokulturell kann sich allerdings niemand per Unterschrift zum Deutschen machen lassen. In eine ethnokulturelle Gemeinschaft kann man nicht einfach so immigrieren, in eine Nation sehr wohl. Eine Gemeinschaft, die sich auf ethnisch-kulturelle Voraussetzungen gründet, basiert auf invariabler Zugehörigkeit, ihr Verhältnis zueinander ist also stabiler, der Zusammenhalt viel bruchfester – sie ist mehr als ein bloßer Vertrag. Es ist die Voraussetzung für ein Miteinander gegeben, das nicht nach Gutdünken beliebig verändert und aufgelöst werden kann.» (Identitäre Bewegung o.J./a) Der Bezug auf ethnisch-nationale Konstrukte und Invarianten ist der Kontrapunkt zu den angeblich zerstörerischen Einflüssen anderer Kulturen und zum nicht nur von Rechten gehassten homogenisierenden Liberalismus. Die Identitären kritisieren den Liberalismus vor allem in seiner ökonomischen Dimension, als solcher er global ausbeutet, unterdrückt und die Identitäten der ‹Völker› vernichtet.

Hall spricht in seinen Überlegungen drei Einwände gegen die Vorstellung einer kulturell homogenisierenden Globalisierung an: die Wiederkehr des Lokalen, die augenscheinliche Vielfalt von Modernen und das Potential zur Hervorbringung von widerständigen Subjekten (vgl. dazu ausführlich Hall 2018: 131–140). Diese Überlegungen führen Hall schließlich in den dritten Teil seiner Du Bois-Vorlesung. Der Begriff der Nation bildet den dritten Teil eines «verhängnisvollen Dreiecks», welches aus «Rasse, Ethnie und Nation» besteht. Ausschließungspraxen werden nicht nur wegen materieller Güter zur Anwendung gebracht, sondern auch zum Zwecke der symbolischen Ausweisung aus der Nation. Nationale Kulturen begreift Hall ebenfalls als Diskurse, die unsere Wahrnehmung und Auffassung mit organisieren. Sie sind in der Moderne eine «machtvolle Quelle kultureller und politischer Identität» (Hall 2018: 150). Nationale Identitäten werden von Diskursen gebildet, Nationen werden gegründet. Beide sind weder essentiell noch ursprünglich; sie werden über Differenz konstruiert, d.h. in Abgrenzung zu anderen Nationen oder Gruppen. Moderne Auffassungen von nationaler Identität sind immer beides: Sie formieren eine politische Einheit und eine nationale Kultur. Ein wichtiges Bestreben ist es, Differenzen im Inneren zu leugnen und Einheit zu suggerieren (vgl. ebd.: 151–157). Dieses Einheitsstreben wurde früher vor allem unter Rückgriff auf eine gemeinsame Abstammung ‹rassisch› fundiert. Moderne Vorstellungen betonen die Einheitlichkeit einer gemeinsamen nationalen Kultur. Dass in der Realität Nationen niemals kulturell homogen sind, sondern, wie Hall es nennt, kulturell hybrid, wird an verschiedenen Differenzlinien im Inneren einer Gesellschaft deutlich: Geschlecht, Klasse, kulturell diversen Gruppen. Hier zeigt sich nicht nur die Ähnlichkeit zwischen ‹Rasse›, Ethnizität und Nation im Hinblick auf ihre gemeinsame diskursive Form, sondern auch die inhaltliche Komplementarität insbesondere zwischen ‹Rasse›/Ethnizität und Nation. D.h. alle drei Konzepte sind wechselseitig auf die anderen Konzepte angewiesen, um sich besser zu legitimieren und zu begründen.

Migration, die in der Vergangenheit, Gegenwart und Zukunft ihren Beitrag zu solch kulturell hybriden Formationen leistet, ist daher ein zusätzlicher Aspekt in Halls Untersuchung. Er führt ihn zu einem anderen Ethnizitätsbegriff, der nicht notwendig mit Ausschluss und Vereinheitlichung verbunden sein muss. Schwarz ist für Hall eine Subjektposition der sozialen Erfahrung (vielfach von Unterdrückung und Ausbeutung) und der kulturellen Identität; eine konstruierte Kategorie, die nicht auf ‹rassischen› Kategorien gründet und kein Fundament in der Natur findet. Es gibt keine einheitliche schwarze Identität, sondern nur Variationen von Identität (vgl. Hall 2018: 95–98). Als Gegenbegriff zum Begriff der ‹Rasse› fungiert für Hall der Begriff der Ethnizität auch als eine positive Konzeption, wenn sie nicht nur auf die «Anderen» angewendet wird. Der Begriff der Ethnizität spiegelt die Einsicht, dass Menschen aus bestimmten gesellschaftlichen Positionen, aus einer bestimmten Erfahrung und aus einer bestimmten Kultur heraus sprechen. Er gilt nicht nur für Minderheiten, sondern für alle Mitglieder einer Gesellschaft (vgl. Hall 1994a: 23).

Hall zeigt in seinen Überlegungen auch, wie Ethnizität zum Bezugspunkt eines politischen Subjekts werden kann, das sich im Kampf gegen rassistische Diskriminierung, Gewalt und rassifizierte (Einwanderungs-)Gesetze formiert hat. Aber auch als Ausdruck gegen die Selbstverleugnung und kollektive Selbstverachtung, wie Hall den Effekt der Assimilation von Eingewanderten an die neue Gesellschaft nennt, komme dieses neue politische Subjekt zu sich. Die Assimilationsfrage berührt die in antirassistischen Diskussionen geführte Kontroverse um Gleichheit und Differenz seit den frühen 1970er-Jahren. Diese Kontroverse markiert die Abkehr von einem aufklärerischen Universalismus. Differenz wird fortan über Gleichheit gestellt (vgl. Hall 2018: 108–111). «Ab diesem Punkt teilt sich der Antirassismusdiskurs einen gemeinsamen diskursiven Raum mit anderen Diskursen kultureller Differenz, so dass wir nun endgültig in eine neue postaufklärerische Phase der kulturellen Identitätspolitik eintreten.» (Hall 2018: 111)

Der Signifikant schwarz, so Hall mit Blick auf die britische Gesellschaft, sei zur Identitätskategorie für viele Menschen geworden. Diese diskursiv-politische Identität war bis in die 1980er-Jahre hinein immanent politisch. Als die radikal antirassistische Bewegung abebbte[56], blieb die Kategorie schwarz, wurde aber gefüllt mit kulturellen Inhalten und zunehmend kulturell abgeschlossen und autark wahrgenommen. Hall spricht von einer «Rückkehr der Ethnizität», weil die kulturelle Differenz bedeutungsvoller geworden sei als die Politik des

56 Hall beschreibt, wie der Antirassismus als Gegensatz zum Multikulturalismus in Großbritannien in den 1970er-Jahren entstand. Der «Signifikant schwarz» sei hier zu einer «mobilisierenden Identitätskategorie» von sowohl Asiaten und Afrokaribianern (anstelle einer ethnischen Kategorie) gegen den Rassismus und aus der Erfahrung des Kolonialismus heraus geworden. Zugleich seien schon zu dieser Zeit immer mehr kulturelle Inhalte in die Kategorie schwarz eingedrungen, insbesondere nach dem Abklingen der weiter oben erwähnten Unruhen. Im Laufe der 1980er/90er-Jahre trat, so Hall, die politische Dimension immer mehr in den Hintergrund (vgl. Hall 2018: 113–117).

Antirassismus. Dennoch schreibt Hall, dass der Signifikant schwarz – insofern er die gemeinsame Erfahrung von Rassismus und Kolonialismus durch Einwanderer/innen benennt – ein politischer Signifikant ist, und nicht ‹rassischer› Natur (vgl. Hall 2018: 113–117).

8.1.4 Das «weiße Auge»: Die Konstruktion von ‹Rasse› in den Medien

Abschließend soll der Blick auf die Bedeutung der Massenmedien bei der Reproduktion von Rassismus gelenkt werden. Hall konzentriert sich vornehmlich auf die Rolle der Massenmedien bei der Verbreitung und Aktualisierung des Rassismus und weniger auf deren mögliche aufklärerische Rolle. Medien sind eine «mächtige Quelle» des Rassismus, weil in ihnen Vorstellungen von ‹Rassen› «artikuliert, transformiert, aus- und umgearbeitet werden» (Hall 1982: 524). Hinter dieser Formung steht aber kein verschwörerischer Plan der Medien oder eine einheitliche Weltanschauung. Weder gebe es solch eine Einheitlichkeit in der ‹herrschenden Klasse› noch in den Medien, so Hall (vgl. ebd.: 524). Die Wege und Weisen der Rassenkonstruktion seien im Gegenteil überaus komplex und nicht unbedingt intendiert. Ausgehend davon räumt Hall mit zwei grundlegenden Missverständnissen auf, wenn es darum geht, einen medialen Diskurs als rassistisch zu charakterisieren. Das erste Missverständnis betrifft die Annahme, dass Rassismus und Liberalismus in der Medienwelt sich ausschließen würden. Dass ein Fernsehdiskurs nur dann rassistisch sei, wenn dies die Moderierenden sind, ist das zweite Missverständnis. Der mediale Diskurs sei nicht abhängig von einer bewussten rassistischen Intention, argumentiert Hall (vgl. dazu auch den niederländischen Rassismusforscher Teyn van Dijk).

Er unterscheidet zwischen einem expliziten und einem impliziten Rassismus. Ein expliziter Rassismus wäre im Hinblick auf die Medien die offene, bevorzugende Berichterstattung rassistischer Inhalte. Eine rassistische Politik wird dabei in eine populistische Umgangssprache verwandelt. Die Reproduktion eines expliziten Rassismus habe die Tendenz zu einer erhöhten Toleranzschwelle, weil die rassistischen Inhalte immer wieder in den Medien genannt werden. Dadurch, so Hall, wird Rassismus akzeptabel und zugleich wahr, weil er Teil des ‹gesunden Menschenverstandes› wird. Beim impliziten Rassismus handelt es sich nach Hall um naturalisierende Repräsentationen in Form von Tatsache oder Fiktion. Hierbei geht es ihm vor allem um unhinterfragte Vorannahmen über das Wesen oder das Sein von Menschen, die als ‹Rassen› wahrgenommen werden. Diese Vorannahmen seien heimtückischer und verbreiteter als explizite Abwertungen von Menschen. Als Beispiel nennt Hall TV-Sendungen, die so genannte ‹Rassen›-Beziehungen behandeln (vgl. Hall 1982: 525f.).

Die historischen Wurzeln des Rassismus liegen für Hall in der Sklaverei, der kolonialen Eroberung, der ökonomischen Ausbeutung und dem Imperialismus. Diese Aspekte prägten bis heute die Beziehungen der Europäer/innen zu den ‹Eingeborenen› der kolonialisierten und ausgebeuteten Peripherie (vgl. Hall 1982: 526). Entsprechend seien diese Wurzeln auch in den Dimensionen der Konstruktion von ‹Rasse› in Medien repräsentiert. Viele Bilder und Themen, zeigt Hall, konzentrieren sich um das Verhältnis von Unterwerfung und Herrschaft. Klischees gruppierten sich um die Pole natürlich-minderwertig und natürlich-überlegen. Beide Punkte seien aus der Geschichte (Sklavenhandel, Kolonisation) in die Sprache der Natur (Abstammung) verschoben worden. So seien sie nicht als Resultat spezifischer historischer Verhältnisse sichtbar.

Die englischsprachige Literatur ist nach Hall durch zwei Stränge gekennzeichnet: die Dominanz dessen, was er das «weiße Auge» nennt; ein ungenannter Standort, von dem aus Beobachtungen gemacht werden. Den zweiten Strang nennt er das männliche, imperiale Abenteuer; die Demonstration moralischer, sozialer, physischer Herrschaft des Kolonisators über die Kolonisierten (vgl. Hall 1982: 527). In beiden Fällen sei es die spezifische Perspektive derer, die als Kolonisatoren auszogen und ihre Deutungen als allgemeingültig darstellten. Hall spricht deshalb von einer «Grammatik der Rasse», also den Grundbildern der in den Medien repräsentierten ‹Anderen›, wie die der Sklavenfigur (zuverlässig, kindlich und arglistig zugleich) oder des Eingeborenen (von einfacher Würde und primitiv). Schließlich fungiert der Clown/Entertainer als dritte Figur. Es ist die Figur des Unterhaltungskünstlers. Der Zuschauer lacht nicht nur mit, sondern auch über ihn (vgl. Hall 1982: 527f.). Schon in dieser Arbeit bringt Hall eine psychoanalytische Erklärung mit ein, die auch in den Du Bois-Lectures wieder auftaucht (vgl. Hall 2018: 94f.). Die Faszination dieser drei Grundfiguren erklärt sich demnach aus einer tiefen Ambivalenz, die sich zugleich in

Sehnsucht und Abwehr eines «vorzivilisierten» Zustandes ausdrückt. ‹Unzivilisiertheit› gilt als unschuldig, aber zugleich macht sie Angst, weil sie die Rückkehr in die Barbarei (beispielsweise einer rohen Sexualität) anzeigt. Die Sehnsucht und die Abwehr sind zwei Seiten des gleichen Primitivismus. Spuren dieser Typen fänden sich auch noch in den heutigen Medien, so Hall. Sowohl in der Komödie, bei der es im Kern immer noch um stereotype ‹Rassen›-Beziehungen geht, oder in Witzen, durch die der Rassismus im Lachen normalisiert wird, fänden sich diese Spuren (Hall 1982: 528f.). Mit Sacha Baron Cohens Strategie – verkörpert in der Figur des Borat –, den Menschen durch antisemitische oder rassistische Vorlagen ihre eigenen rassistischen Einstellungen zu entlocken bzw. durch die Akzeptanz von fremdem Antisemitismus und Rassismus auf deren Verbreitung hinzuweisen, wäre Hall wohl nicht einverstanden.

Auch in den Nachrichtensendungen wird ‹Rasse› als Problem konstruiert. Was Hall 1982 für Großbritannien beschreibt, finden wir im gegenwärtigen deutschen Diskurs zwar nicht unter dem Titel der ‹Rasse›, aber unter dem der fremden Kultur, wenn von einer zu großen Anzahl von Schwarzen bzw. Muslimen gesprochen wird, die sich zu schnell vermehren und die Gesetze brechen. Einwanderung wird grundsätzlich als Problem und vor dem Hintergrund ihrer ‹Nützlichkeit› für die Gesellschaft thematisiert. Nicht nur britische Medien orientieren ihre Berichterstattung oft an Polizeierklärungen, die von sich aus bereits eine bestimmte Deutungsperspektive von der Rechtschaffenheit der Polizei setzen. Hall schreibt dazu: «Jedesmal, wenn schwarze Gemeinden auf rassistische Provokationen (wie in Southall) oder auf Schikane und Provokation seitens der Polizei (wie in Bristol) reagierten, gingen die Medien tendenziell davon aus, daß das ‹Recht› auf der Seite des Gesetzes stand, und sie verfielen in die Sprache von ‹Krawall› und ‹Rassenkriegsführung›, die die bestehenden Klischees und Vorurteile nährt.» (vgl. Hall 1982: 531) Hall kritisiert die Übernahme der Polizeimeldungen als autoritative Quelle, die aus solchen Ereignissen einen Kampf zwischen den Extremen macht. Der Kampf zwischen Rassismus und Anti-Rassismus wird von den Medien übersetzt in einen Kampf von Extremisten/innen. Links und Rechts werden als Gleiches behandelt; gut ist der/die neutrale Durchschnittsbetrachter/in (ebd.: 532). Ähnlich verlässlich scheinen auch vielen deutschen Journalisten/innen bis heute die Polizeimeldungen.

8.1.5 Kritik: Dem Diskurs fehlen sozioökonomische Kategorien

In den «Du Bois-Vorlesungen» treibt Hall die diskurstheoretischen Perspektiven, die er seit Ende der 1980er-Jahren in seine Analysen integrierte, auf die Spitze. Zwar bezieht er die ökonomische Ebene in seine früheren Rassismus-Analysen ein, wenn er davon ausgeht, dass ‹rassische› Kategorien als Hintergrundfolie fungieren, auf der Klassenverhältnisse wahrgenommen werden; doch sind die Wechselwirkungen zwischen ökonomischer, ideologischer und politischer Ebene nicht hinreichend erklärt (vgl. zu dieser Kritik Zerger 1997: 154). Oder anders gesprochen: Wie der Zusammenhang von «identitären Projektionen und ihren materiellen Konstitutionsbedingungen in der politisch-ökonomischen Sphäre» (Wolter 2002: 2) funktioniert, bleibt auch nach der Lektüre von Halls Rassismusanalysen ungeklärt. Dieses Problem wird stärker, je mehr sich Hall analytisch mit der Hinwendung zum Diskursiven von den materiellen Grundlagen des Rassismus entfernt. Inwieweit und inwiefern ökonomische Faktoren für ihn Gültigkeit behalten, ist zumindest aus seinen späteren Arbeiten nicht eindeutig ableitbar. Maria Backhouse beispielweise versucht Marx' und Halls Kategorien zu verbinden: Sie führt jene Interpretationen der ursprünglichen Akkumulation mit Halls Ideologietheorie zusammen, die diese als Formierungsmoment des Kapitals betrachten und nicht nur wie Marx dereinst als Beschreibung einer abgeschlossenen Phase. So sei beschreibbar, wie sich kapitalistische Produktionsverhältnisse auf «nicht-kapitalistische Milieus oder soziale Beziehungen ausdehnen» (Backhouse 2017: 51).

Robert Miles kritisiert an den ansonsten von ihm sehr geschätzten CS, dass sie aufgrund fehlender vergleichender Analysen nicht angeben können, was verschiedene Fälle von Rassismus gemeinsam haben (vgl. Miles 1991: 197). Auch Wulf D. Hund kritisiert einen Mangel an historischer Genauigkeit bei Hall, der dazu führe, dass der Diskurs um ‹Rasse› mit Rassismus gleichgesetzt werde. Frühere Formen von Rassismus, die den Rassenbegriff noch nicht kannten, habe Hall nicht im Blick (vgl. Hund 2002: 35). An anderer Stelle wurde in diesem Buch bereits auf die Problematik von Wulf D. Hunds weitem Rassismusverständnis hingewiesen.

Ein anderes Problemfeld, das häufig in der Rezeption von Hall vorgetragen wird, ist die Gleichsetzung von Rassismus und Nationalismus (vgl. Miles 1991: 198), was allerdings aus den besprochenen Du Bois-Vorlesungen aus meiner Sicht nicht hervorgeht. Vielmehr stellt Hall dort das komplementäre Verhältnis von Nationalismus und Rassismus heraus.

Halls Beschäftigung mit Identitäten hat gezeigt, dass die verschiedenen Subjektpositionen von Menschen mit deren ähnlichen Erfahrungen zusammenhängen und dass schwarz eine kulturelle Erfahrung ist, die mit zahlreichen Ausschlüssen durch beispielsweise Rassismus und Kolonialismus zusammenhängt und somit eine soziale Kategorie bildet. Dass eine solche politische Kategorie ins Kulturalistische kippen kann, hat Hall selbst festgestellt. Schon Frantz Fanon sagt über die identitätspolitische Aufwertung von Schwarzsein am Beispiel der Négritude, dass es kein So-Sein von Schwarzen und auch nicht von Weißen gäbe (vgl. Fanon 2016: 197). Jede identitätspolitische Besinnung dürfe nur die Vorstufe zu einer Gesellschaft sein, die «durch die menschliche Besonderheit hindurch das Allgemeine» (ebd.: 166) anstrebt. Wer versucht Hall nach der identitären Seite aufzulösen, liegt falsch: «Wir können schwarze Politik nicht länger mit der Strategie eines simplen Musters von Umkehrungen machen, indem auf den Platz des bösen alten, wesenhaft weißen Subjekts das neue wesentlich gute, schwarze Subjekt gesetzt wird» (Hall 1994a: 18). Wie aktuell diese Diskussion um Identität bis heute ist, zeigen die gegenwärtigen Diskussionen um Identitätspolitik und ihre Rolle bei der Bekämpfung von Rassismus einerseits und der ihr argumentativ flach vorgeworfenen Schuld am Aufstieg des rechten ‹Populismus› andererseits. Wir werden in Abschnitt 9.1.4 noch deutlicher sehen, welche Konsequenzen eine identitäre Perspektive für die anti-rassistische Praxis haben kann.

8.2 Der diskursanalytische Ansatz des Duisburger Instituts für Sprach- und Sozialforschung

Anders als Hall, der die gesamte politische Konstellation in Großbritannien diskurstheoretisch beschreibt, untersucht der nächste Ansatz – die Kritische Diskursanalyse (nachfolgend KDA) – spezifische Momente von Diskursen am konkreten Material (beispielsweise einem bestimmten Textkorpus). Die Dimension des Diskurses wird in der KDA zudem noch einmal stärker im Rahmen einer Analyse des Rassismus in Deutschland herausgearbeitet. Die wichtigsten Vertreter/innen der KDA sind Siegfried Jäger und Margarete Jäger vom «Duisburger Institut für Sprach- und Sozialforschung» (nachfolgend DISS). Weitere Personen, die diesem Kreis angehören, sind u.a. Jobst Paul, Alfred Schobert, Gabriele Cleve, Iris Bünger-Tonks und Ernst Schulte-Holtey. Das DISS veröffentlicht auf seiner Internetseite zahlreiche Texte und publiziert größere Werke im institutseigenen Verlag «Edition DISS». In Verbindung mit der Diskurswerkstatt Bochum von Jürgen Link wird die *kultuRRevolution. zeitschrift für angewandte diskurstheorie* herausgegeben. Das DISS wurde Mitte der 1980er-Jahre gegründet und entwickelt seither eine kritische Diskurs- und Dispositivtheorie.

8.2.1 *Diskurs, Macht und Wirklichkeit*[57]

Wie das CCCS aus Birmingham rückt auch die KDA den Diskurs in das Zentrum ihrer Überlegungen. Diskurs meint in der KDA weit mehr als eine sprachlich-interaktive Gesprächssituation, wie sie in rein soziolinguistischen Ansätzen (mikrosoziologischen Perspektiven) vertreten wird (vgl. Bührmann/Schneider 2008: 24). Teil von Diskursen sind niedergeschriebene Aussagen (Texte) und gesprochene Aussagen. Texte sind in der Diskurstheorie Teil eines Diskurses; sie sind die Medien des Diskurses. Text ist hier also nicht nur ein niedergeschriebener, formal fassbarer Teil einer Zeitschrift, eines Buches etc., sondern wird als so genanntes Diskursfragment betrachtet (vgl. zu dieser Idee: Jäger 2004: 113). Texte werden zum Zwecke der Weitergabe

57 Vgl. zu den Ausführungen unter 8.2.1–8.2.3 ausführlicher Marz 2015.

produziert und verfolgen eine Wirkungsabsicht. Damit sind Texte niemals nur Ausdruck der Autorsubjektivität, sondern immer «sozial und historisch rückgebunden» (Jäger 2004: 117), weil sich Aussagen immer auf etwas bereits Gesagtes beziehen. Voraussetzung für die Produktion von Texten ist nach Jäger ein Wissenshorizont, der im Zuge der Sozialisation entwickelt wurde. Dieses konkrete Wissen ist Ergebnis der Einbindung in Diskurse, die jeweils historisch wirken (vgl. ebd.: 118). Texte sind für die KDA ein «sprachlich gefasstes Ergebnis einer mehr oder minder komplexen individuellen Tätigkeit bzw. Resultat eines mehr oder minder komplexen (individuellen) Denkens» (Jäger 2004: 118). Der Verweis auf den Tätigkeitsaspekt hebt dieses Textverständnis von anderen Textdefinitionen ab. Auch Diskurse, deren Bestandteil Texte sind, seien demnach als Tätigkeiten zu verstehen, die Gesellschaft prägen.[58] Diskurse prägen nicht die Weltsicht eines Menschen i. S. einer Ideologie oder eines falschen Bewusstseins, sondern wirken auf die Tätigkeiten von Menschen und damit direkt auf die Gestaltung von Wirklichkeit (Jäger/Jäger 2007: 24).

Was bedeutet das für ein Verständnis des Rassismus? Jost Müller schlägt in seinem Buch *Mythen der Rechten* (1995) vor, Rassismus nicht als Ideologie, sondern als ideologische Rassenkonstruktionen zu bezeichnen. Was stimmt für ihn mit dem Begriff der Ideologie nicht? Müller geht davon aus, dass die Rassenkonstruktion nicht der Wesenskern des Rassismus sei, d.h. Rassismus entsteht nicht nur dann, wenn Menschen davon ausgehen, dass es verschiedene Menschenrassen gibt. Die Diskursanalyse sagt, dass es sich umgekehrt verhält: Die rassistische Artikulation macht die Rassenkonstruktion, d.h., erst im Akt des Sprechens wird die ‹Rasse› erschaffen. Überall seien rassistische Artikulationen präsent – in der Schule, in den Medien, in Gesetzen, in den Gewerkschaften, in der Familie –, ohne dass die vorgängige ideologische Konstruktion von ‹Rasse› deren Zentrum sein müsse (vgl. Müller 2005: 100f.).[59]

58 Diese Einheit von Denken und Handeln betont auch Geulen 2018a. Auch Hall wirbt für eine gleichwertige Betrachtung von Ideologie und Praxis, um nicht «das Ökonomische für wichtiger zu halten, als das Politische»: Der Unterschied zwischen Praxis und Ideologie wird im Diskursbegriff aufgehoben (vgl. Hall 1989: 914).

59 Margarete Jäger (1996) schreibt, dass sich die Diskursposition einer Person daraus ergibt, wie die diversen Diskurse vom Individuum «im Ver-

Diskurse werden von Jäger als «Ketten von Aussagen» (Jäger/Jäger 2007: 7) beschrieben, die sich als Einzelelemente im Diskurs verknüpfen und aufeinander verweisen. Diese Ketten von Aussagen beziehen sich auf konkrete Themen. Was eine Kette von Aussagen ist, soll folgendes Beispiel im Rahmen des Asyldiskurses verdeutlichen: 1. Es gibt steigende Flüchtlingszahlen durch Kriege. 2. Deutschland nimmt eine große Anzahl von Flüchtlingen auf. 3. Deutschland und andere EU-Staaten ‹leiden› noch an den Folgen der wirtschaftlichen Krise von 2008. 4. Die deutsche Bevölkerung spürt die Folgen der Krise am ‹eigenen Leib› und hat in den letzten Jahren ökonomische Einschnitte hinnehmen müssen. 5. Es gibt kulturelle Unterschiede zwischen Deutschen und den geflüchteten Menschen. 6. Diese Unterschiede führen dazu, dass sich die deutsche Gesellschaft verändern wird, wenn die Flüchtlinge bleiben (Überfremdungsangst). Ob diese Aussagen für sich stimmen, ist für die KDA irrelevant, denn jede dieser Aussagen kann auf vorherige Aussagen Bezug nehmen und neue Aussagen in Zusammenhang mit bereits im Diskurs existierenden Aussagen bringen. Aussage drei und vier rekurrieren auf Aussage eins und zwei. Auch Aussage fünf und sechs nehmen auf die ersten beiden Aussagen Bezug. Gleichwohl ließen sich auch Aussage drei, vier, fünf und sechs durch einige argumentative Vermittlungsschritte aufeinander beziehen.

Wären Diskurse, so die Annahme der Diskurstheorie, nur ‹Diskussionen› oder ‹Reden›, so hätten sie keine Folgen für das Soziale. Dem Sozialen sind aber konkrete Vorstellungen eingeschrieben, die Folgen für das Leben von Menschen oder Gruppen haben. Die Folgen bestehen nun darin, dass manche Menschen «systematisch von Machtpositionen ausgeschlossen werden» (Ullrich 2008: 21). Wie wir über ein bestimmtes Thema reden, beeinflusst unsere Deutung dieses Themas. Als präferierte Wissensformen in einer Gesellschaft bestehen Diskurse aus einer Vielzahl von Gesagtem, Geschriebenen oder anders gesprochen: «als Fluß von ‹Wissen› bzw. sozialen Wissensvorräten durch die Zeit» (Jäger 2004: 132). Diskurse repräsentieren somit eine gewisse Spannbreite von Aussagen zu einem bestimmten Thema (z.B. Flucht, Asyl) während eines bestimmten historischen Zeitraums (z.B. nach der Wiedervereinigung oder

---

lauf seines Lebens zu einer bestimmten ideologischen bzw. weltanschaulichen Position» verarbeitet werden (Jäger, M. 1996: 47).

seit den 2000er-Jahren). D.h. in Diskursen drückt sich aus, was eine Gesellschaft zu einem Thema sagt und von wem es gesagt wird. Der Diskurs zeigt somit implizit auch, was nicht gesagt wurde und wer nicht ‹mitsprechen› darf. Diese konkrete Diskursformation aller im Diskurs repräsentierten Inhalte ist veränderbar durch konkrete Ereignisse.

Wer über Diskurse redet, muss aus diskurstheoretischer Perspektive folglich Macht immer mitdenken. Der Foucault'sche und auch der Machtbegriff der KDA sind de-personalisierte Machtbegriffe, deren Dynamik sich vor allem in Institutionen entfaltet. Der Diskurs als Ganzes reguliert das Sagbarkeitsfeld und trägt so auch zur Strukturierung von Machtverhältnissen bei. Wichtig ist allerdings zu verstehen, dass, wie Foucault schreibt, Wissen und Macht keine eigenen Existenzen führen, sondern dass sie Teil desselben «Analyserasters» (Foucault 1992: 32f.) sind. Macht und Wissen sind wechselseitig aufeinander bezogen, weil Wissen immer innerhalb eines bestimmten Systems repräsentiert ist. Macht, so legt Ruoff das Foucault'sche Machtverständnis dar, «erscheint im Willen zum Wissen als die Ausschließung des falschen Diskurses» (Ruoff 2007a: 146).

Macht wird im Verständnis der KDA, in Anlehnung an Foucault, als ein Kräfteverhältnis verstanden, das sich auf allen gesellschaftlichen Ebenen findet: Familie, Arbeitswelt, Gruppen usw. Aussageninhalte (Wissen) sind jedoch veränderbar und damit ist auch die Macht nicht fix. Sie kann sich verändern, wenn sich Diskursinhalte verändern: Gegenmacht entsteht. «Es handelt sich um ein komplexes und wechselhaftes Spiel, in dem der Diskurs gleichzeitig Machtinstrument und -effekt sein kann, aber auch Hindernis, Gegenlager, Widerstandspunkt und Ausgangspunkt für eine entgegengesetzte Strategie. Der Diskurs befördert und produziert Macht; er verstärkt sie, aber er unterminiert sie auch, er setzt sie aufs Spiel, macht sie zerbrechlich und aufhaltsam.» (Foucault 1983: 122)

Die KDA vollzieht im Anschluss an Foucault einen radikalen Bruch mit Theorien, die davon ausgehen, dass Diskurse oder Ideologien die Widerspiegelung einer materiellen Basis sind (wie bspw. in marxistische Theorien). Ebenso wenig wie die materielle Welt vordiskursiv entstanden sei, gebe es eine Wahrheit, die objektiv erkennbar wäre. Was nun als Wahrheit gilt, ist immer nur temporär, so die Auffassung der KDA. Oder anders gesprochen: Es gibt keine überhistorische Wahrheit.

«Was jeweils als ‹Wahrheit› *gilt*, ist ja nichts anderes als ein diskursiver Effekt.» (Jäger 2004: 129, Herv.i.O.) Wahrheit heißt in diesem Verständnis ‹Wahrsprechen›. Für die Diskurstheorie gibt es keine objektive Wahrheit, die erkannt werden könne oder von der man durch falsches Bewusstsein entfernt wäre. KDA ist also weder daran gelegen, nachzuweisen, welchen ‹falschen› Vorstellungen Menschen durch den Einfluss einer bestimmten gesellschaftlichen Zurichtung aufsitzen, noch geht sie davon aus, dass Subjekte von dieser Grundlage vorgeprägt sind. Die KDA möchte zeigen, wie Vorstellungen durch die Dominanz bestimmter Wissensinhalte in verschiedenen Diskursen entstehen. Diese dominanten Vorstellungen, die man auch als verschiedene Realitätsformen beschreiben kann, werden dabei nicht den richtigen gegenübergestellt, sondern seien allein durch ihre historische Präsenz gültig. Menschen weisen, so die Auffassung der KDA zusammengefasst, der Wirklichkeit lediglich Bedeutung zu, statt der Wirklichkeit Bedeutung zu entnehmen (vgl. dazu Jäger 2004: 112).

Die Zuweisung von Bedeutung erfolgt aber nicht frei von Interessen, sondern sie ist an Interessen gebunden, die es ebenfalls zu erkennen gilt. Das Beispiel Einwanderungspolitik im lokalen Mediendiskurs mag dies verdeutlichen. Das Wissen, das Menschen über Einwanderer/innen erhalten, ist selten geprägt von persönlichen Erfahrungen mit diesen. Weit häufiger wird über Massenmedien Wissen verbreitet, das bedeutungsvoll wird. Im Sommer 1992 griffen über Tage hinweg Rostocker Bürger/innen sowie landesweit angereiste Neonazis die zentrale Aufnahmestelle für Asylbewerber (ZAST) in Rostock-Lichtenhagen an. Diese Ausschreitungen müssen im Kontext der damaligen bundesweiten Diskussion um die Einschränkung des Asylrechts sowie den monatelangen medialen ‹Vorarbeiten› der lokalen und überregionalen Massenmedien gesehen werden. Die Medien reproduzierten zu dieser Zeit ein rassistisches Bild von Flüchtlingen. Etwaige ‹Hygieneprobleme› der Roma-Flüchtlinge wurden beispielsweise nicht als Konsequenz einer Unterversorgung und als Ausdruck der schlechten Unterbringung oder radikal verschiedener Klassen- und Lebensverhältnisse analysiert, sondern als Bestandteil einer ‹Roma-Kultur› gedeutet. Zeitungen druckten rassistische Meinungsäußerungen, Gerüchte und sogar Aufrufe zur Gewalt ab. Drei zentrale Diskursfragmente waren in den lokalen Medien prägend. Diese Diskursfragmente sind bis heute bedeutungsvoll, wenn über das Pogrom von Rostock-Lichtenhagen gesprochen wird: Die Politik sei handlungsunfähig (Ohnmacht). Die Bürger/innen hätten Angst und fühlten sich von den Asylsuchenden belästigt (Hygiene, Kriminalität, ‹Überfremdung›). Die Asylsuchenden (wie es häufig abwertend hieß: ‹rumänische Zigeuner›) vor der ZAST seien keine echten politisch Verfolgten und missbrauchten das Recht auf Asyl.

Wahrheit, so Jäger/Jäger, könne nicht entdeckt werden, sondern sei das «Ensemble der Regeln, nach denen das Wahre vom Falschen geschieden» (Jäger/Jäger 2007: 16) werde. Die Regeln des Diskurses 1992 bestanden vor allem darin, genau jene Perspektiven auszublenden, die auf die schlechten – nicht selbst verschuldeten – Lebensbedingungen der geflüchteten Menschen verweisen. Eine Stärkung dieser Perspektiven von Seiten der lokalen Medien hätte möglicherweise das Pogrom verhindert, weil die Gewalttäter/innen sich nicht als Vollstrecker eines Gemeinwillens in Anbetracht der handlungsunfähigen Politik betrachten konnten. Gleichzeitig hätte hier eine Chance gelegen, den Druck auf die Landesregierung zu erhöhen, menschenwürdige Unterbringungsbedingungen zu schaffen, statt die Unterkunft in Brand zu stecken (vgl. zu einer ideologiekritischen Analyse der Medienberichterstattung im Vorfeld des Pogroms von Rostock-Lichtenhagen Geelhaar/Marz/Prenzel 2013).

8.2.2 Kollektivsymbole und Normalismus

Die KDA beschäftigt sich aber nicht nur mit Sachaussagen, sondern auch mit Bildern und Metaphern. Zentral für die Analysen der KDA sind daher auch die analytischen Konzepte Normalismus und Kollektivsymbole von Jürgen Link. Schauen wir zunächst etwas genauer auf die Kollektivsymbole. Kollektivsymbole sind die in einer Gesellschaft kulturell geteilten Symbole. Diese Symbole sind ebenfalls mit Bedeutungen aufgeladen. Sie werden von den Mitgliedern einer Gesellschaft verstanden und zur Erklärung (Versinnbildlichung) gesellschaftlicher Vorgänge benutzt. Kollektivsymbole bilden dabei ein System miteinander verschränkter Spezialdiskurse. Ähnlich der strukturalistischen Vorstellung, dass Zeichen auf andere Zeichen verweisen, beziehen sich Kollektivsymbole im Diskurs wechselseitig aufeinander. Jede Gesellschaft stellt ein spezifisches System von Kollektivsymbolen zur Verfügung. Die Funktion dieser Systeme von

Kollektivsymbolen besteht im Wesentlichen aus vier Aspekten: Sie geben Orientierung in einer komplexen Welt; sie integrieren gesellschaftliche Veränderungen auf einer symbolischen Ebene; sie setzen und stabilisieren Vorstellungen von Normalität und Abweichung und sie unterstellen, dass alle gesellschaftlichen Entwicklungen miteinander verbunden sind (vgl. Jäger/Jäger 2007: 40; Link 1982: 11)

Flut ist beispielsweise im Zusammenhang mit der Migrationsdebatte ein gerne benutztes Kollektivsymbol. Fluten sind bedrohlich, sie können etwas überschwemmen und damit zerstörerisch sein. Überträgt man die Flut in den Kontext von Migration, so sind es beispielsweise die Flüchtlinge, die Deutschland überschwemmen und die Gemeinschaft der Deutschen zu zerstören drohen. Flut symbolisiert hier ein Zuviel, eine Bedrohung. Die Bedeutung muss aber – und das ist der ‹Vorteil› von Kollektivsymbolen – nicht mehr erläutert werden. Ein/e jede/r versteht, was eine ‹Flüchtlingsflut›[60] für Konsequenzen haben muss. Ein verwandtes Symbol ist das der Welle. Wellen sind schön, wenn man surft oder auf das Meer hinausblickt. Aber wer von einer Welle überrollt wird, verliert die Kontrolle und kann nicht wieder aufstehen, weil er fortgerissen oder unten gehalten wird[61]. Die Verwendung der Kollektivsymbole Flut und Welle in deutschen Zeitungen im Hinblick auf das Eintreffen vieler Flüchtlinge in Deutschland ruft ganz bestimmte Vorstellungen auf. Kollektivsymbole aktivieren ohne viel Erklärung tief verankertes Wissen und Gefühle in den Subjekten. Weil Kollektivsymbole so verbreitet sind und ihnen kaum aus dem Weg zu gehen sei, spricht Link davon, dass wir von Kollektivsymbolen permanent «angequatscht» (Link 1982: 13) würden.

60 So schreibt die Ostthüringer Zeitung: «Flüchtlingsflut: CDU-Politiker fordert Umdenken bei Entwicklungshilfe» (Zippel/OTZ vom 15.11.2014). Von einer Flüchtlingsflut spricht auch die Mittelbayrische Zeitung: «Bundestag diskutiert über Flüchtlingsflut» (o.A./Mittelbayerische vom 17.1.2014).

61 Am 15.8.2014 titelt die Frankfurter Allgemeine Zeitung beispielsweise: «Flüchtlingswelle: Zahl der Asylanträge auf Rekordstand» (o.A./FAZ vom 15.8.2014). Mit dem gleichen Kollektivsymbol arbeitet auch die Süddeutsche Zeitung: «Syriens Nachbarstaaten. Wenn die Flüchtlingswelle ein Land überrollt» (Schlötzer/Steinke/SZ vom 28.10.2014). Und auch die Neue Zürcher Zeitung benutzt dieses Kollektivsymbol, wenn sie schreibt: «Asylgesuche in Deutschland. Flüchtlingswelle überfordert deutsche Länder» (Riecker/NZZ vom 17.10.2014).

Welle und Flut gehören wie Ungeziefer, Krebs, Krankheit, Virus, Gift, Sturm, Gewitter, Chaos oder Dschungel zu den negativen Kollektivsymbolen, wie Link herausarbeitet. Die bekanntesten positiven Symbole seien Haus, Ordnung, Körper, Fairness, Demokratie, Gesundheit, Schiff, Boot, Flugzeug und Rakete. Negative und positive Kollektivsymbole repräsentierten sogleich das Innen und Außen in einer Gesellschaft (vgl. Link 1982: 14). Positive Symbole werden dem eigenen System (Innen) zugeordnet und besäßen Subjektstatus. Subjektstatus meint hier ein autonomes, zurechnungsfähiges, ansprechbares Subjekt, wie ein Körper mit Kopf, ein Flugzeug mit Pilot, ein Schiff mit Kapitän. Dieser Subjektstatus komme entsprechend der polaren Aufteilung dem Außen mit seinen negativen Symbolen nicht zu. Gerade durch diese polare Zuordnung von Differenz in eigenes und fremdes System wirken Kollektivsymbolsysteme, nach Link, subjektbildend (vgl. Link 1991). Weder möchte sich jemand einer Ratte zuordnen oder wie eine stumpfe Maschine sein, noch möchte jemand mit einer Krankheit in Verbindung gebracht werden, wie beispielsweise dem Krebs, der sich in etwas hineinfrisst. Subjektbildung erfolgt unter diesem Gesichtspunkt durch die Identifikation mit gesellschaftlich positiv besetzten Symbolen.

Weil das Soziale diskursiv verhandelt wird, werde der Diskurs zu einer Konstitutionsbedingung von Subjektivität. Diskurse lieferten aber immer nur eine «perspektivische Repräsentation» (Hirseland/Schneider 2001: 396) eines Gegenstandes, der erst durch den Diskurs konstruiert wurde. Auch das Subjekt selbst werde so zum Gegenstand gesellschaftlicher, unvollständiger Bearbeitung. Subjektivität vollziehe sich in Diskursen immer schon vor einem Bild, wie Subjektivität zu sein habe. Zur Realisierung von Subjektivität werden «einerseits Identifikationsangebote und Integrationsprozeduren [und] andererseits Ausschluss- bzw. Ausgrenzungsprozeduren» (ebd.) institutionalisiert. Wie auch bei der Konzeption von Macht im diskurstheoretischen Denken – wo Macht nie total ist, sondern gleichsam Gegenmacht einschließt – beinhalten Überlegungen zur Subjektkonstitution auch den Blick auf das widerständige Subjekt, das die bereitgestellten Identifikationsangebote eines Diskurses zurückweist. Im Kontext von Rassismus ist dies jede Form von Zurückweisung einer rassifizierenden oder ethnisierenden Zuschreibung durch Türsteher/innen, Polizeibeamte, Medien usw.

Kollektivsymbole spielen für die Subjektkonstitution im Diskurs eine wichtige Rolle, weil sie Träger solcher Identifikationsangebote sind. Sie stellen «Sinnbildungsgitter» (Link 1982: 11) her, d.h. sie produzieren ideologische Verbindungen zwischen verschiedenen Bereichen. Insofern können, Jäger/Jäger zufolge, Kollektivsymbole auch als «kulturelle Stereotype» bezeichnet werden (2007: 40). Diese Kollektivsymbole seien untereinander verschränkt und verfestigten sich dadurch noch mehr. Durch Bildbrüche (Katachresen) würden verschiedene Symbole zusammengeführt, um eine Situation zu beschreiben (vgl. Jäger 1997: 136). Ein sehr anschauliches Beispiel benutzt Link, um solche Katachresen darzustellen. Wir bleiben bei den Flüchtlingen: «Die Einsicht bei den Politikern wächst, dass der Zustrom von Ausländern, die in der Bundesrepublik um politisches Asyl nachsuchen [...], eingedämmt werden muß. [...] Aber diejenigen, die dem Bestreben gefolgt seien, besser zu leben als daheim, und wäre es nur durch das Ruhen im hiesigen ‹sozialen Netz›, müssten zurückgeschickt werden. [...] SPD und FDP haben CDU-Politiker hart getadelt, die das Stichwort ‹Sammellager› aufgebracht haben. Wenn aber das Asylverfahren örtlich um den Flughafen lokalisiert werden soll, kann das Wort vom ‹Lager› [...] nicht tabuisiert werden.» (Link 1988: 49; auch Jäger 1997: 136) Verschiedene Symbole (Flut, soziales Netz, Lager) werden hier in einen Zusammenhang gebracht, um den Umgang (die Isolation) mit Flüchtlingen zu begründen (vgl. Jäger 1997: 136). Interessant ist dieses Zitat von 1988 vor allem auch, weil es zeigt, wie stabil die Kollektivsymbole und die ‹Ideen› von politischen Entscheidungsträger/innen über die Zeit sind, wie mit geflüchteten Menschen umzugehen sei. Wenn Flüchtlinge eine Flut sind, die massiv auf ‹unser› soziales Netz zugreifen wollen, muss sich gegen sie geschützt werden (indem man sie in Lagern unterbringt, von denen aus sie schnell abgeschoben werden können). Kollektivsymbole prägen somit nicht nur die Auffassung, in unserem Beispiel die der Mehrheitsgesellschaft über Flüchtlinge, sie erzeugen auch Handlungsbereitschaften (die Lagerunterbringung, Abschiebungen).

Nicht nur aber, dass die gleichen Kollektivsymbole in unterschiedlichen Kontexten auftauchen und miteinander kombiniert werden können – Kollektivsymbole müssen auch weitererzählbar sein. Wenn also in einem Kommentar zu einem Artikel auf der NDR-Homepage das Kollektivsymbol vom ‹übervollen

Boot› mit der Bemerkung «Die Integrationskraft Deutschlands ist am Anschlag, das Boot ist voll.» (Wechselwähler 2014) aktiviert wird, dann kann ein jeder hier weiterassoziieren. Ein volles Boot wird leicht kippen, wenn man nicht besonnen agiert (wir brauchen einen fähigen Steuermann/Kapitän), es gibt Enge und Gedrängel, jeder muss sich seinen Platz erkämpfen, auf das Boot zuschwimmende Personen können das Boot zum Kentern bringen usw. Weitere negative Kollektivsymbole lassen sich hier anschließen: Unwetter, die die Lage des vollen Bootes zusätzlich erschweren, Ratten, die sich auf dem vollen Boot eingeschlichen haben, Krankheiten, die sich ausbreiten, Chaos, das die Oberhand gewinnt, eine Welle, die das volle Boot seitwärts erwischt. Diese Kopplung von Kollektivsymbolen (die im Übrigen ebenso bei den positiven Kollektivsymbolen funktioniert), so Jäger, spanne sich wie ein festes Netz über die Diskurse. Es entsteht der Eindruck einer großen gesellschaftlichen Einheit, weil die Kollektivsymbole überall präsent sind (vgl. Jäger 2004: 137).

Wenden wir uns nun dem zweiten Begriff dieses Abschnitts zu: dem Normalismus. Das, was als Normalität verstanden wird, kommt nicht aus dem gesellschaftlichen Nichts, sondern wird durch Normalisierungen erzeugt. Normalismus ist nach Link (1997) ein wichtiges Merkmal der Moderne. Normalismus beziehe sich auf Strategien, die dazu dienen, rassistisches Denken und Handeln zu verinnerlichen und entsprechend normal zu finden. Normalismus schwäche die durch moderne Vergesellschaftung erzeugten Unsicherheiten ab und erleichtere Prozesse der Identifikation von Subjekten mit den Normalitätsbeschreibungen einer Gesellschaft. Kollektivsymbole dienen demnach diesem Normalisierungszweck (vgl. Link 1997: 236ff.).

Normalität ist nach Link, anders als die in jeder Gesellschaft auffindbaren Normen, ein spezifisches Produkt gegenwärtiger, okzidentaler Gesellschaften (vgl. dazu ausführlich Link 2013). Sie basiere im Wesentlichen auf der Geltung von Durchschnitten, der Statistik im Allgemeinen. Normalität ist in diesem Sinne, anders als die Normen, dem Handeln «post-existent», weil erst im Rückblick tatsächlich bestimmbar ist, ob ein Handeln normal war (vgl. Link 1997: 236). Die Durchsetzung von ‹Normalität› habe in den einzelnen gesellschaftlichen Sphären zeitversetzt begonnen. Das Normalitätsparadigma setzte, so Link weiter, etwa im Jahr 1800 zunächst in der Medizin und dann in der Psychiatrie/Psychologie im Hinblick auf das normale Funktionieren von Körper und Geist ein. In einem zweiten Strang hätten Normalitätsvorstellungen ihren Stellenwert als industriell-technische Normung in der Ökonomie, der Versicherungsökonomie, Ökologie u.ä. erlangt. Ein dritter Strang von Normalisierung betreffe das Soziale, den Alltag und die Politik. Erst diese Durchdringung im dritten Strang führte zum Normalismus in der Gesamtgesellschaft. Zentral für die Durchsetzung von Normalität als einer gesellschaftlichen Leitkategorie seien Durchschnittswerte, Grenzwerte, (technische) Toleranzen gewesen (vgl. Link 1997: 235f.).

Normalismus wird in diesem Sinne als eine Antwort auf die spezifischen Bedingungen von Moderne, die tendenziell als verunsichernd und chaotisch empfunden werden, verstanden. Die KDA zeigt, wie gesellschaftliche Veränderungen in der Moderne im Hinblick auf Familie, Arbeit, Wohnformen, Moral- und Sittlichkeitsvorstellungen häufig mit Gefährlichkeit und Bedrohung assoziiert werden. Das Festhalten an Normalitätsvorstellungen scheint vor Chaos und Orientierungslosigkeit zu schützen. Das, was als Normalität verstanden wird, ist allerdings nicht fix, sondern könne sich verändern. Normalität, so Link, lässt sich «dynamisch auf einem Kontinuum» (1997: 237) verschieben. Was normal und was nicht-normal ist, unterliegt einem ständigen Diskussionsprozess. Ein aktuelles Beispiel dessen, was im politischen Feld als sagbar gilt und was nicht, sind die (derzeitigen) Debatten des Bundestages im Hinblick auf Asylsuchende. Der Zuspruch, den die AfD in den letzten Jahren erhalten hat, die Themen, die sie auf die politische Agenda setzt, bringt offenbar andere Parteien, die sich ebenfalls rechts verorten, unter Zugzwang. Nicht nur die CSU unter Seehofer reagierte auf migrationspolitische Fragen in einer Weise, die vor zehn Jahren nicht mehr denkbar gewesen wäre. Dies hat ebenfalls Einfluss auf die Art und Weise, wie z.B. rassistische Äußerungen in der Öffentlichkeit immer normaler werden. Wenn nun aber die Normalitätsgrenzen verschiebbar sind, dann kann etwas, was als unnormal gilt, zwar normalisiert werden, aber ein/e jede/r kann umgekehrt auch das Etikett des Unnormalen angeheftet bekommen. Diese Angst vor Anormalisierung bezeichnet Link als «Denormalisierungsangst» (ebd.: 238).

Auch die Massenmedien leisten zur Umsetzung von Normalitäts-Dispositiven einen erheblichen Beitrag. Vor allem werden

Normalitätsvorstellungen durch die Medien in der Abbildung von Daten, Kurven, Durchschnittswerten, Grenzwerten, Meinungsumfragen, Interviews aufgerufen. Medien organisieren darüber hinaus das Meinungsspektrum zu einem bestimmten Thema beispielsweise in Talkshows oder offenen Debatten. Dabei wirken Medien bereits als Filter von politischen Meinungen in einem Links-Mitte-Rechts-Spektrum. Die Mitte ist hierbei der Durchschnitt des Sozialen und Politischen (vgl. Link 1997: 240f.). Ein Beispiel, dass unterschwellig eine solche Positionierung auf einem Rechts-Mitte-Links-Spektrum aufruft, wäre eine Meinungsumfrage, wie Bürger/innen in einer Stadt die Aufnahme von geflüchteten Menschen einschätzen. Solche Umfrageergebnisse mit entsprechenden Prozentzahlen (18% sagen, «... ist mir zu viel», 43% sagen: «...es ist gut, dass wir geholfen haben, aber jetzt sind die Kapazitätsgrenzen erreicht» und 26% sagen, «... die Stadt hat die Möglichkeiten und das Geld zur Aufnahme weiterer Flüchtlinge») sehen wir dann beispielweise in der Lokalzeitung. Schon die Thematisierung der steigenden Flüchtlingszahlen suggeriert eine unnormale, wenn nicht gar bedrohliche Entwicklung. Das Einholen einer Meinungsumfrage klassifiziert diese Einwanderung als unnormal und deutet auf eine Sondersituation hin, die einer solchen Umfrage bedürfe. Sie hilft darüber hinaus dem/der Leser/in dieser Lokalzeitung sich innerhalb eines Spektrums von Reaktionen auf diese Einwanderung zu verorten. Die symbolische Verortung dessen, was andere denken, ist ein wichtiger Prozess für die Ausbildung von Normalitäts-Dispositiven. Ohne Massenmedien wäre es für die Menschen schwierig zu erfahren, was als normal und unnormal angesehen wird.

8.2.3 Von der Diskurs- zur Dispositivanalyse

Der bisherige Fokus der Betrachtung lag auf dem Diskurs und Überschneidungen zwischen den Diskursen. Damit ist allerdings nach Auffassung der KDA nur ein Ausschnitt von Gesellschaft erfasst. Die notwendige analytische Fortsetzung der Diskursanalyse ist die so genannte Dispositivanalyse, die darauf zielt, die Struktur einer Gesellschaft in die Analyse zu holen. Diskursanalysen im Anschluss an Michel Foucault haben sich seit den 1980er-Jahren fächerübergreifend verbreitet, die Dispositivanalyse seit den 2000er-Jahren (vgl. Jäger 2012: 76). Beide Konzepte – Diskurs- und Dispositivanalyse – stimmen in hohem Maße überein; gemeinsames Anliegen ist es, das Wissen zu erschließen, das die untersuchten Gesellschaften – Jäger spricht auch von Kulturen in Anführungszeichen – mitsamt ihren Erscheinungsformen leitet (vgl. ebd.: 76).

Dispositivanalyse hat den Zusammenhang von Wissen, Handeln und Sichtbarkeiten (Vergegenständlichungen) zum Gegenstand und möchte das, was in der Diskursanalyse bereits als wichtige Erkenntnis formuliert wurde, empirisch-analytisch fundieren. Diskursanalyse ist der Kern, wie Jäger metaphorisch angibt, das «Herzstück» (Jäger 2012: 69) der Dispositivanalyse. Dispositivanalyse sei im Grunde Diskursanalyse, so Jäger in einem Vortrag, «da auch die sogenannten Fakten, die ‹wirkliche Wirklichkeit› nur in Gestalt von Bedeutungen, also primär sprachlich, aber nicht nur sprachlich, als *Wissen* zu erfassen» (Jäger 2008: 30; Herv.i.O.) sei.

Der Dispositivbegriff wurde von Foucault in seinem Werk *Der Wille zum Wissen* (1983 [1976]) in die sozialwissenschaftliche Diskussion eingeführt. Der Begriff *Dispositif* kommt aus dem Französischen und bedeutet u.a. Disposition, Entscheidung, Anordnung, Anweisung. In der Diskurstheorie beschreibt er die Gesamtheit der Produktion von Wissen, bestehend aus Wissen, Handlungen und Gegenständen. Dispositiv ist gewissermaßen die Infrastruktur eines Diskurses, «wie Gesetze, Verhaltensanweisungen wie Hausordnungen, aber auch Gebäude, Messgeräte etc.» (Bührmann/Schneider 2008: 52). Die Summe von verschiedenen politischen, sozialen und kulturellen Kräften legt somit Handlungsmöglichkeiten nahe. Ähnlich kann man sich den etwas sperrigen Begriff des Dispositivs vorstellen. Auch Foucault fokussiert auf Strukturen und Kontexte innerhalb eines gesellschaftlichen Bereiches, die wie Vorentscheidungen im Hinblick auf Handlungsoptionen wirken. Der *Diskurs* (Mediendiskurs, politischer Diskurs über Migration über Asyl) ist neben anderen Elementen nur ein Teil des Dispositivs. Auch *Institutionen* (Grenzbehörden, Bundesamt für Migration), *administrative Maßnahmen* (Abschiebung, die Verteilung von Asylsuchenden auf die Bundesländer), *wissenschaftliche Aussagen* (im Rahmen der Integrationsforschung, Erklärungen zu Fluchtursachen), *reglementierende Einrichtungen* (Abschiebegefängnis, Ausländerbehörde), *architekturale Einrichtungen* (Flüchtlingsunterkunft, Erstaufnahmeeinrichtung) oder Gesetze (Asylbewerberleistungsgesetz, Asylverfahrensgesetz, Grundgesetz, Art. 16) sind weitere Elemente des Dispositivs.

Dispositiv ist folglich nicht die Gesellschaft selbst, sondern nur ein Teil von ihr. Dispositiv ist der Rahmen von Vorentscheidungen, man kann auch Strukturen sagen, innerhalb derer ein Diskurs und soziale Handlungen möglich sind. Grundsätzlich besteht die Möglichkeit, dass sich die Stellung einzelner Elemente im Dispositiv verändert. Das Dispositiv ist also nicht einfach gegeben, sondern entwickelt sich «erst unter Vorgabe seiner Funktion in der historischen Anordnung» (Ruoff 2007: 101). Auf der Grundlage der Analysen Foucaults in *Überwachen und Strafen (*1995 [1976]) und *Der Wille zum Wissen* (1983 [1976]) stellt Link (2008) drei Unterscheidungsmerkmale von Diskurs und Dispositiv zusammen: Erstens ist ein Dispositiv eine kulturelle Dimension mit systemartiger Ausdehnung; der Diskurs ist ein begrenzter Komplex. Zweitens agieren die diskursiven Elemente des Dispositivs inter- und transdiskursiv, d.h. sie sind auch mit nicht-diskursiven Elementen verbunden, so Link. Und drittens spielt im Dispositiv die Macht eine Rolle, die aus gesellschaftlichen Spezial- oder Expertendiskursen resultiert und stets aus zwei Polen besteht, z.B.: Arzt-Patient, Justiz/Polizei-Krimineller, Pädagoge/Lehrer-Schüler, Psychiater-‹Irrer› oder auf einer allgemeinen Ebene Experte-Laie. Wir sehen in diesen Rollen von Experten und Laien Personen, die mit Macht ausgestattet sind, und solche, die man eher als Unterworfene bezeichnen kann. Die Experten seien, wie Link schreibt, die disponierende Subjektivität (mit Macht) und die Laien die disponierte Subjektivität (mit wenig Macht). Die Macht der Experten gründe in ihrer Stellung als Repräsentanten des sagbaren Wissens. Diese diskursive Bedeutungslosigkeit des anderen Pols, der Unterworfenen, führe zu der hohen Verfügungsgewalt, die Experten in ihrer machtvollen Stellung erhalten. Es seien also die Grenzen des Wissens, die Experten und Laien und damit disponierende und disponierte Subjektivitäten erzeuge (Link 2008: 239f.). Im Kontext des Rassismus würde die KDA herausstellen, wer als Experte für bestimmte Themen gilt und am Diskurs beteiligt ist.

Was ist der Gewinn der Dispositivanalyse für eine Rassismusanalyse? Die Dispositivanalyse ist der Versuch, die Diskurstheorie mit Erklärungskraft auszustatten, die ähnlich breit aufgestellt ist, wie materialistische Theorien; nur, dass die Diskurstheorie die Wirklichkeit als auf dem Rücken der Diskurse konstituiert beschreibt. Die Dispositivanalyse schlägt so eine Brücke zwischen Diskursen und praktischer Wirklichkeit einer Gesellschaft. Mit ihr wollen Diskurstheortiker/innen zeigen, wie die Diskurse über ‹Rassen›, über die ‹Fremden›, die ‹Anderen›, über Flucht, Migration und Asyl sich materiell manifestieren.

8.2.4 Die Verstaatlichung des Biologischen: Staatsrassismus

Wie sich Dispositiv und Diskurs auf den einzelnen Menschen durchwirken, darauf gibt Foucaults Konzept der Bio-Macht eine Antwort. Diese Perspektive fängt mehr die Dynamik zwischen Staat und Gesellschaft ein, weniger das Bewusstsein einzelner Akteure. Als Konzept zur Regulierung der Bevölkerung geht es bei Bio-Macht um die Macht des Staates über Körper. Die folgenden Ausführungen sind nicht diskurstheoretisch, aber es geht in ihnen auch nicht um ökonomische Strukturen; sie demonstrieren, wie Rassismus in die Bio-Macht eingepflegt werden kann. Michel Foucault (1926–1984) hat vor allem an zwei Stellen seines Werkes – in *Der Wille zum Wissen* und in drei Vorlesungen, die er am College de France im Jahr 1976 hielt – Rassismus in das von ihm so genannte Konzept der Bio-Macht eingeordnet. Der Wert dieser Überlegungen zum rassistischen Potential der Bio-Macht ist nicht nur aufgrund seiner Aktualität kaum zu überschätzen.

Auch Foucault legt dar, dass Rassismus ursprünglich mit der Kolonialisierung entsteht und eng mit der Evolutionstheorie verbunden ist. Nach Foucault lässt sich mit Hilfe der Evolutionstheorie (in einem sehr weiten Sinn) und des Rassismus, der sich mit dem Kolonialismus entwickelte, begründen, warum Menschen, Völker, Zivilisationen getötet werden. Wie lässt sich den eigenen Bürger/innen ein Krieg erklären? Wie werden andere Menschen zu einer gegnerische ‹Rasse› – zu einer biologischen Gefahr? Und auch Kriminalität wird in Begriffen des Rassismus gedacht: Wie kann der Bevölkerung die Beseitigung und Tötung von Kriminellen plausibel gemacht werden? (vgl. Foucault 1976: 298f.)

Foucault spricht von der Geburt des Staatsrassismus, der in der Vereinnahmung des Lebens durch die Macht besteht. Bis zum 19. Jahrhundert bestand das Recht des Souveräns darin, «sterben zu machen oder Leben zu lassen» (Foucault 1976: 278). Im 19. Jahrhundert wird dieses Recht ergänzt durch die Macht, leben zu machen. Im 17./18. Jahrhundert noch konzentrierten sich die Machttechniken, die auf den Körper bezogen sind, auf den individuellen Körper und auf seine Dressur und Nutzkraft durch Übung. Das nennt Foucault die Disziplinargesellschaft. Ab dem 19. Jahrhundert sind die Machttechniken allerdings auf den Gattungsmenschen (Bevölkerung) gerichtet. Worum geht es in dieser neuen Technologie der Macht, die Foucault als Bio-Macht bezeichnet? Bio-Macht trägt zunächst einmal Wissen über Geburten- und Sterberaten, Geburtenzuwachs, Fruchtbarkeit der Bevölkerung, aber auch über die Beziehungen innerhalb der menschlichen Gattungen in ihrem Umfeld (geographische, klimatische, hydrographische Umgebung) zusammen und definiert dieses Wissen als Feld ihrer Interventionen. Gegen Ende des 18. Jahrhunderts wird eine Medizin eingerichtet, deren Hauptaufgabe die öffentliche Hygiene ist. Die Bio-Macht koordiniert die medizinische Versorgung, zentralisiert Informationen, normalisiert Wissen und initiiert Aufklärungskampagnen in Sachen Hygiene und medizinischer Versorgung. Bevölkerung gilt der Bio-Macht als politisches und wissenschaftliches Problem, für das Lösungen gesucht wurden. Die Machtmechanismen der Bio-Macht sind Vorhersagen, statistische Bewertungen und globale Messungen (um beispielsweise die Sterberate zu senken, das Leben zu verlängern oder die Geburtenrate zu stimulieren). Es geht darum, biologische Prozesse der Menschengattung zu erfassen, und nicht darum, zu disziplinieren (vgl. ebd.: 278–285).

Foucault zeigt auch, wie es mit dem Aufkommen der Bio-Macht dem Rassismus möglich wurde, in die Mechanismen des Staates einzuziehen. Rassismus ist ein Mittel, dass darüber entscheidet, wer sterben muss und wer leben darf. Die Unterscheidung von ‹Rassen› und ihre Hierarchisierungen erlauben es der Macht, die Bevölkerung zu unterteilen. Die Funktion des Rassismus besteht in der Fragmentierung der Gattung, die unterteilt wird in die Wertvollen und die Nicht-lebenswerten: «Je mehr niedere Gattungen im Verschwinden begriffen sind, je mehr anormale Individuen vernichtet werden, desto weniger Degenerierte gibt es in der Gattung, desto besser werde ich – nicht als Individuum, sondern als Gattung [...]» (Foucault 1976: 296). ‹Rasse› und Rassismus versteht Foucault demnach als Bedingungen für die Akzeptanz des Tötens in der Normalisierungsgesellschaft, d.h. Rassismus ist Bedingung für die Ausübung des Rechts auf Tötung (vgl. ebd.).

Rassismus wird bei Foucault als Selektionsmechanismus beschrieben, der der Differenzierung der Arten und der Selektion des Stärkeren dient. Der Staat tritt demnach als Hüter der Reinheit und Überlegenheit auf. Foucault spricht folglich über einen Staatsrassismus, der vom Alltagsrassismus zu unterscheiden ist. Der Nationalsozialismus ist für ihn die auf die Spitze getriebene biopolitische Denkweise, also die höchste Entwicklung vorhandener Machtmechanismen. D.h., Staatsrassismus ist keine Form der Irrationalität. Dessen Funktionen liegen in der Fragmentierung einer Gesellschaft und der Legitimation des Staates in der Normalisierungsgesellschaft, töten zu dürfen. Tötung heißt bei Foucault nicht direkter Mord, sondern alles, was jemanden der Gefahr des Todes ausliefert, wie Vertreibung oder auch Abschiebung. Der Nationalsozialismus war eine Disziplinierungs- und Regulationsmacht zugleich. Viele Personen hatten das Recht zu töten. Die Zerstörung anderer ‹Rassen› war das Ziel. Damit hat der Nationalsozialismus die folgenden Bereiche in Einklang gebracht: einerseits das Feld des Lebens, das er verbessert, schützt, absichert und biologisch kultiviert, und andererseits das Recht des Souveräns, nicht nur die «Anderen», sondern auch die eigenen Leute zu töten, wenn sie als bedrohlich deklariert wurden. Mit dieser funktionalistischen Bestimmung weist Foucault ebenfalls die Vorstellung zurück, dass Rassismus aus sozialen Konflikten zwischen ethnisch definierten Gruppen entsteht (vgl. ebd.: 299–301).

Für die Bio-Macht ist die Kontrolle der Sexualität wichtig, denn die Sexualität befindet sich an der Kreuzung zwischen Körper und Bevölkerung. Sexualität gilt als «Herd von Krankheiten» und als «Kern der Degeneration». Die Norm wird angewendet sowohl auf den einzelnen Körper, der diszipliniert und auf die Bevölkerung, die reguliert werden soll. Die Normalisierungsgesellschaft ist eine Gesellschaft, in der sich Norm und Disziplin miteinander verbinden; es also zu einer freiwilligen Unterwerfung unter bestimmte Normalitätsvorstellungen kommt. Der Grund, warum rassistische Diskurse in der Regel «sexuell überdeterminiert» sind, liegt nach Sabine Grimm in der «Normierung des sexuellen und generativen Verhaltens der Menschen im Sinne einer Verschmelzung von Sexualität und Fortpflanzung» sowie im «Prozeß der Durchsetzung einer bestimmten Norm des Zusammenlebens [...] also die Durchsetzung der bürgerlichen Kleinfamilie, deren Zerfall derzeit von Konservativen bis hin zu Linksliberalen [...] beklagt wird» (Grimm 2000: 6). Sexuelle Reproduktion, aufopfernde Mutterschaft und (die traditionelle) Familie sind daher zentrale Bezugspunkte des Rassismus, weil nur diese Bezugspunkte die für den Rassismus so wichtigen biologischen und kulturellen Kontinuitäten gewährleisten können. Grimms Überlegungen lassen sich hier an Foucaults Überlegungen zum Staatsrassismus anschließen, weil auch die heutige Bevölkerungspolitik rassistische Ausschlüsse produziert, z.B. arbeitsmarkpolitische Entscheidungen, wie «Arbeit zuerst für Deutsche» (Inländerprinzip) oder Statistiken, die uns die ‹Überfremdung der Deutschen› mittels der Darstellung des Geburtenrückgangs verdeutlichen (vgl. ebd.: 7).

8.2.5 Kritik: Wieso akzeptieren Menschen rassistische Ideen?

Eine objektiv erkennbare Wirklichkeit, deren falsche Interpretation auf einer bestimmten Ideologie basiert, gibt es für die KDA nicht. Daher verzichtet die KDA auf den Dualismus Denken-Wirklichkeit bzw. Sein-Schein. Dieser Verzicht auf die Annahme einer objektiv erkennbaren und kritisierbaren gesellschaftlichen Struktur und einer dieser Struktur entsprechenden Denkweise (Ideologie) hat allerdings Folgen und damit komme ich zu den Grenzen der KDA. Weder kann die KDA, nach Jägers eigenen Angaben, aufzeigen, wie der Rassismus in den Diskurs gekommen ist, noch warum Menschen rassistische Deutungen akzeptieren (vgl. Jäger 1997: 136f.). Die KDA spricht vor allem in ihren Analysen zu den Kollektivsymbolen von einer subjektbildenden Fähigkeit von Diskursen. Weitgehend unterbestimmt bleibt dennoch, wie sich Diskurse konkret auf die Subjekte auswirken. So könnte gefragt werden, warum manche Subjekte mehr zu rassistischen Deutungen tendieren als andere. Die KDA kann folglich nur konstatieren, dass ein Großteil der deutschen Bevölkerung mehr oder weniger stark in rassistische Diskurse verstickt ist, aber nicht warum.

Mit der Verabschiedung des Wahrheitsbegriffes bei Foucault löst sich das Ideologische des Rassismus in die Annahme auf, dass alles nur ‹gemacht› sei. Mit dieser Vorstellung haben auch gesellschaftliche Phänomene objektiver Verkehrung, wie der Rassismus, keinen analytischen Sonderstatus mehr (vgl. zu dieser Kritik auch Rehmann 2008: 140–144), weil sie nur als Varianten von machtdurchtränkten Interpretationen des Sozialen erscheinen. Damit wäre Rassismus analytisch nicht mehr Problem als irgendein anderer Diskurs, obwohl dies eine engagierte Diskursanalyse nicht ausschließt. So begründete Jäger die Dringlichkeit einer Studie mit dem kontinuierlichen Anstieg rassistischer Angriffe und Überfälle seit dem Sommer 1991. Dass diese Studie zudem hilfreich für die antirassistische Erziehung und die Politik sein kann, wird sehr klar als Anspruch formuliert (vgl. Jäger 1992: 9, 13.)

Der Fokussierung auf die semantischen Entäußerungen (Diskurs) soll durch die Erweiterung der Diskurstheorie um das Dispositivkonzept begegnet werden; doch kann die Dispositivanalyse bislang eben diesen Zusammenhang von Struktur und Sprache nicht schlüssig darstellen. Also, wie schreibt sich der Diskurs in die gesellschaftlichen Strukturen konkret ein? Unterdrückung und Repression resultieren in einer Gesellschaft nicht allein aus dem Diskurs. Hier hat das Dispositivkonzept deutlich mehr Potential, auch andere Aspekte in die Analyse zu integrieren als eine reine Diskursanalyse.

Der Verzicht auf die Annahme einer gesellschaftlichen Objektivität führt zu einem Relativismus, dem es schwerfällt, Perspektiven inhaltlich-spezifisch zu kritisieren und nicht nur ihres hegemonialen Charakters in einer konkreten Diskursformation wegen. Diese bisweilen kritische Leere führt zu einem nächsten Kritikpunkt. Die diskursanalytische Meso-Perspektive bindet durch ihre Konzentration auf Macht-Wissen-Komplexe Gesellschaftskritik nicht an gesellschaftliche Makro-Formationen wie Staat, Nation und Kapital zurück.[62] Daher kann sie deren Ideologieformationen nicht hinreichend erfassen und kritisieren bzw. behandelt sie nur als Ausdruck einer diskursiven Überrepräsentation (vgl. jour-fixe-initiative Berlin 1999: 7). So anwendbar Foucaults Rassismusbegriff auf die staatlichen Abschiebepraxen, auf die biometrische Klassifizierung von geflüchteten Menschen an den europäischen Landesgrenzen heute auch ist, Foucault streicht doch alle marxistischen Kategorien aus seinen Analysen. Ohne diese wird ein Verständnis auch des Staatsrassismus schwierig, weil es die Dynamiken der kapitalistischen Vernutzung von Menschen nicht beschreiben kann. Schon

62 Eine ähnliche Kritik wurde bereits bei Hall formuliert.

1968 stellt Adorno in seinem Vortrag auf dem 16. Deutschen Soziologentag fest, dass die Theoriebildung in der Soziologie in weitem Maße auf eine Analyse der «sozialen Bedingungen der Produktion» (Adorno 1972a: 365) verzichtet. «Sie werden neutralisiert zu Begriffen wie Macht oder soziale Kontrolle. In solchen Kategorien verschwindet der Stachel und damit möchte man sagen, das eigentlich Soziale an der Gesellschaft, ihre Struktur.» (ebd.: 365) Rassismus ist verbunden mit der kapitalistischen Struktur der meisten Gesellschaften. Er ist insofern nicht nur eine Legitimation für die Ausbeutung und Kontrolle der kapitalistischen Peripherien, sondern er spielt auch eine große Rolle bei der konkreten Formation bestimmter ökonomischer Bereiche, wie Sexarbeit, Bauwesen, Landwirtschaft und im Gesundheitssektor. Diese Bereiche profitieren ganz maßgeblich von der prekären Lage vieler illegalisierter Menschen und den Regelungen des Ausländerrechts im Hinblick auf Bewegungsfreiheit und der Möglichkeit zu arbeiten. Ganz klassisch marxistisch, deswegen aber nicht weniger zutreffend, werden Arbeitskräfte je nach wirtschaftlicher Situation nach rassistischen Logiken vernutzt. Je nach Bedarf öffnen und schließen sich bestimmte Sektoren für die Arbeitskraftreserven (vgl. dazu auch Zinflou 2016: 62–64).

Diskurse werden von der KDA nicht allein als Ausdruck, sondern auch als aktive Gestaltungskraft von Wirklichkeit konzeptualisiert. Diese exponierte Stellung von Diskursen in der Gesellschaftsanalyse der KDA hat weitreichende Folgen: So scheint es, als würden Veränderungen in sprachlicher Hinsicht auch zur Auflösung von Ausgrenzungspraxen (wie Rassismus) führen. Eine Ideologiekritik würde, im Gegensatz dazu, Diskurse als Abbildung gesellschaftlicher Verhältnisse, niemals aber als alleiniges Konstituens gesellschaftlicher Wirklichkeit fassen (vgl. hierzu auch die Ausführungen zu einer notwendigen ideologiekritischen Sprachkritik, wie sie Adorno (2008: 120) beispielsweise in der Vorlesung *Philosophische Elemente einer Theorie der Gesellschaft* im Juni 1964 gefordert hat.)

9 Erklärungen des Rassismus IV: Der Vorrang des Subjekts

Auch die postkolonialen Theorien knüpfen an die poststrukturalistischen Theorien mit deren Fokus auf diskursive Formationen an: In das Zentrum der Kritik rücken hier Wissen, ‹Blicke›, Identitäten und überhaupt soziale Verkehrsformen des Alltags. Die Rassismusforschung, mehr noch aber die antirassistische Praxis in weiten Teilen der Linken ist gegenwärtig stark an der postkolonialen Theorie orientiert, als deren Begründer Edward Said (1935–2003) gilt. Weitere wichtige Vertreter/innen sind beispielsweise Frantz Fanon (1925–1961), Gayatri Chakravorty Spivak (*1942), Dipesh Chakrabarty (*1948), Homi K. Bhabha (*1949) und bell hooks (*1952). Bei aller Unterschiedlichkeit eint postkoloniale Theorien ein interdisziplinäres Vorgehen, «das die komplexen Dynamiken soziokultureller Formation und Interaktion» (Küster 1998: 179) in jenen Ländern untersucht, die kolonisierten und die kolonisiert wurden. Im Fokus steht die Rekonstruktion des so genannten kolonialistischen/rassistischen Wissensbestandes in den ehemaligen Kolonien und dessen Auswirkung auf Identität und Kultur der Menschen in den ehemaligen kolonialisierten Regionen. Die politischen und ökonomischen Auswirkungen des Kolonialismus, wie sie in den marxistischen Ansätzen untersucht wurden, sind hier eher von nachrangigem Interesse. Im Zentrum postkolonialer Theorien steht die Erfahrung mit der Kolonialisierung, deren bis heute prägende Kraft betont wird.

Zu den zentralen Annahmen im Hinblick auf den Rassismus zählt die Vorstellung des Fortwährens (post-)kolonialer Praxen, die durch einen rassistischen Blick grundiert sind. Es geht um die Darstellung des Fortwirkens einer so genannten sozio-kulturellen Vorherrschaft des ‹Westens›. In die Kritik postkolonialer Theorien geraten daher beispielsweise: (vorurteilsvolle) Bilder der Menschen aus den ehemaligen Kolonien; Werte und Normen (wie die universellen Menschenrechte), weil sie als ‹westlich› bzw. eurozentrisch und deshalb als räumlich begrenzt gültig angesehen werden; hegemoniale ‹westliche› Wissenschaften und/oder Konzeptionen von Identität, Subjektivität, Fortschritt und Emanzipation, die epistemologisch am Ideal des weißen, männlichen Subjekts gebildet wurden. Zentral ist für postkoloniale Perspektiven die Zurückweisung universeller Maßstäbe und Normen, die als machtdurchtränkt und im Grunde partikularistisch gelten, sich aber universell behaupten. Postkoloniale Kritiker/innen gehen von einer Definitionsmacht ‹westlicher› Gesellschaften aus. Und sie betonen die Möglichkeiten von Widerstand gegen «Kolonialismus, kolonialistische Ideologien und deren Hinterlassenschaften» (Castro Varela/Dhawan 2005: 25). Aus der Négritude-Bewegung hat postkoloniale Theorie den Impuls übernommen, dass Vorurteile und Stereotype gegen Schwarze positiv umdeutbar seien und dass es lohnend sei, der hegemonialen Kultur des ‹Westens› eine eigene Kultur gegenüberzustellen (vgl. Dietrich 2007: 30, FN 10).

9.1 Der postkoloniale Ansatz der Critical Whiteness Studies

Aus der postkolonialen Theorie haben sich die Critical Whiteness Studies (CWS) zunächst in den 1970er-/80er-Jahren in den USA entwickelt, die eine große Rezeption erst in den letzten Jahren auch in Deutschland erfahren haben. Die noch jungen CWS schließen an poststrukturalistische Ansätze an. Viele Autoren/innen beziehen sich daher auf Michel Foucault und auch Frantz Fanon als Vorläufer postkolonialer Theoriebildung. Ebenso wird Stuart Hall, insbesondere sein Verständnis von Ethnizität, vielfach rezipiert. Insofern bleiben auch für postkoloniale Theorien diskursive und kulturelle Prozesse von großer Bedeutung. Wissen und Macht sind zentrale Bezugspunkte des Interesses.

In den CWS verbinden sich Perspektiven der Women Studies, Black Studies und Critical Race Studies. Zu den Vertreter/innen der CWS gehören z.B. bell hooks, Toni Morrison, Peggy McIntosh, Kimberlè Crenshaw, Ruth Frankenberg und Elisabeth Spelman. Im deutschen Kontext haben Grada Kilomba, Susan Arndt, Maureen Maisha Eggers, Eske Wollrad, Gabriele Dietze, Claudia Brunner und Edith Wenzel die Forschung erheblich vorangetrieben. Es gibt für die CWS nicht das eine verbindliche Theoriegebäude, vielmehr beziehen sich verschiedene wissenschaftliche Disziplinen auf diese Perspektive. In deren Zentrum steht die Hegemonie(selbst)kritik (vgl. Dietze 2006: 220) des eigenen Weißseins. Die Forschungsarbeiten der CWS sind breit aufgefächert: Literaturkritik (Toni Morrison), Filmtheorie (Richard Dyer), Sozialwissenschaften (David Roediger, Ruth Frankenberg), Amerikanistik (Sabine Bröcks) usw. (vgl. dazu ausführlicher Tißberger 2016: 27f.). Vor allem Gabriele Dietze hat mit ihrem Begriff des kritischen Okzidentalismus dem Anliegen der CWS zur hegemonialen Selbstreflexion für den deutschen Kontext eine Form gegeben. Dieser Begriff scheint ihr statt Whiteness ein besser geeigneter Referenzpunkt zu sein, weil vor allem Orientalismus, völkische Ideen und Nationalsozialismus den deutschen Rassismus prägten. Er beschreibt die Zurückwendung des Blicks vom Orient[63] auf den Okzident. Dieser Begriff lasse sich auf den deutschen Kontext mit seiner muslimischen Bevölkerung als ‹die Anderen› besser anwenden als jener der Whiteness.

Der CWS-Ansatz hat das Potential, Differenzen zwischen verschiedenen gesellschaftlichen Positionen und Akteuren/innen aufzuzeigen, die auf unterschiedliche Herrschaftserfahrungen und unterschiedliche soziale Positionen zurückgehen. Für die CWS verlaufen die Grenzen sozialer Ungleichheit nicht entlang ökonomischer Linien, sondern an den Grenzen von Kultur, Herkunft und Hautfarbe. Dieser Ansatz stellt weiße Menschen in das Zentrum ihrer Analysen. So unterschiedlich die verschiedenen Critical Whiteness-Konzepte auch sein mögen, so fußen sie auf vier Grundannahmen: Erstens ‹Rasse› ist eine soziale Konstruktion, zweitens die Herabsetzung von rassifizierten Personen ist Ausdruck von Machtverhältnissen, drittens Rassismus ist strukturell und institutionell in Gesellschaften mit weißer Hegemonie verankert und viertens Weißsein bringt eine zählbare Dividende hervor (Privilegien) (vgl. Dietze 2006: 224f.).

Die CWS behaupten, einen grundlegenden Perspektivenwandel innerhalb der Rassismusforschung vorzunehmen. Dieser bestehe darin – anders als bei Perspektiven auf das ‹Andere›

---

63 Edward Said analysierte in seinem Buch *Orientalism* (1978) die Herrschaftsform des Orientalismus, mit der der westliche Blick auf die vor allem arabo-islamischen Gesellschaften des Nahen Ostens bezeichnet wird. Dieser Blick stehe für eine Form der Herrschaft durch den Westen mittels des Wissens, das er produziert, und setze damit den alten Kolonialismus bis heute fort.

und dessen Konstruktion –, das weiße (rassistische) Subjekt und dessen Setzung von weiß als unausgesprochene Norm in einer Gesellschaft in den Blick zu nehmen. Dieser «racial turn», wie er von Vertreter/innen der Critical Whiteness Studies genannt wird, hat zu teils sehr umstrittenen antirassistischen Praxen in der deutschen Linken geführt. Im Folgenden werde ich die theoretischen Annahmen der Critical Whiteness Studies zunächst losgelöst von einer übersteuerten links-dogmatischen Praxis darstellen.

CW ist eher eine Perspektive als eine konkrete Theorie. Aus der CWS-Perspektive zu arbeiten, heißt, die hegemonialen Episteme kritisch zu hinterfragen und sie gegebenenfalls zurückzuweisen. Episteme sind mit Foucault jene apriorischen Codes, die der Möglichkeit von Wissen überhaupt zugrunde liegen und die Wissenschaft in einem bestimmten historischen Abschnitt als gültig produziert und in das Alltagsbewusstsein der Menschen weiterleitet. Die CWS kritisieren das von den westlichen Gesellschaften produzierte Wissen über beispielsweise andere, ‹fremde› Gesellschaften: «Es bedeutet, die hegemoniale Episteme ‹des Westens›, deren konstitutives Element rassistisches Wissens über außereuropäische Subjekte ist, als solche zu erkennen und sie in sämtlichen Bereichen des Lebens – von der Wissenschaft bis zum Alltag – nach ihren diskriminierenden Effekten zu befragen.» (Tißberger 2016: 29) In den Fokus der Kritik geraten Konzepte wie Universalismus, Fortschrittsdenken und ein traditioneller Kulturbegriff. Eine solche Epistemologiekritik kann so weit gehen, dass auch die Produktion von «weißem Wissen» an den Universitäten kritisiert wird. Carsten Junker thematisiert beispielsweise das «Problem der Aneignung Schwarzen Wissens und Aberkennung Schwarzer Autorität» (Junker 2009: 435). Als Problem diskutiert Junker die Übernahme von Erkenntnissen schwarzer durch weiße Akademiker/innen, die möglicherweise von einer besseren Position («weißes Zentrum») des akademischen Betriebes sprechen. Diese Übernahme von Erkenntnissen akademisch marginalisierter, schwarzer Wissenschaftler/innen, die zu Rassismus gearbeitet haben, durch weiße Wissenschaftler/innen bezeichnet Junker in Anlehnung an Grada Kilomba als ein «koloniales Muster» (ebd.: 436).

Diese Annahmen werfen erneut grundsätzliche Fragen nach der Geltung von Wissen auf, insbesondere nach der Anerkennung von Wissen im Wissenschaftsbetrieb, je nachdem von wem es entwickelt wird (vgl. Junker 2009: 436): CWS betonen, von wem und damit vor allem von wo aus etwas gesagt oder gedacht wird. Im Gegensatz beispielsweise zur Ideologiekritik versuchen die CWS nicht, das, ‹was› gesagt wird, auf dem Terrain des Wahrheitskampfes zu widerlegen und immanente Falschheit mit externalen sozialen Produktionsbedingungen zusammenzudenken. Auch in der Ideologiekritik kann der Sprechort, die Frage, wer und von wo jemand spricht, einen wichtigen Erklärungsaspekt zur sozialen Genese der Falschheit von Aussagen abgeben. Niemals aber ist das ‹Von-Wo› oder ‹Wer› schon selbst der Beleg der Wahrheit oder Falschheit. In den CWS wird hingegen die Frage nach wahr und falsch selbst aufgelöst in einen Effekt der Machtverteilung: eine Verteilung, die sich vor allem am jeweiligen Sprechort, der eigenen ‹Positionierung›, bemisst. Einen immanenten Geltungszusammenhang, auf den man sich einlassen müsste, gibt es hier nicht. Keine Variante der CWS akzeptiert eine Trennung von Genesis und Geltung, also die kategoriale Differenz der Zusammenhänge sozialer Entstehung des Wissens hier und seiner Begründung und Rechtfertigung dort.

9.1.1 Whiteness als Norm

Mit dem Fokus auf Whiteness sollte eine Wendung innerhalb der Rassismusforschung eingeleitet werden, die nicht mehr nur auf die Objekte des Rassismus fokussiert ist, sondern auf die Subjekte des Rassismus (vgl. Dietze 2006: 219, 223). Martina Tißberger spricht gar von einem Paradigmenwechsel, den die CWS in dieser Hinsicht vornehmen (vgl. Tißberger 2016: 25). Doch was heißt das konkret? Toni Morrison schreibt zum Abschluss ihrer Arbeit *Playing in the Dark* (1992): «My project is an effort to avert the critical gaze from the racial object to the racial subject; from the described and imagined to the describers and imaginers; from the serving to the served.» (Morrison 1990: 90)[64] Den meisten Rassismusanalysen geht es darum zu zeigen, wie funktional der Rassismus für die rassistisch Dominanten und die Gesellschaft ist; wie sich rassistische Vorstel-

64 «Mein Projekt ist ein Versuch, den kritischen Blick vom rassischen Objekt zum rassischen Subjekt zu wenden; von den Beschriebenen und Imaginierten zu den Beschreibenden und Imaginierenden; von den Dienenden zu den Bedienten.» (Morrison 1990: 90)

lungen und Bilder im Alltag der Menschen produzieren und reproduzieren, wie Medien diese Bilder weiterverbreiten oder wie in Institutionen rassistische und diskriminierende Normen und Gesetze eingeschrieben sind. Kurzum: Neu ist dieser Blick auf das weiße Subjekt keineswegs; neu ist allerdings die konsequente Forderung, diese Aspekte zur Kenntnis und zum Ausgangspunkt eines veränderten Verhaltens zu nehmen.[65]

Whiteness gilt als Prinzip, das sich als Norm und damit Herrschaftsprinzip etabliert und wird daher als politische Kategorie verstanden (vgl. dazu auch Dietze 2006). Ruth Frankenberg bestimmt Whiteness mehrdimensional: «First, whiteness is a location of structural advantage, of race privilege. Second, it is a ‹standpoint›, a place from which white people look at ourselves, at others, and society. Third, ‹whiteness› refers to a set of cultural practices that are usually unmarked and unnamed.»[66] (Frankenberg 2000: 447) Weiße verfügen über Privilegien auf dem z.B. Wohnungs- oder Arbeitsmarkt einfach nur, weil sie weiß sind und haben i. d. R. die Möglichkeit, sich unauffällig in der Öffentlichkeit zu bewegen, was für schwarze Menschen zumindest in einer weißen Mehrheitsgesellschaft nicht möglich ist. Es zählt zum Privileg, dass es eben als ein solches den Privilegierten gar nicht kenntlich wird. Für die Nicht-Weißen hat diese Selbstverdeckung des Privilegs Folgen: Es beginnt bei interessierten Blicken, führt über verdächtiges Prüfen und diskriminierendes Verhalten bis hin zu Gewalt. Weiße genügen der weißen Norm und sind kaum von Diskriminierung aufgrund der Hautfarbe betroffen. Weiße Menschen können sich mit Rassismus auseinandersetzen, schwarze Menschen müssen dies tun (Schule, Behörden, Bewerbung, racial profiling etc.), kritisieren die CWS. Ähnlich dem, was Hall als das «weiße Auge» beschrie-

65 Einen Paradigmenwechsel hat m. E. Frantz Fanon seinerzeit vorgenommen, als er in *Schwarze Haut, weiße Masken* (2016 [1952]) *auch* die rassifizierten Objekte in den Blick nahm und fragte, inwieweit sich die rassistische Verobjektivierung und Inferiorisierung auf die Psyche der Kolonisierten ausgewirkt hat und mit der Zeit zu einer Ablehnung und Entfremdung von der ‹eigenen Kultur› führte (vgl. Fanon 2016).

66 «Erstens ist Weißsein ein Ort des strukturellen Vorteils, des ‹Rassen›-Privilegs. Zweitens ist es ein ‹Standpunkt›, ein Ort, von dem aus die Weißen auf sich selbst, auf andere und die Gesellschaft blicken. Drittens bezieht sich ‹Weißsein› auf eine Reihe von kulturellen Praktiken, die normalerweise nicht markiert und unbenannt sind.» (Frankenberg 2000: 447)

ben hat, spricht auch Susan Arndt von weißen Sehgewohnheiten – einem «regime of looking» –, die mit strukturellen Rassifizierungspraxen verbunden sind (vgl. Arndt 2006: 11f.).

Whiteness gilt als das «symbolische Zentrum einer hegemonialen Ordnung» (Tißberger 2016: 28). Whiteness fasst also den Konstruktionscharakter von weiß und schwarz, es steht für eine Machtstruktur und betont das historische Gewordensein dieser Struktur. Der deutsche Begriff Weißsein verweist auf die Norm von weißer Hautfarbe, die unbenannt bleibt (vgl. ebd.: 29). Wenn wir in der deutschsprachigen Zeitung lesen, dass jemand einen Supermarkt überfallen hat und seine Hautfarbe nicht genannt wird, kann in aller Regel davon ausgegangen werden, dass die Person der weißen Mehrheitsgesellschaft angehört. Die Unsichtbarkeit von Whiteness werde verstärkt durch die symbolischen Formen, in denen es aufgehoben ist. Weil Whiteness auch Teil einer symbolischen Ordnung ist, wird sie als Machtstruktur auch in größeren Zusammenhängen wirksam. «Es bedarf nicht der ‹weißen Hautfarbe›, sondern des Bezugs auf das Ideal der aufklärerischen Moderne mit ihrer imperialistischen Episteme – es bedarf des symbolischen Kapitals dieser Episteme, um andere Andere (re-)produzieren zu können.» (Tißberger 2016: 29)

Weißsein wird als «Master Signifier» betrachtet. D.h., aus einer Vielzahl von körperlichen Merkmalen werden einzelne selektiert und zu einem natürlich gegebenen und relevanten Kriterium der Unterscheidung erklärt. Würde diese Form von Herrschaft nur die (rassifizierten) Objekte in den Blick nehmen, wäre sie nach Auffassung der CWS begrenzt. Weißsein begründet damit eine Beziehungsstruktur, die über Ein- und Ausschluss entscheidet. Daraus resultiert die Forderung einer «Selbstmarkierung» der Weißen, um den Status der Whiteness als «unmarked marker» (Frankenberg 2000: 1) aufzuheben. Und Toni Morrisson schlägt vor, die Auswirkungen der Rassenhierarchien in ihren positiven Effekten auf die Nicht-Schwarzen zu untersuchen. «What I propose here is to examine the impact of notions of racial hierarchy, racial exclusion, and racial vulnerability and availability on noneblacks who held, resisted, explored, or altered those notions.»[67] (Morrison 1992: 11)

67 «Was ich hier vorschlage, ist, die Auswirkungen der Vorstellungen von Rassenhierarchie, Rassenausgrenzung, rassischer Verletzlichkeit und Verfügbarkeit auf Nicht-Schwarze zu untersuchen, die diese Vorstel-

Was als weiß angesehen wird, das ist historisch wandelbar. Darüber, dass schwarze und afro-diasporische Menschen nicht-weiß sind, darüber gab es nie Zweifel; sie stellten seit den Rassentheorien stets den anderen Pol zum Weißsein dar. Aber darüber, wie weiß und ob Iren oder Italiener weiß sind, darüber entschieden historisch betrachtet gesellschaftliche Diskurse (vgl. Tißberger 2016: 28). Wie bereits bei Halls Überlegungen zur Identitätspolitik sind die Adaptionen rassistischer Farblehren in den CWS als politische Kategorien der Kritik angelegt und selbstverständlich nicht als Affirmation rassistischer Kategorisierung. Das betrifft auch den Begriff der Whiteness. Für diese Verschiebung steht der methodologische Begriff des «racial turn». Er erfasst die Bewegung von ‹race› weg als biologistischem Konstrukt auf ‹race› zu als sozialer Realität. Damit ist der Begriff «racial turn» ein Spiegelbild des Kampfes um die Bedeutung von ‹race› (vgl. Arndt 2006: 11). Um den Konstruktionscharakter von weiß und schwarz deutlich zu machen, werden in vielen Arbeiten von Autoren/innen der CWS Begriffe wie ‹schwarz› und ‹weiß› großgeschrieben und besonders hervorgehoben, indem sie beispielsweise kursiv gesetzt oder beide mit einem Sternchen (weiß*, schwarz*) versehen werden.

9.1.2 Unsichtbare Privilegien und ‹Rassenverrat«

Whiteness ist also eine analytische Kategorie, die auf eine soziale Position und Norm verweist. Sie umfasst nicht nur die ‹Norm der Hautfarbe›, sondern auch kulturelle Normen. Das zur Norm erhobene Weißsein ist mit Konsequenzen für diejenigen verbunden, die zur Norm gehören (und natürlich für diejenigen, die nicht dazu gehören). Die, die der Norm entsprechen, profitieren von einer Privilegierung, derer sie sich häufig nicht bewusst sind: Sie genießen «(in)visible privileges» (Gerbing/Torenz 2007: 7). Die ‹Farbenblindheit› Weißer sich selbst gegenüber sei Ausdruck der Normalisierung von Weißsein. Peggy McIntosh beschreibt Whiteness deshalb metaphorisch gesprochen als einen «unsichtbaren Rucksack» (McIntosh 2015) voller unverdienter Privilegien. Weißen werde beigebracht, diese Privilegien nicht zu sehen. Zu diesen Privilegien gehören so banal

lungen vertreten, ihnen widerstanden, sie erforscht oder verändert haben.» (Morrison 1992: 11) erscheinende Dinge wie ein Pflaster in der eigenen Hautfarbe, aber auch so existentielle wie: dort Wohnraum zu erwerben/zu mieten, wo man es möchte, sich unbehelligt bewegen zu können, niemals aufgrund der Hautfarbe Opfer von Polizeiwillkür zu werden oder sich und andere Menschen der eigenen Hautfarbe beim Aufschlagen einer Zeitung repräsentiert zu sehen. Auch die Möglichkeit, sich die meiste Zeit mit Menschen der eigenen Hautfarbe umgeben zu können, gilt in diesem Kontext als Privileg (vgl. zur Liste von Privilegien: McIntosh 2015).

Die Konsequenz, die aus einer Erkenntnis solcher Privilegien folgen soll, ist eine neue Form der Verantwortlichkeit und Rechenschaftspflicht. Nach dem Erkennen dieser Privilegien soll daran gearbeitet werden, diese zu verringern. Eine Möglichkeit ist die des «Rassenverrates». Weißsein sei erworben und könne demnach durch ein geändertes Verhalten zurückgenommen, also abgeschafft, werden. Als theoretische Grundlage für diese Form der Ent-Weißung dient die Annahme, dass Weißsein eben nicht die Widerspiegelung einer natürlichen ‹Rasse› ist, sondern eine Konstruktion und ein Verhalten. Dieser neue Abolitionismus zielt auf die Abschaffung der sozialen Konstruktion von Whiteness. «Rassenverrat» ist das gezielte Aufgeben weißer Privilegien, wie eine gezielte Illoyalität gegenüber Weißen (vgl. zu diesem Konzept Ignatiev 1996; Ignatiev/Garvey 1997).

CWS sprechen von weißen Räumen, in denen selbstverständlich nur die Bedürfnisse weißer Menschen berücksichtigt und marginalisierte Positionen ignoriert werden (vgl. Wachendorfer 2009). Eine der grundlegenden Annahmen ist also, dass weiße Menschen bereits durch ihre Hautfarbe am Rassismus partizipieren. Rassist/in ist demnach jede Person, die gesellschaftliche Macht besitzt – in einer weißen Mehrheitsgesellschaft sind das alle Weißen. Ganz ähnlich argumentiert Birgit Rommelspacher, wenn sie erklärt, dass nicht nur einzelne extrem Rechte zum Gegenstand der Rassismuskritik werden sollten, sondern die gesamte deutsche Gesellschaft: «Mit diesen Analysen [die sich nur auf extrem rechte Jugendliche beziehen, U.M.] wird der Blick verstellt, daß Rechte wie Linke, Konservative wie Liberale, Feministinnen wie Umweltschützer, Mächtige wie Machtlose rassistisch orientiert sind, wenn sie in dieser Gesellschaft aufgewachsen sind und nicht gelernt haben, sich bewußt davon zu distanzieren. Auf diese Tatsache zielt der Begriff der Dominanzkultur ab.» (Rommelspacher 1992: 81)

Die Vorstellung einer Gesellschaft, die ihre Mehrheit quasi strukturell rassistisch macht, hat viele Konsequenzen für die antirassistische Praxis. Auch die CWS fokussieren vor allem auf das Alltagserleben. Weiße fühlen sich in Deutschland, bewusst und unbewusst, als Norm. In Teilen sind die CWS vor allem eine Reflexions-Anleitung für weiße Personen und weniger eine Gesellschaftsanalyse. Sie fordern triftig ein, selbstkritisch zu fragen, an welchen Stellen eine weiße Person Vorteile aufgrund ihrer Hautfarbe genießt. Die CWS erwarten – von Personen, die sich antirassistisch verstehen – eine offensive Zurückweisung bewusst gemachter Privilegien. Die Reflektion und Dekonstruktion der Privilegien und Vorteile verbleibe als einzige Möglichkeit, antirassistisch zu sein. Zugleich ist mit dieser Bestimmung dessen, wer Rassist/in ist, im Umkehrschluss auch die Bestimmung dessen möglich, wer dies nicht sein kann. Nämlich die, die über keine gesellschaftliche Macht verfügen – in einer weißen Mehrheitsgesellschaft folglich People of Color. Betroffenheit von Rassismus bringt aus dieser Perspektive die antirassistische Haltung und Widerständigkeit automatisch hervor.

9.1.3 Identität, Kultur und Rassismus

Postkoloniale Theorien kritisieren einen traditionellen Kulturbegriff, der von abgrenzbaren, einheitlichen und authentischen Kulturen ausgeht. Sie wenden sich gegen ganzheitliche Gesellschaftsvorstellungen und zeigen, dass die Übergänge zwischen verschiedenen Identitäten komplex und widersprüchlich sind. Verschiedene postkoloniale Denker wie Frantz Fanon, Stuart Hall oder Homi Bhabha betonen mit Blick auf die koloniale Situation die wechselseitige kulturelle und identitäre Konstituierung von kolonialisierter und kolonialisierender Gesellschaft, wobei dieser wechselseitige Prozess natürlich nicht unter reziproken Bedingungen stattgefunden hat, sondern maßgeblich von der Macht der kolonisierenden Gesellschaften geprägt war. Ziel der Betonung der Wechselseitigkeit ist es zu zeigen, dass die Verhältnisse zwischen «politischen Sphären meist viel komplexer und widersprüchlicher sind» (Bhabha 1996: 346) als starre Grenzziehungen, wie sie beispielsweise zwischen ‹Orient› und ‹Okzident› behauptet werden. Der Rassismus – als eine von verschiedenen Möglichkeiten, kulturelle Differenz zu erzeugen – verschleiert durch Spaltung und Simplifizierung, «wie tief unsere Historien und Kulturen stets miteinander verflochten waren und sich gegenseitig durchdrungen haben, wie absolut nötig der Andere für unser eigenes Identitätsbewusstsein ist» (Hall 2018: 92f.).

Im Kontext von Migration ist zur Beschreibung dieser mehrschichtigen Identität der Begriff der hybriden Identität entstanden. Identität gilt in der Postmoderne als prinzipiell offen, unabgeschlossen und diskontinuierlich. Die Begriffe Identität und Kultur sind wichtige Austragungsorte für ein Verständnis (post-)kolonialer Verhältnisse und des Rassismus. In positiver Hinsicht beschreiben Identität und Kultur, ähnlich wie bei Hall, Konstruktionen, die handlungsleitend und handlungsermöglichend sind. Für den Migrationskontext leitet sich hieraus eine Sicht ab, in der Migranten/innen die Möglichkeit haben, einen krisenhaften Prozess wie den der Migration mit einer zu entwickelnden hybriden Identität verarbeiten zu können. Und dieser Identitätsbegriff bietet auch eine theoretische Chance für ein gewandeltes Identitätsverständnis der Mehrheitsgesellschaft. Die Betonung hybrider Identitäten wendet sich gegen Vorstellungen von reiner, unveränderlicher und kulturhomogener Identität. Homi Bhabha sieht deshalb die Wirkung der kolonialen Macht eher in der Produktion von Hybridität als in der lautstarken Führung kolonialistischer Autorität oder in der stillen Unterdrückung einheimischer Traditionen. Dieser wichtige Perspektivenwechsel, so Bhabha in *The Location of Culture* (2004 [1994]), ist eine Reaktion auf die Ambivalenz traditioneller Autoritätsdiskurse und ermöglicht eine Form der Subversion «founded on the undecidability that turns the dicursive conditions of dominance into the grounds of intervention» (2004: 160). Wohl nicht ganz zu Unrecht kritisiert Wolter dies als euphemistische Umdeutung kolonialer Unterdrückung und Gewalt zugunsten der Denkbarkeit von Subversion und Widerstand (2000: 101f.).

Tatsächlich zeichnet die Wahrnehmung der Mehrheitsgesellschaft ein ganz anderes Bild von Eingewanderten. Einwanderer/innen werden selten als kulturell hybrid, sondern als kulturell geschlossen wahrgenommen. Naika Foroutan weist darauf hin, dass häufig «scheinbar kulturelle ‹Einheiten›, die keine lokale Tangente haben», erst durch die permanente Thematisierung dieser angeblichen Einheit in Einwanderungsländern zu solchen Einheiten werden. Als Beispiel führt sie «migrantisch-muslimische Identitäten» an (Foroutan 2013: 85). Das ist die eine Seite des Identitäts- und Kulturverständnisses.

Wie sich nun aus dieser Sicht auf Kultur und Identität als diskontinuierlich und unabgeschlossen das wohl umstrittenste Konzept der CWS entwickeln konnte – die Kritik der Cultural Appropriation (kulturelle Aneignung) – das ist nur zu verstehen, wenn die andere Seite des postkolonialen Kulturverständnisses betrachtet wird. Dieses andere Kulturverständnis ist eng verbunden mit der Kolonialismuskritik am aufklärerischen Universalismus, der bereits von frühen Rassismuskritiken formuliert wurde. Als postkolonial gilt diesen Theorien die anhaltende kulturelle Hegemonie des Westens, die sich in der Dominanz seiner Ideen, Werte, seiner kulturellen Erzeugnisse und technischen Entwicklungen ausdrückt, die sich mit der kapitalistischen Moderne auch in anderen Gesellschaften verbreitet haben.

Wir können hier, wie schon bei der Betrachtung des Ethnopluralismus, eine außen- und eine innenpolitische Dimension des Kulturverständnisses erkennen: Im Inneren einer Gesellschaft werden Kultur und Identität als hybrid und offen, sich im Wandel befindend gesehen. Hybridität wird gegen einen rassistischen Blick der Vereinheitlichung und statischen kulturellen Zuordnung gesetzt. Außenpolitisch jedoch gilt die Vermischung, die Hybridisierung, die Offenheit der Einzelnen für vormals ‹fremde› kulturelle Praxen ihrerseits als rassistische Anmaßung. Gerahmt von der Annahme eines kulturimperialistischen Westens werden dann andere Kulturen als schützenswert behauptet. Als kulturimperialistisch und tendenziell rassistisch gilt den CWS darum die Übernahme fremder Kulturinhalte durch weiße, westliche Personen. Die amerikanische Anwältin und Rechtswissenschaftlerin Susan Scafidi, auf die sich viele Verfechter/innen des cultural appropriation-Konzeptes beziehen, unterscheidet verschiedene Formen geistigen Eigentums. «The nature of the intangible good varies among intellectual property, cultural products, and cultural property. In the case of cultural products and cultural property, the intangible good is the Volksgeist, or the self-imagination of a particular community. Intellectual property by contrast, protects an innovative idea in the form of a new invention or artistic creation.»[68] (Scafidi 2005: 50) Cultural appropriation betrifft die Übernah-

68 «Die Art des immateriellen Gutes variiert bei geistigem Eigentum, kulturellen Produkten oder kulturellem Eigentum. Bei Kulturprodukten und Kulturgütern ist das immaterielle Gut der Volksgeist* oder der Selbstentwurf einer bestimmten Gemeinschaft. Geistiges Eigentum hingegen

me von geistigem Eigentum, traditionellem Wissen, kulturellen Ausdrucksformen oder Artefakten aus der Kultur ohne Erlaubnis. Dies kann die unbefugte Nutzung von Tanz, Musik, Folklore, Kleidung, Sprache, Küche, traditioneller Medizin oder religiöser Symbole einer anderen Kultur sein. Als besonders schädlich gilt es, wenn es sich bei der ‹bestohlenen Kultur› um eine Minderheit handelt, die unterdrückt oder auf andere Weise ausgebeutet wurde, oder wenn das Objekt der Aneignung besonders empfindlich ist, weil es z.B. als heiliger Gegenstand verehrt wird (vgl. ebd.: 49, 94, 101, 137). Die Übernahme von Kulturinhalten, wie zum Beispiel das Verkleiden als ‹Indianer› beim Fasching, sei nicht nur stereotypisierend, sondern bereits rassistisch. Es gilt zudem als Akt des Privilegs, weil jemand, der/die den ‹exotischen Anderen› nur spielt, die Diskriminierung nicht erfährt, welche die authentischen Repräsentanten/innen dieser Kulturinhalte historisch oder gegenwärtig erfahren haben. Der Umstand, dass sich Kulturen gegenseitig durchdringen, wird in der Critical Whiteness-Bewegung als problematisch gesehen und zwar deshalb, weil diese Durchdringung mit Macht verbunden ist. Dies gilt insbesondere, wenn etwaige subversive Praktiken innerhalb einer weiß-dominierten Populärkultur angeeignet werden. Diese machtvolle Durchdringung verfestigt den inferioren Status der unterlegenen Kultur. Dieses Verständnis von kultureller Durchdringung führt allerdings zu einer Re-Essentialisierung von Kultur, so Jens Kastner (2016) – sie ist von jener Essentialisierung seitens der identitären Rechten bisweilen nur noch in den sprachlichen Codes, nicht aber in den Argumenten zu unterscheiden. In diesem Sinne argumentiert Marcus Latton, wenn er das Konzept der cultural appropriation als «Ethnopluralismus von links» kritisiert: «Der Diskurs über diese und andere Erscheinungen wird vornehmlich von Bloggern und Akademikern getragen, die sich selbst als Teil einer antirassistischen Öffentlichkeit verstehen. Ihr Kampf geriert sich emanzipativ. Ihre Sprache ist rechts. Hindurch schimmert der Geist eines Authentizitätsfetischismus und reaktionärer Ethnopluralismustheorien, in denen Kultur ein verletzliches System ethnisch klar definierbarer Menschengruppen darstellt.» (Latton 2016) Das einzelne Individuum kommt bei Kritiker/innen von kultureller Aneignung nur als Teil einer schützenswerten

schützt eine innovative Idee in Form einer neuen Erfindung oder einer künstlerischen Schöpfung.» (Scafidi 2005: 50; *dt. im Original)

Kultur vor, dem die Fähigkeit etwa eines selbstironischen oder distanzierten Umgangs mit kulturellen Gegenständen nicht zugesprochen wird (vgl. ebd.).

Dass sich aus dem hybriden Verständnis von Kultur (in Bezug auf Migration und Einwanderung), das von vielen postkolonialen Denker/innen immer noch vertreten wird, diese statische, wenig hybride Auffassung von Kultur gebildet hat, kann eine Ursache in der Identitätspolitik haben. Sie war und ist offen für einen «strategischen Essentialismus» (vgl. Dietze 2013: 481) in Gestalt politischer Bündnisse. Dass heißt, obwohl ein essentialistischer Kulturbegriff analytisch eigentlich abgelehnt wird, öffnet man sich politischer Praxis, die kulturelle Identität temporär essentialisiert. Ein zeitlich befristeter identitärer Zusammenschluss beispielsweise politischer PoC-Aktivisten/innen unter einem vereinigenden Label wie schwarz *kann* dann agieren, als wäre schwarz doch eine ‹Kultur› oder gar eine ‹Rasse›.

9.1.4 Kritik: Inhalte statt kollektive Identitäten

An keiner anderen Theorie über den Rassismus hat sich meines Wissens nach in den letzten Jahrzehnten eine so große und breit geführte Kontroverse innerhalb der Linken entzündet wie an den CWS. Zugleich haben viele ihrer Perspektiven durch Anti-Rassismus-Trainings Eingang in gesellschaftliche Institutionen wie Universitäten und Betriebe gefunden. Dennoch sind die Einwände zahlreich und zielen vor allem auf die politische Umsetzung der theoretischen Grundlagen der CWS. Ich möchte daher zunächst mit einigen auf die Theorie selbst bezogenen Kritikpunkten beginnen, bevor abschließend der Blick auf die politische Praxis gerichtet wird.

Ein zentraler Kritikpunkt ist die Entgrenzung des Rassismusbegriffs, der jede kulturalisierende Grenzziehung als Resultat eines europäischen Überlegenheitsdiskurses und damit als Rassismus denunziert. Sie nur als rassistisch wahrzunehmen, hieße Rassismus zu mystifizieren, ihn zu inflationieren und eine Ideologie selbst in antirassistischer Absicht zu ideologisieren. Ein entgrenzter Rassismusbegriff wird so gegen sich selbst immunisiert, er fasst Rassismus als eine gesellschaftliche Praxis, die ohnehin als nicht überwindbar scheint. Während die Ausweitung des Rassismusverständnisses auf eine radikale Kritik in

Form einer Sensibilisierung für die Allgegenwärtigkeit von Rassismus abhebt, zielt der nächste Kritikpunkt dagegen auf eine gleichzeitige Entradikalisierung der Kritik.

Kristisiert wird das Whiteness-Konzept v.a. dafür, dass es die strukturelle Dimension des Rassismus verkenne. Es sei kaum realistisch, dass sich allein durch sprachliche Willensbekundung rassistische Strukturen («Rassenverrat») aufbrechen lassen. Die Ausgangsbehauptung, dass mit den Whiteness-Studies die Subjekte des Rassismus in den Mittelpunkt der Forschung geraten, hieße im Umkehrschluss, dass andere Rassismuskritiken die Objekte des Rassismus – rassistisch Unterdrückten – betrachtet hätten. Ein solcher Fokus findet sich allerdings kaum. Die Subjekte des Rassismus werden in den CWS zu den Adressaten/innen der Kritik. Peggy McIntosh reflektiert in einem Essay über das Privileg ihrer weißen Hautfarbe (1998), wenn sie feststellt, dass ihre Hautfarbe bei jedem Schritt, den sie tat, ein Vorteil war. Erst, wenn Weiße einsehen, dass sie vom Rassismus profitieren, hätten sie Weißsein als ‹racial identity› verstanden (vgl. McIntosh 2015). Doch ist die Hautfarbe tatsächlich der Ungleichheit letzter Schluss? Die Verwandlung eines gesellschaftlichen Ortes in eine «racial identity» ist der Schluss vom Sozialen auf das vermeintlich Natürliche. Gesellschaftliche Ungleichheit wird so als Ausdruck von rassifizierter Zuschreibung gedeutet und Gesellschaft mit ihren verschiedenen Ungleichheitsphänomenen wird auf den (Haupt-)Widerspruch von schwarz und weiß reduziert. Die Fixierung der CWS auf voluntaristischen ‹Rassenverrat› verkennt die strukturelle Dimension des Rassismus. Allein durch einen Willensakt lassen sich rassistische Strukturen nicht aufheben. Mit der Zentrierung des Begriffs des Privilegs (der ja heute ohne das Attribut ‹ungerechtfertigt› nicht mehr zu denken ist) bricht sich ein Ethisch-Werden von Politik Bahn: Eine Versetzung von Sozialkritik in das Feld der Moral. Die Auseinandersetzung mit Rechtfertigungszusammenhängen (bzw. dem Fehlen von Rechtfertigung) und individualisiertem Verhalten geht zu Lasten der Analyse und Veränderung gesellschaftlicher Mechanik. Ob die mangelnde Selbstreflexion von als weiß Privilegierten im Hinblick auf eigene Privilegien (die sie eben nicht als solche wahrnehmen) wirklich gesellschaftlicher Grund für die rassistischen Privilegien ist, das wäre eigens erst zu zeigen – nicht nur Marxisten/innen sähen das deutlich anders. Denn der Kapitalismus lebt auch nicht in erster Linie deshalb fort, weil der Kapitalist nichts abgeben mag.

Schaut man auf die konkreten deutschen Politiken, scheint die Selbststilisierung als «race traitor» eher dem Distinktionsgewinn Weißer zu dienen als der Änderung eines Systems, in das rassistische Diskriminierung eingeschrieben ist (vgl. zu dieser Kritik auch Gerbing/Torenz 2006: 10). Hat es also Sinn, Privilegien zurückzuweisen? An der Wirkung der Zurückweisung von Privilegien darf gezweifelt werden, denn mit ihr kommen nicht automatisch diejenigen in den Genuss dieser Privilegien, denen sie bislang strukturell verwehrt waren[69]. Die Egalisierung nach unten ist immer eine Möglichkeit – eine schlechte. Die Zurückweisung kann überdies auch als paternalistischer oder symbolischer Akt gesehen werden, denn auch in der Zurückweisung sind natürlich die gleichen Machtverhältnisse wirksam, die dazu führen, dass jemand Privilegien hat und jemand anderes nicht. Wer es sich leisten kann zu sagen: «Ich will die Privilegien nicht, die du nicht hast», der spricht auch darin privilegiert – latent herablassend.

Zudem ist die Vorstellung, dass Schwarzsein die absolute Opposition gegen das System ist, eine romantische Verklärung. Der Schluss der CWS, dass Betroffenheit von Rassismus automatisch die antirassistische Haltung und Widerständigkeit bedingt, ist mehr als zweifelhaft. Zweifelsfrei erzwingen rassistische Erfahrungen Auseinandersetzung mit dem Rassismus. Und zweifelsfrei verdienen antirassistische Theorien, die diese Erfahrungen übergehen, nicht ihren Namen. Doch diese Erfahrung, rassistisch dominiert zu werden, bedingt weder automatisch eine progressive politische Überzeugung noch besondere Organe für die Erkenntnis des gesellschaftlichen Geschehens. Es ist aus meiner Sicht sogar entmündigend, Menschen das Label «progressiv» aufgrund von Diskriminierungserfahrungen aufzuzwingen. Dass Personen eigene rassistische, sexistische oder homophobe Erfahrungen gemacht haben, sagt nichts darüber aus, wie diese Personen umgekehrt über andere Diskriminierungen oder identitäre Zuschreibungen denken. «Ein Antirassismus, in dem nur diejenigen zu Wort kommen sollen, die als ‹Opfer› davon betroffen sind, reduziert den ganzen emanzipa-

69 Eine Institutionalisierung sozialer Praxen über Quotenregelungen ist m.E. ein vorläufiges Korrektiv, um der eingeschliffenen und routinierten Vergabe von beispielsweise Arbeitsplätzen wirkungsvoll entgegenzuarbeiten.

torischen Inhalt eines solchen Projekts auf eine Art Interessenvertretung oder sogar Generalversammlung eines Mainstreams der Minderheiten.» (Karakayali u.a. 2012: 6) Delegitimiert es Ausbeutungskritik, wenn sie nicht von direkt Betroffenen formuliert wurde? Die treffendsten Kritiken an Ausbeutung sind im 19. Jahrhundert bekanntlich auch nicht von Arbeiter/innen formuliert worden – diese Kritik überhaupt von ihnen zu erwarten, wäre eine Beschönigung der Verhältnisse, unter denen sie leben. Bei Adorno ist in der *Negativen Dialektik* eine solch düstere Dialektik in einem Satz formuliert, der frontal jeder CWS-Parteinahme widerspricht: «Kritik am Privileg wird zum Privileg: so dialektisch ist der Weltlauf.» (Adorno 1970a: 51) Ein Freibrief für Theoriebildung auf Basis unreflektierter Privilegien ist das nicht – sondern ein Imperativ zur schonungslosen Selbstkritik an der ausweglosen Verstrickung aller Kritik.

Schließlich: Wenn Weiße per se als Profiteure des Rassismus gelten, sie folglich einen langen Weg vor sich haben, um sich antirassistisch zu legitimieren – falls das überhaupt möglich sein sollte (da gehen die CW-Positionen auseinander) – dann können sie, dieser Logik folgend, auch nicht Rassismus kritisieren. Zu recht lässt sich vielen linken Gruppen eine mangelnde Repräsentation von Aktivisten/innen mit Rassismuserfahrungen vorwerfen. Ihr bescheidenes Interesse an der Aufarbeitung der NSU-Morde ist ein junges Beispiel für eine gewisse Ignoranz. Nichtsdestotrotz bleibt Anti-Rassismus eine Aufgabe nicht nur der von Rassismus negativ betroffenen Personen: Eine Kritik an gesellschaftlichen Verhältnissen kann die Folge persönlicher Erfahrungen sein, sie muss es aber nicht. Auch von Rassismus nicht negativ betroffene Menschen können ein aufrichtiges Interesse an einer emanzipierten Gesellschaft haben. Wenn die soziale Position mit der politischen Position eines Menschen mechanisch verbunden wird, ist das nicht nur extrem deterministisch, sondern auch konservativ. Gesellschaftliche Veränderung durch soziale Bewegung, und zwar als Emanzipation aus bloßen deterministischen Zwangsverhältnissen, ist dann gar nicht mehr denkbar.

Eine Theorie des Rassismus kommt ohne eine Analyse ökonomischer Konflikte nicht aus, denn ökonomische Konflikte gehen – wie schon W.E.B. Du Bois, Eric Williams oder Theodore W. Allen am Beispiel der Sklaverei gezeigt haben, dem Rassismus voraus. Eine elaborierte Sprachpolitik und formelhafte Bekenntnisse in Positionierungspraxen über sexuelle Ausrichtung, Einkommen, Bildung usw. greifen den Rassismus in seiner strukturellen Verankerung mit dem kapitalistischen System nicht an. Eleonora Roldán Mendívil und Bafta Sarbo argumentieren in einem Artikel der Zeitschrift *analyse & kritik*, dass zwar mit der Abschaffung des Kapitalismus nicht automatisch auch die tradierten rassistischen Bilder sofort verschwänden, aber «erst mit dem Überkommen kapitalistischer Produktionsverhältnisse haben wir eine historische Möglichkeit, rassistischen Ideologien die reale Grundlage zu entziehen» (Roldán Mendívil/Sarbo 2019: 22). Insbesondere Vivek Chibbers aktuelle Kritik an postkolonialen Ansätzen, insbesondere an den Subaltern Studies, fokussiert auf den Nachweis, dass diese «in systematischer Weise verkennen, wie der Kapitalismus funktioniert» (Chibber 2018: 357) und entsprechend zu falschen Ableitungen darüber gelangen, welchen Einfluss die Universalisierung des Kapitals auf die lokalen Kulturen hat. Chibber zeigt, dass der Kapitalismus eben nicht nur eine gewisse Homogenisierung fördert, sondern ebenso Differenz festigt und erzeugt (vgl. ebd.: 358). Damit schwächt er das zentrale Argument der Subaltern Studies gegen die universalistische Moderne und ihre angeblich zu kritisierenden homogenisierenden, sprich ‹verwestlichenden› Folgen.

Den schwerwiegendsten Einwand gegen die CWS jedoch stellt die Fortschreibung von ‹Farbgebungen› an Menschen dar, die in der antirassistischen Praxis häufig in eine autoritäre Identitätspolitik mündet. Die historischen Grenzziehungen zwischen schwarz und weiß – sprich rassistische Unterscheidungen – werden so nur fortgesetzt. Während es bei Miles noch als anti-rassistisch galt, Hautfarbe zu de-thematisieren, wird von den CWS gerade das Ausbleiben der Thematisierung der weißen Hautfarbe als rassistisch bezeichnet (vgl. zur Kritik am Widerstandsdiskurs, der sich an Hautfarben orientiert, Miles 2000: 19). Auch Stuart Hall, auf den sich die CWS positiv beziehen, kritisiert eine «Politik des Widerstandes gegen rassistische Klassifikationssysteme, [die] diskursiv so häufig auf genau die gleiche Weise verfährt wie das System, das sie kritisiert, nämlich unter Bezugnahme auf einen essentialisierenden Rassebegriff» (Hall 2018: 94).

Ein offenes Problem der CWS ist der Status einer weißen Hautfarbe für die Rassismusanalyse. Während einerseits die phänotypische Erscheinung von Menschen nicht mehr Ausgangspunkt der Analyse sein soll, so suggeriert gerade die Benennung nach der Farbe weiß das Gegenteil. Während einerseits überzeugend gezeigt werden kann, dass helle Haut und weiß als politische Kategorie historischen Umdeutungen unterliegen, so ist die völlige Loslösung der politischen Kategorie weiß von der Hautfarbe hell nicht überzeugend. Es wäre etwa zu bezweifeln, dass ein senegalesischer Topmanager in Deutschland jemals den Status des Weißseins im politischen Sinne erlangen könnte. Das Dilemma dieses theoretischen Ansatzes offenbart sich daher auch in der Schwierigkeit zu erfassen, wer nun eigentlich so genannter PoC ist und wer nicht. Ab welchem Gehalt/Lohn wird eine Person weiß, fragen folgerichtig Karakayali u.a. in ihrem Artikel *Decolorise it!* (2012: 6). Gewiss geht es hier um Selbstzuschreibungen politischer Subjektivitäten, um die Nutzung der Kategorien weiß und schwarz, nicht-schwarz und nicht-weiß als soziale Positionen. Aber wie die Praxis zeigt, stoßen auch solche angeeigneten Label mit Spekulationen, wie jemand «zu lesen ist», und absurden Selbstzuschreibungen als «gefühlt PoC/black» an ihre Grenzen. Dass so eine Deutung nicht dazu beitragen kann, rassistische Klassifikationen von schwarz und weiß abzuschaffen, liegt auf der Hand. Und es ist von der Theorie auch nicht gewollt. Dass sie vielmehr hilft, diese Kategorien zu verfestigen, ist ihr größtes Problem. Insbesondere die deutschen CWS sind vor das Problem gestellt, dass die Black Studies als Gegengewicht kaum vorhanden sind und so die Gefahr der Aufrechterhaltung von «Weiß-Sein» gerade auch vermittels seiner kritischen Thematisierung besteht (vgl. Dietrich 2007: 43). Vielfach entsteht der Eindruck, dass die deutsche Rezeption der CWS in ihren rein sprachlichen Bekenntnissen – als Offenlegung der eigenen Positioniertheit in einer Gesellschaft – hinter die Analysen älterer Rassismustheorien zurückfällt. Denn mehr als die institutionelle und alltagsweltliche Durchdringung rassistischer Bilder zu behaupten, passiert analytisch kaum. Karakayali u.a. gehen in ihrer Kritik sogar noch weiter, wenn sie schreiben, dass es in den CWS nicht darum geht, eine Auseinandersetzung über Dominanz, Privilegien, Ausschlüsse und politische Strategien zu führen, sondern dass es vor allem um Moralisierung und Denunziation geht (vgl. Karakayali u.a. 2012: 6). Sie zeigen darüber hinaus, dass die Motivationen für eine antirassistische Gesellschaft sehr vielfältig sein können und dass die Debatte vieler CW-Anhänger/innen «unpolitisch, moralisierend und in höchstem Grade destruktiv ist» (ebd.: 8).

10 Rassismus und Antirassismus im Widerstreit mit dem Universalismus

Der Rassismusbegriff bleibt wie kaum ein anderer umkämpft. Denn er ist emotional und moralisch aufgeladen und mit weitreichenden politischen Einschätzungen und Konsequenzen verbunden, die den Rassismus selbst meist gar nicht betreffen. Als Kern des Rassismus lässt sich dessen Legitimationsfunktion festhalten. «*Ideologie ist Rechtfertigung*» (Adorno 1972: 465; Herv.i.O.). Der Rassismus ist eine Ideologie, die *soziale Ungleichheit* rechtfertigt. Er soll über die Natur Kultur erklären und löst doch sogleich Kultur als sozial Hergestelltes ab, weil er diese naturalisiert. Nachfolgend werden die zentralen Fragen und Themen der Rassismusforschung zusammengetragen.

10.1 Zentrale Fragen und Themen der Rassismusforschung

(1) Ist es für die Rassismusanalyse zielführender, einen engen oder einen weiten Rassismusbegriff anzulegen? Hier gehen die Erklärungen des Rassismus in ihren Aussagen auseinander. Kulturgeschichtlich ist die in den Wissenschaften des 19. und 20. Jahrhunderts verbreitete Denkfigur, Menschen in ‹Rassen› einzuteilen, überholt. Dass aber Rassismus ein relevantes Problem unserer Gegenwartsgesellschaft ist, zeigt, dass man bei einem solch engen Rassismusbegriff nicht stehen bleiben kann. Weithin einig ist sich die Rassismusforschung darüber, dass Rassismus nicht mehr nur die Ausgrenzung und Abwertung von Menschen aufgrund somatischer/biologischer, sondern auch kultureller Merkmale ist. Rassismus spaltet die Menschheit in willkürlich festgelegte Gruppen, denen aufgrund äußerlicher und kultureller Merkmale bestimmte Eigenschaften zugeschrieben werden. Die so zugeschriebenen Eigenschaften gelten im jeweiligen Individuum als unveränderlich, ganz gleich, ob sich der Rassismus biologistisch oder kulturalistisch (Neo-Rassismus) begründet.

Die Enge und Weite betrifft aber auch die Frage nach der Ähnlichkeit des Rassismus zu anderen Ausgrenzungspraxen. Auch wenn es strukturelle Ähnlichkeiten und Bezugnahmen zwischen Sexismus und Rassismus gibt, so ist eine analytische Trennung beider Phänomene sinnvoll, um ihre Spezifka zu erfassen, historische Transformationen nachzuzeichnen und Ansatzpunkte für ihre Bekämpfung auszumachen. Anders als der Sexismus, der zwar ähnliche Legitimationsmuster verwendet, exkludieren rassistische Praxen die davon betroffenen Menschen stärker als sexistische. Im Sexismus bleiben Männer und Frauen Teil eines gesellschaftlichen Zusammenhangs und sind zumindest nach dem heutigen Stand der Technik zur Reproduktion aufeinander verwiesen. Der Reproduktionszusammenhang macht Kontrolle im Sexismus statt Ausschließung wie im Rassismus notwendig. Der Rassismus verschmilzt die Individuen zu einem homogen erscheinenden ‹Volk› und stellt so die Begründung dafür bereit, wer Partner/in zu Reproduktionszwecken werden sollte. Rassismus ist zudem viel stärker an kulturhistorische Entwicklungsnarrative geknüpft, die in Begriffen von Entwicklungsstufen, zeitlicher Abfolge von Entwicklung usw. operieren. Zwar unterstellt auch der Sexismus Frauen, dass sie nicht so rational wie Männer und eher wie Kinder seien (ein Diskurs, den auch der koloniale Rassismus hervorgebracht hat), aber sie werden auf einer vorgestellten zivilisatorischen Stufenleiter nicht als eine Stufe niedriger stehend beschrieben. Auch der Antisemitismus ist vom Rassismus in weiten Teilen verschieden. Der Antisemitismus wird vor allem als Welterklärung und der Rassismus als eine Herrschaftsform analysiert. Damit erfüllen beide nicht nur sozial, sondern auch psychisch, im ressentimentgeladenen Subjekt, unterschiedliche Funktionen.

(2) Es ist an der Zeit, zu der Frage nach dem stabilen Set von weitergereichten Charakteristika und Merkmalen des Rassismus zurückzukehren. Ausgangspunkt war die Frage am Ende des Abschnitts 3.2, welche stabilen Vorstellungen über die Zeit und in verschiedenen Formen des Rassismus auftauchen und wie sich diese alten (biologistisch argumentierenden) Vorstellungen in neuen Formen des Rassismus (Neo-Rassismus) einschreiben. Rassismus wandelt sich immer wieder in Abhängigkeit von verschiedenen Faktoren. Deshalb spricht die Rassismusforschung auch nicht von dem Rassismus, sondern von verschiedenen Rassismen, die sich hinsichtlich ihrer Entstehung, ihres Zusam-

menhangs mit gesellschaftlichen Machtverhältnissen und Konflikten, der daraus resultierenden Legitimationsgrundlagen sowie der Möglichkeiten der Kritik unterscheiden (vgl. Scherr 2017: 237). Dennoch ist es wichtig, nach den verbindenden Elementen verschiedener Formen des Rassismus zu fragen, die m.E. in folgenden Punkten zu finden sind: Rassismus konstruiert Gruppen, die sich kategorial unterscheiden. Diese Konstruktion erfolgt durch Rassifizierung oder Kulturalisierung. Die Individuen, die diesen Gruppen zugeschlagen werden, sind wesenhaft auf bestimmte Eigenschaften festgelegt, die in weitem Maße ihr Verhalten, ihren Intellekt und ihre Entwicklungsmöglichkeiten bestimmen würden. Diese Gruppen bilden die Grundlage für die Rechtfertigung sozialer Hierarchien, die sich beispielsweise in Vorteilen für die übergeordnete Gruppe in verschiedenen Bereichen des Alltags ausdrücken. Die Begründungen für soziale Ungleichheit muss der Rassismus beständig aktualisieren und an jeweils hegemoniale Diskurse anpassen. Ein Überschreiten der Gruppengrenzen ist nicht gewünscht und wird als bedrohlich empfunden (vgl. dazu ähnlich: Blumer 1958; Scherr 2017: 238). Mit dieser Bestimmung ist zunächst nur etwas über den allgemeinen Prozess der Beziehungen zwischen Gruppen gesagt.

(3) Welche Elemente muss eine Rassismustheorie haben? Eine Analyse des Rassismus bedarf über die Bestimmung der allgemeinen Konstanten rassistischer Gruppenkonstruktionen hinaus der historischen Rekonstruktion von Ausbeutungs-, Macht- und Herrschaftsmechanismen. Sie sollte die Verwertungslogik kapitalistischer Gegenwartsgesellschaften thematisieren und kritisieren. Rassistische Einstellungen werden zudem immer auch durch (sozial-)psychologische Prozesse vermittelt, die dazu führen, dass die Neigung zur rassifizierenden Vorstellung von der Gesellschaft nicht bei allen Mitgliedern gleich entwickelt ist. Mit Blick auf die verschiedenen Theorien, die hier besprochen wurden, sollte eine Theorie über den Rassismus aus meiner Sicht Antworten auf folgende Fragen finden: Wie ist die Gesellschaft, für die Aussagen zum Rassismus getroffen werden sollen, beschaffen (Gesellschaftsformation)? Wie richten die Momente des Gesellschaftlichen Individuen zu (*Subjektkonstitution*)? Wie *verbreitet sich* Rassismus: über Diskurse, Propaganda, Agitation, Ideologie usw.? Welche *Ebenen* des Rassismus können unterschieden werden (alltäglicher, institutioneller Rassismus)?

Wie kann Rassismus verändert werden? Wer sind die *Adressaten* der Rassismuskritik (Gesellschaft, Diskurse, Subjekte)? Kann die Kritik des Rassismus entsprechend dieser Überlegungen in eine *Herrschafts-/Machtkritik* einbezogen werden?

(4) Eine weitere zentrale Frage der Rassismusanalyse ist die, ob der Rassismus ein genuines Phänomen der kapitalistischen Moderne oder sein Vorkommen universell ist. Wenn der Kern des Rassismus in seiner Legitimationsfunktion besteht, dann hieße das, den Rassismus nicht nur als weiße, koloniale, imperiale Herrschaft zu beschreiben, sondern ihn zum Folgeproblem einer jeden modernen, an liberalen Werten orientierten Gesellschaft zu erklären, die reale Ungleichheit legitimieren oder eben verdecken muss. Rassismus wäre dann als allgemeines Macht- und Herrschaftsverhältnis auch in anderen Gesellschaften zu charakterisieren (z.B. Völkermord in Ruanda, Sklaverei in arabischen Staaten oder die Gewalt gegen die Chinesen während des zweiten Sino-Japanischen Krieges). Auch eine Perspektive, die den Rassismus in Fremdenfeindlichkeit als einen Wesenszug aller Menschen (Memmi) aufzulösen sucht, führt zu einer universellen Bestimmung des Rassismus. Ein Problem solcher Loslösung des Rassismus von seinen europäischen Ursprüngen ist die tendenzielle Relativierung der bislang einzigartigen Folgen von historischem Kolonialismus und Sklaverei. Grundsätzlich besteht die Problematik auch hier wieder als ein Problem in der Ausweitung des Rassismusbegriffes. Wenn alle irgendwie rassistisch sind, dann verliert sich die Spezifik dessen, was sinnvoll als Rassismus bezeichnet werden kann. Und dieser weite Begriff eignet sich dann wiederum dazu, zu entschuldigen und zu entlasten, getreu dem Motto: «Andere sind auch nicht besser!» Andererseits ist es angebracht, der Selbstbeschreibung von beispielsweise Islamisten kritisch gegenüberzustehen, wenn sie behaupten, dass Rassismus etwas dem Islam völlig Fremdes sei (vgl. zum Rassismus iranischer Islamisten: Webman 2010: 60; Mottaki 2006, zit. nach Wahdat-Hagh 2012: 118). Es mag sein, dass der Rassismus dem Islam fremd ist, aber den Islamisten sind Rassismus und Antisemitismus nicht fremd. An diese Überlegungen schließt sich die Frage an, ob es einen nicht-weißen Rassismus gibt. Miles trägt gegen die Annahme eines ausschließlich weißen Rassismus' vier Gründe vor: Erstens blieben Klassenteilungen unbeachtet, zweitens betont er, dass die Eigenlogiken des Kapitalismus (Effizienz, Rentabilität) nicht per

se nach Hautfarbe unterschieden, drittens sei die Beherrschung der ‹Schwarzen› durch die ‹Weißen› ein spezifisch historischer Fall und viertens verwische die Rede von Rassismus als Handlung weißer Menschen den Unterschied zwischen Überzeugung und Handlung, zwischen Intentionalität und Nicht-Intentionalität (Miles 1999: 74–83). Wir sehen allerdings an den meisten Fällen eines nicht-weißen Rassismus, dass dieser zumindest am europäischen Vorbild gelernt hat, aber dennoch auch in anderen, nicht-westlichen Gesellschaften sehr effektiv als Herrschaftsmittel funktionierte. Dass der Rassebegriff keineswegs exklusiv für den ‹exotischen Fremden› reserviert war, sondern ein überaus flexibles Konzept war, das zeigt dessen Anwendung auch im Landesinneren auf die Arbeitenden im Speziellen und andere Schichten (vgl. dazu Balibar 1998; Miles 2000). Theodore W. Allen hat darüber hinaus am Beispiel der Iren gezeigt, dass selbst Hautfarbe ein historisch variabler Bezugspunkt ist (Allen 1998).

Gegen einen weiten Rassismusbegriff lässt sich einwenden, dass die Entstehung des Rassismus und die Entwicklung von Rassentheorien auf die Durchsetzung der kapitalistischen Moderne zu datieren ist. Es schließt sich also die Frage an, inwieweit der Kapitalismus rassistische Spaltungen für sein Funktionieren braucht. Die Produktion von Mehrwert wie die Stabilisierung sozialer Hierarchien sind auf die Aneignung abstrakter Arbeit angewiesen. Rassistische (und andere soziale) Spaltungen sind, wie Chibber beschreibt, zum Vorteil für den Akkumulationsprozess. Sie müssen aber nicht erst durch ihn hervorgebracht werden, sondern werden oftmals bereits durch die Lohnabhängigen erzeugt, da ihr Eintritt in den Produktionsprozess sowie ihre Reproduktion entlang von ‹Ethnie› organisiert werde. Die steigende Automatisierung der Produktion in den kapitalistischen Zentren bringe eine Veränderung der Arbeitsteilung dahingehend mit sich, dass Produktionsprozesse mit einem hohen Arbeitskraftaufwand und stark begrenzten Rationalisierungsstrategien entweder aus den Zentren ausgegliedert oder vorrangig von migrantischen Lohnabhängigen ausgeführt werden. Deren Arbeitskraft kann beispielsweise aufgrund einer geringeren Repräsentanz in den Gewerkschaften und einer durch den strukturellen Rassismus bedingten, höheren außerökonomischen Gewalt günstiger gekauft werden (vgl. Chibber 2018: 157ff.). Die vergeschlechtlichen und rassifizierenden Spaltungen, die auf dem Arbeitsmarkt geeignet sind, den Lohn zu senken, sind also überaus vorteilhaft und erhaltenswert für den Kapitalismus. Andererseits ist das Kapital flexibel – es kann solche Spaltungen auch zurückweisen und sogar aufheben (Alle werden gleichermaßen den Zwängen der Lohnarbeit unterworfen). Wo es ihm dienlich ist, hat es Teil an der Politik gegen rassistische Spaltungen.

(5) Umstritten ist auch die Frage, ob dem Rassismus eine immanente Vernichtungslogik zu eigen ist. Die Antwort hängt von der Definition des Rassismus selbst ab. Wenn Rassismus vorrangig als eine *Herrschaftsform* verstanden wird, die soziale Ungleichheit legitimiert, dann wäre es in dieser eher funktionalen Sicht argumentativ wenig konsistent, eine Logik der Vernichtung zu behaupten. Anders argumentiert der Antisemitismus als *Welterklärung*. Dem Antisemitismus ist es möglich, die Vernichtung seiner Opfer zu fordern. Dennoch gibt es auch hier keinen zwingenden Schritt vom Wort zur Tat, weil neben der inneren Struktur von Antisemitismus und Rassismus auch deren jeweilige historische Formen und die konkreten gesellschaftlichen Umstände die Möglichkeit einer Eskalation hin zur Vernichtung beeinflussen.

(6) Daran schließt sich die Diskussion darum an, ob der Rassismus sinnvoll als Vorurteil zu beschreiben ist. In Kapitel 4 wurde dargelegt, dass der Vorurteilsbegriff analytisch begrenzt ist, weil er die Bedeutung der gesellschaftlichen Verhältnisse bei der Aufrechterhaltung des Rassismus nicht erklären kann und Rassismus in den Bereich des Kognitiven und Psychologischen verschiebt. Daher ist in Übereinstimmung mit vor allem materialistischen Ansätzen festzuhalten, dass der Rassismus nicht als Vorurteil, sondern als Ideologie zu charakterisieren ist, die ‹rassische› Differenz zum Zwecke der Verschleierung realer gesellschaftlicher Vorgänge und Spaltungen produziert und eine Naturalisierung sozialer Ungleichheit entlang von konstruierten ‹Rassen› und/oder als statisch angesehenen Kulturen betreibt. Ähnlich der Frage nach der adäquaten Charakterisierung des Rassismus als Vorurteil oder Ideologie stellt sich die Frage nach der analytischen Aussagekraft von so genannten Ersatzbegriffen, die sowohl in wissenschaftlichen und politischen Debatten wie im Alltagsdiskurs kursieren. Dazu zählen insbesondere Begriffe wie Ausländerfeindlichkeit und Fremdenfeindlichkeit (vgl. Kapitel 4). Und wir haben ebenfalls gesehen, dass der Rassismus auch als Diskurs oder als Teil eines Dispositivs untersucht

werden kann. Die Diskurstheorie weist die Vorstellung des Rassismus als Ideologie zurück. Der Maßstab objektiver Wirklichkeit wird extrem relativiert zugunsten eines in Diskursen geformten Wissens, zu dessen Teil auch rassistisches Wissen gehört.

(7) Diese Begriffsdiskussion – also die Bestimmung dessen, was wir als Rassismus bezeichnen – führt zu einer weiteren Fragestellung, nämlich der nach den voluntaristischen und deterministischen Anteilen der Analyse des Rassismus, sprich: Wie kann – wenn überhaupt – Rassismus kritisiert und abgeschafft werden (vgl. Kapitel 6–9)? Und an wen richtet sich die Kritik des Rassismus über die reine Analyse hinaus? Was ist der Hebel der Veränderung: die Gesellschaft oder das Subjekt? (vgl. Kapitel 9) Ist es die Gesellschaft, die in ihren Strukturen substantiell zu verändern ist oder reichen Reflexionen und Verhaltensänderungen des Subjekts aus, um Rassismus zu mindern oder abzuschaffen?

10.2 Kritik anti-universalistischer Rassismuskritiken

Neben diesen wichtigen Fragestellungen der Rassismusforschung taucht ein zentrales Gegensatzpaar in der Diskussion über den Rassismus und seine Kritik immer wieder auf: Universalismus – Partikularismus. Mit diesem Dualismus beschäftige ich mich abschließend in diesem Kapitel.

Das Verhältnis von Partikularismus und Universalismus im *Rassismus* lässt sich relativ klar formulieren. Der Rassismus ist eine partikularistische Ideologie, die aber im Kontext von Universalismen entstanden ist. Er bestreitet die Einheit der Menschheitsgattung und befürwortet in der Theorie und in der sozialen Praxis Spaltungen, Wertungen und Hierarchisierungen. Das betrifft auch den Neo-Rassismus, der sich durch einen ausgeprägten Ethnopluralismus begründet. Universalistisch ist der Rassismus einzig in seiner universalistischen Forderung nach Differenz. Jede/r wird einer ‹Rasse› oder ‹Kultur› oder einem ‹Volk› zugeschlagen, es kann gemäß der Logik des Rassismus niemanden geben, der/die als Subjekt ohne kollektiven Anschluss existiert. Universalismus meint hier lediglich überall vorkommend: Der Rassismus setzt die ubiquitäre Existenz von ‹Rassen› / unveränderlichen Kulturen weltweit voraus oder spannt die

‹Rassen›/‹Kulturen› in ein gemeinsames Entwicklungskontinuum ein.[70]

Deutlich komplizierter und kontroverser ist die Diskussion des *Anti-Rassismus* darüber, wie am sinnvollsten dem Rassismus zu begegnen sei. Denn die Antworten auf die partikularistischen Trennungen des Rassismus sind im Anti-Rassismus nicht einfach universalistische Forderungen und Utopien. Dass das nicht so ist, hängt mit den divergierenden Erklärungen zur Entstehung des Rassismus zusammen, derer sich der Anti-Rassismus bedient. In den letzten Kapiteln wurde immer wieder gezeigt, dass der moderne Rassismus mitsamt seinen Rassentheorien in der Zeit der aufklärerischen Moderne entstanden ist. Die Gleichzeitigkeit von Moderne und Rassismus, die freilich mehr als nur ein Zufall ist, wird in vielen Theorien zum Grund für eine grundsätzliche Zurückweisung von (westlicher) Aufklärung und Moderne mit ihren universalistischen Prämissen von Emanzipation, Individualismus und ihrem Freiheits- und Gleichheitsversprechen. Denn die gleiche Moderne, die diese Versprechen propagiert, ist es, die von Anbeginn Menschen von diesem Versprechen (z.B. Frauen, Sklaven) ausgeschlossen hat und die Ausbeutung, Versklavung und Unterdrückung als Herrschaftspraxen im globalen Weltmaßstab vorantrieb.

Ist es aber nicht analytisch zu unterkomplex, Aufklärung, Moderne, Kapitalismus und Rassismus als ein und denselben Bedingungszusammenhang zu erfassen? Detlev Claussen kritisiert bereits 1994 in seinem Buch *Was heißt Rassismus?* eine linke Perspektive, die Rassismus, Kolonialismus, Universalismus und Aufklärung in eins setzt. Rassismuskritik schrumpfe in diesen Kritiken zusammen auf eine «Generalabrechnung mit der Aufklärung als angeblicher Rechtfertigungsideologie imperialistischer Herrschaft» (Claussen 1994: 16), wo doch der Rassismus in der «gesellschaftsgeschichtlichen Wirklichkeit die Funktion hatte, antiuniversale Praktiken zu rechtfertigen» (ebd.: 16f.). Die strenge Ableitung des Rassismus aus der Aufklärung, die Claussen hier kritisiert, wird am problematischsten, wenn auch der Nationalsozialismus als Konsequenz der Moderne betrachtet wird. Wer den Nationalsozialismus nur als Fortsetzung der

70 Vgl. dazu die gegenläufige Interpretation Balibars, der diesen Umstand – des Universalismus im Rassismus – als Argument gegen einen positiven Bezug anti-rassistischer Politik auf universalistische Forderungen nimmt (vgl. Balibar 1991: 180f.).

Rassentheorien, die in der Zeit der Moderne entstanden sind, entschlüsselt und nicht als barbarischen Versuch versteht, die Widersprüche moderner Gesellschaften aufzuheben und sie in Eindeutigkeit zu überführen, spielt das Wesen des Nationalsozialismus zur geradezu logischen Steigerungsform der Aufklärung herunter. Dieses Missverständnis hat fatale Konsequenzen. Denn wie will man den Rassismus bekämpfen – so fragt Claussen in Anlehnung an Adorno – wenn man sich zur Aufklärung zweideutig verhält? Welchen Ansatzpunkt kann Rassismuskritik haben, wenn sie sich gegen den emanzipatorischen Grundgedanken einer (selbstreflektierten) Aufklärung stellt? Diese Umorientierung innerhalb der Linken von «universell begründbaren Paradigmen der Gesellschaftskritik [...] zugunsten kulturrelativistischer Argumentationen» (Wolter 2011), insbesondere in den heute sehr einflussreichen postkolonialen Theorien, führte zwar zu einem neuen Verständnis von Rassismus und neuen Möglichkeiten der Kritik insbesondere im Hinblick auf Sozialisation und Religion. Die Diskreditierung eines universellen Emanzipationsgedankens zugunsten kulturrelativistischer Positionen aber arbeitet eher den unverblümt ausgesprochenen Querfront-Bestrebungen neurechter Denker/innen zu als einer emanzipatorischen Veränderung der Gesellschaft.[71]

Will man die Moderne und ihre Rolle bei der Entstehung des Rassismus erklären, gilt es auch die verschiedenen Momente des Liberalismus zu begreifen. Wie Salzborn in einem Interview 2016 über Universalismus und Partikularismus mit der Zeitschrift *Freie Assoziation* darlegt, ist es nämlich eine fehlende Unterscheidung von politischem und ökonomischem Liberalismus, die häufig zu einer grundsätzlichen Ablehnung des Moderneprojektes führt. Der politische Liberalismus tritt als Versprechen von Freiheit und Gleichheit auf; der ökonomische Liberalismus tritt den meisten Menschen in Form von Kapitalismus, Kolonialismus und Imperialismus als Realität der Ausbeutung und Unterdrückung» (Salzborn 2016: 33) entgegen. Gewiss ist der politische Liberalismus von seiner ökonomischen Form bedingt und ist ohne diese nicht zu denken. Doch ist auch in seiner Unvollkommenheit dem «noch so kleine[n] Freiheitsversprechen» (ebd.: 35) der Vorzug vor der Regression im Kol-

71 An diese Kritik der gänzlichen Verwerfung von Aufklärung und Moderne schließt sich eine Kritik des sekundären Antisemitismus an (vgl. dazu im Detail: Salzborn 2018: 98–112).

lektiv zu geben. Es geht nicht darum, die Moderne kritiklos zu glorifizieren, sondern sie einerseits in ihrer Dialektik zu begreifen, d.h. sie als Voraussetzung für Mündigkeit, Wissen und Kritik zu verteidigen, und andererseits als Denken, das die Grundlage für die Ausbeutung, Versklavung und schließlich Rassifizierung von Menschen legte, zu kritisieren. Salzborn plädiert aufgrund der Dialektik der Aufklärung – also der Einsicht in ihre emanzipatorischen wie destruktiven Potentiale – für einen «negativen Universalismus», der hinter bestimmte Einsichten nicht zurückfallen dürfe. Das betrifft die Feststellung und das Eintreten für die «bedingungslose [...] Gleichheit von Menschen als Gattungswesen und den daraus resultierenden «gleichen Rechtsansprüchen für jedes Individuum als Subjekt» (ebd.: 37). Wolfgang Kersting versucht den Universalismus mit Bezug auf drei Grundbedürfnisse zu retten. Sein minimalistischer Universalismus betont, erstens eine präkulturelle Gemeinsamkeit des Menschengeschlechts (existenzrechtlich), zweitens ein fundamentales Lebens-, Erhaltungs- und Entwicklungsinteresse des Menschen (subsistenzrechtlich) und drittens das Bedürfnis nach Entfaltung von Talenten und Fähigkeiten (entwicklungsrechtlich) (vgl. Kersting 2001). Beide Universalismusvarianten suchen den Universalismus vom Vorwurf seiner herrschaftsförmigen Eingebundenheit zu befreien. Und beide steuern dem Verdacht entgegen, dass sich hinter dem Universalismus nur eine interessenorientierte Partikularität des Westens (universelle Geltung der Menschenrechte) tarne. Denn global betrachtet nutzen nicht nur Politiker/innen aus dem so genannten ‹Westen› herrschaftsförmige Situationen aus, um ihre Interessen durchzusetzen; Regime aller Couleur in verschiedenen Ländern ziehen sich in ihrer Zurückweisung der universell gültigen Menschenrechte auf die eigene, ‹schützenswerte Kultur› zurück – deren Ausdruck beispielsweise traditionelle Rollenbilder und Machtstrukturen sind. Die universell gültigen Menschenrechte sind der Versuch, Macht zu beschränken, also Partikularinteressen einzugrenzen.

Welche Konsequenzen lassen sich daraus für antirassistische Politiken ziehen? Ein reduzierter Universalismusbegriff formuliert Forderungen nach der prinzipiellen Gleichheit der Menschen – im Eingedenken an ihre unverwirklichte rechtliche und ökonomische Gleichheit. Er streitet für das emanzipierte Subjekt, dass nicht nur weiß, männlich ist und/oder nur in bestimmten Regionen der Welt vorkommt. Dass die modernen Ideen von Emanzipation und Aufklärung in privilegierten Verhältnissen entstanden sind, ist ein Argument gegen das Privileg – nicht aber gegen jene Ideen. Er reicht denen die Hand zur Emanzipation, die sie ergreifen möchten. Er ist nicht totalitär in seinen Gesten. Dieser Universalismus ist nicht blind für unterschiedliche Erfahrungen. Dazu zählen vor allem Unterdrückungs-, Gewalt- und Diskriminierungserfahrungen, die Menschen im Laufe ihres Lebens gemacht haben. Er reflektiert sich selbst und er hört den vom Rassismus betroffenen Menschen zu. Dieser Universalismus prüft seine Prämissen stets am konkreten gesellschaftlichen und historischen Fall. Er sucht nach versteckten Macht- und Herrschaftsambitionen, die sich in ihm selbst verstecken und ihn vorschieben, um Ungleichheiten zu legitimieren. Dieser Universalismus gibt der individuellen, nicht der kollektiven Verschiedenheit Raum. Er weist jede, auch vorläufige kollektive Zuschreibung zurück, die sich anders als politisch veränderlich und kontingent begründet. Dieser Universalismus ist damit auf der kleinsten Ebene – nämlich der des Subjekts – partikularistisch und macht sich niemals gemein mit reaktionären Kräften, nur um sich stärker zu machen. Doch der Universalismus kann nicht selbst handeln; er ist kein politischer Akteur, sondern ein Prinzip. Es liegt an den einzelnen Menschen, ihr politisches Handeln in Reflexion über die Dialektik der Aufklärung und die Fallstricke des Anti-Rassismus auszurichten.[72]

72 Mein Dank gilt Studierenden, Kollegen/innen und Freunden für die Diskussionen zum Gegenstand des Buches; aber vor allem danke ich Robert Kehl, Dennis Wutzke und Alexander Maschke für die intensive Kritik des Manuskripts.

Ausgewählte und kommentierte Literatur

Das vollständige Literaturverzeichnis steht zum Download auf **www.schmetterling-verlag** bereit.

Adorno, Theodor W. (1973 [1950]): Studien zum autoritären Charakter. Übersetzt von Milli Weinbrenner. Frankfurt am Main: Suhrkamp.
Die Studien sind ein Klassiker der Autoritarismusforschung, die bis heute weltweit rezipiert werden und u.a. zeigen, wie Autoritarismus als Container für verschiedene Ideologien fungiert.

Anderson, Benedict (1996 [1983]): Die Erfindung der Nation. Zur Karriere eines erfolgreichen Konzepts. Frankfurt am Main/ New York: Campus.
Andersons Buch war in den 1980er-Jahren eine bahnbrechende Perspektive auf den Konstruktionscharakter von Nation; Nation ist für Anderson eine «vorgestellte Gemeinschaft».

Autrata, Otger / Kaschuba, Gerrit / Leiprecht, Rudolf / Wolf, Cornelia (1989) (Hrsg.): Theorien über Rassismus. Eine Tübinger Veranstaltungsreihe. Hamburg: Argument.
Ein Sammelband, in dem vor allem aus materialistischer Perspektive gefragt wird, wie Rassismus Herrschaftsverhältnisse reproduziert und absichert.

Balibar, Etienne / Wallerstein, Immanuel (1998 [1990]): Rasse, Klasse, Nation. Ambivalente Identitäten. Hamburg: Argument.
Dieser Sammelband zweier neo-marxistischer Autoren untersucht die Entstehung und Bedeutung von Rassismus in Europa.

Decker, Oliver / Kiess, Johannes / Schuler, Julia / Handke, Barbara / Brähler, Elmar (2018) (Hrsg.): Flucht ins Autoritäre. Rechtsextreme Einstellungen in der Mitte der Gesellschaft. Die Leipziger Autoritarismus-Studie 2018. Gießen: Psychosozial.
Diese aktuelle Untersuchung zur Verbreitung des Autoritarismus in Deutschland knüpft konzeptionell an Adornos u.a. Studien zum autoritären Charakter an und sucht diese unter Einbeziehung gegenwärtiger gesellschaftlicher Entwicklungen zu aktualisieren.

Dietrich, Anette (2007): Weiße Weiblichkeiten. Konstruktionen von ‹Rasse› und Geschlecht im deutschen Kolonialismus. Bielefeld: Transcript.

Das Buch zeigt, welche Bedeutung der deutsche Kolonialismus für die deutsche Gesellschaft hatte und hat. Der Schwerpunkt liegt auf der Darstellung der Rolle deutscher Frauen in der Kolonialpolitik.

Du Bois, W.E.B. (2007 [1903]): The Souls of Black Folks. Edited with an Introduction and Notes by Brent Hayes Edwards. Oxford: University Press.

Das Buch stellt eine der frühesten Auseinandersetzungen mit der verhinderten Erlangung von Selbstbewusstsein schwarzer Menschen in einer rassistischen Gesellschaft dar.

Eribon, Didier (2016): Rückkehr nach Reims. Aus dem Französischen von Tobias Haberkorn. Berlin: Suhrkamp.

Diese autobiografisch angelegte soziologische Reflexion fragt nach den gesellschaftlichen Voraussetzungen des Aufstiegs des Front National in Frankreich.

Fanon, Frantz (2016 [1952]): Schwarze Haut, weiße Masken. Aus dem Französischen von Eva Moldenhauer. Berlin/ Wien: Turia + Kant.

In diesem Klassiker der postkolonialen Theorie wird gezeigt, wie Schwarze in kolonisierten Gesellschaften ihren Körper selbst einem rassifizierenden Blick unterwerfen und wie sich die rassistische Inferiorisierung auf die Psyche der Kolonisierten auswirkt.

Foucault, Michel (1976): In Verteidigung der Gesellschaft. Aus dem Französischen von Michaela Ott. Frankfurt am Main: Suhrkamp.

Dieses Buch enthält eine Sammlung von Vorlesungen zu verschiedenen Formen von Machtverhältnissen, die Foucault 1976 am Collège de France gehalten hat.

Wernsing, Susanne / Geulen, Christian / Vogel, Klaus (2019) (Hrsg.): Rassismus. Die Erfindung von Menschenrassen. Katalog zur gleichnamigen Ausstellung im Deutschen Hygiene-Museum, 19. Mai 2018 – 7. Januar 2019. Göttingen: Wallstein.

Der Sammelband enthält kurze Beiträge und Interviews zur Geschichte und Gegenwart des Rassedenkens sowie Auszüge aus Texten der Rassismustheorie.

Globisch, Claudia / Pufelska, Agnieszka / Weiß, Volker (2011) (Hrsg.): Die Dynamik der europäischen Rechten: Geschichte, Kontinuitäten und Wandel. Wiesbaden: VS.

In diesem Sammelband werden die national verschiedenen organisatorischen und ideologischen Traditionen der extremen Rechten in den Blick genommen und die daraus resultierenden Grenzen ihrer Vernetzung untereinander dargestellt.

Hall, Stuart (2018): Das verhängnisvolle Dreieck. Rasse, Ethnie, Nation. Berlin: Suhrkamp.

In dem posthum veröffentlichten Vorlesungen von 1994 legt Hall dar, wie Hautfarbe bis heute eingesetzt wird, um soziale Unterschiede zu rechtfertigten und wie es bspw. der schwarzen Bürgerrechtsbewegung über die Konstruktion politischer Identitäten gelang, Rassismus zu kritisieren.

Haug, Wolfgang-Fritz (1987): Die Faschisierung des bürgerlichen Subjekts. Die Ideologie der gesunden Normalität und die Ausrottungspolitiken im deutschen Faschismus. Materialanalysen. Berlin/Hamburg: Argument.

In diesem Buch analysiert Haug die Ausrottungspolitiken des deutschen Faschismus – die sich über Vernunft, Normalität, Gesundheit begründeten – aus einer ideologiekritischen Perspektive.

Horkheimer, Max / Adorno, Theodor W. (1997 [1944]): Dialektik der Aufklärung. In: Adorno, Theodor W.: Gesammelte Schriften, Band 3. Herausgegeben von Rolf Tiedemann. Frankfurt am Main: Suhrkamp.

In diesem Grundlagenwerk der Kritischen Theorie untersuchen die Autoren den Herrschaftscharakter von Vernunft bis in die Anfänge der Menschheitsgeschichte zurück. Dieses Buch enthält das für die Antisemitismusforschung bedeutsame Kapitel «Elemente des Antisemitismus».

Hund, Wulf D. (2017): Wie die Deutschen weiß wurden. Kleine (Heimat-) Geschichte des Rassismus. Stuttgart: J.B. Metzler.

Das Buch beleuchtet die Entwicklung speziell des deutschen Rassismus. Zentrale Themenfelder des Buches sind die Entwicklung des an Hautfarben orientierten Rassismus, Antisemitismus, Antiislamismus, Antislawismus, Antiziganismus und eugenisches Denken.

Klinger / Cornelia / Knapp, Gudrun-Axeli / Sauer, Birgit (2007) (Hrsg.): Achsen der Ungleichheit. Zum Verhältnis von Klasse, Geschlecht und Ethnizität. Frankfurt am Main/ New York: Campus.

Der Sammelband bestimmt die unterschiedlichen Relationen von Ungleichheit in den Dimensionen von Klasse, Geschlecht und Ethnizität und sucht diese Dimensionen in eine gesellschaftstheoretische Analyse einzubinden.

Löwenthal, Leo / Gutermann, Norbert (1982 [1949]): Falsche Propheten. Studien zur faschistischen Agitation. In: Ders.: Schriften. Band 3. Herausgegeben von Helmut Dubiel. Frankfurt am Main: Suhrkamp.

Diese Inhaltsanalysen von Reden und Schriften US-amerikanischer antisemitischer und faschistischer Agitatoren aus den 1940er-Jahren haben bis heute nicht an Aktualität eingebüßt. Die Untersuchung zeigt, wie der Agitator vorhandene Bewusstseinsstrukturen seiner Anhängerschaft verstärkt, statt wirkliche Gesellschaftskritik zu üben.

Melber, Henning (1992): Der Weißheit letzter Schluß. Rassismus und Kolonialismus. Frankfurt am Main: Brandes & Apsel.

In diesem Buch werden nicht nur die Hinterlassenschaften und Überreste des Kolonialismus dargestellt, sondern auch dessen ideologische Aktualisierungen heute.

Memmi, Albert (1992 [1982]): Rassismus. Frankfurt am Main: Anton Hain.

In diesem Buch hat Memmi seine bis heute sehr einflussreiche Definition von Rassismus in seinen biologistischen und kulturalistischen Dimensionen entwickelt.

Miles, Robert (1999 [1989]): Rassismus. Einführung in die Geschichte und Theorie eines Begriffs. Hamburg: Argument.

Miles gehört zu den bedeutendsten Rassismusforschern. In seinem Buch betont er den ideologischen Charakter von Rassismus und dessen Verwiesenheit auf eine vorgängige Rassenkonstruktion.

Morrison, Toni (1992 [1990]): Playing in the Dark. Whiteness and the Literary Imagination. Cambridge [u. a.]: Harvard University Press.

1990 hielt Morrison drei Vorträge an der Harvard University, die sie 1992 als Buch herausgab. Darin kritisiert sie u.a., dass Schwarze normalerweise durch die Linse der weißen Wahrnehmung repräsentiert sind, und sie zeigt, wie struktureller Rassismus auf den Ansprüchen von Weißen beruht.

Mosse, George L. (1993 [1978]): Die Geschichte des Rassismus in Europa. Frankfurt am Main: Fischer.

Mosse untersucht in seinem Buch den europäischen Rassismus und datiert dessen Entstehung in der Zeit der Aufklärung. Ein besonderes Augenmerk legt Mosse auf die Darstellung der Bedeutung von Schönheitsidealen der Aufklärung für die Entstehung rassischer Stereotypen im westlichen Europa.

Centre for Contemporary Cultural Studies (Hrsg.): The Empire Strikes Back. Race and Racism in 70s Britain. London [u. a.]: Hutchinson in Association with the Centre for Contemporary Cultural Studies of Birmingham.

Das Buch untersucht die Rolle von ‹Rasse› und Rassismus in der politischen Transformation Großbritanniens Ende der 1970er-Jahre. Es wird argumentiert, dass Großbritannien in eine langfristige politische und wirtschaftliche Krise geraten ist, die den Umgang mit ‹Rasse› und Nation veränderte.

Terkessidis, Mark (2004): Die Banalität des Rassismus. Migranten zweiter Generation entwickeln eine neue Perspektive. Bielefeld: Transcript.

In diesem Buch findet sich eine Auseinandersetzung mit den Begriffen Ausländerfeindlichkeit, Fremdenfeindlichkeit und Rassismus.

Der Autor untersucht deren theoretischen Gehalt und Gebrauch vor allem im wissenschaftlichen Bereich.

Weiß, Volker (2017): Die autoritäre Revolte. Die Neue Rechte und der Untergang des Abendlandes. Stuttgart: Klett-Cotta.
Das Buch beschreibt und analysiert neu-rechte Vorstellungen, deren historische Vorbilder und internationale Verknüpfungen.

Thorsten Mense:

Kritik des Nationalismus

Reihe: theorie.org

Kartoniert, 214 Seiten, 12,00 EUR,
3-89657-685-2

Bis heute herrscht in der Linken große Uneinigkeit über Nation und Nationalismus. Während in Deutschland «nationalistisch» mit rechtem Denken verbunden wird, gilt der Begriff in anderen Teilen der Welt als linke Selbstbezeichnung und antiimperialistische Strategie emanzipatorischer Kämpfe. Aber im Nationalismus steckte von Beginn an beides: Der Wunsch nach Emanzipation ebenso wie Gewalt und Ausgrenzung. Nationalismus führte sowohl zur Befreiung als auch zu Massenmord, zur kollektiven Einforderung gleicher Rechte als auch zur Verweigerung derselben Rechte gegenüber Anderen. Eine Kritik des Nationalismus muss jene Ambivalenz und Widersprüchlichkeit umfassen. Anhand der Geschichte des linken Nationalismus soll hier eine Kritik des Phänomens entwickelt werden, die all seinen Erscheinungsformen gerecht wird.

Dieser Band stellt kritische Nationalismus-Theorien verständlich und kompakt dar, erweitert sie und bringt die Kritik des Nationalismus auf den aktuellen Stand. Der Autor setzt Nationalismus als Ideologie in Zusammenhang mit der kapitalistischen Moderne und entwirft das Bild einer Kritischen Theorie der Nation. Darüber hinaus liefert er einen historischen Überblick revolutionärer nationaler und nationalistischer Bewegungen, beschreibt die Verschränkung von Emanzipation und Unterdrückung im Nationalismus und zeichnet die Debatten in der Linken zu Nation und Nationalismus von den Anfängen bis zur Gegenwart nach.

Das Buch zeigt die Grenzen nationaler Befreiung auf und fragt nach den Möglichkeiten antinationaler Kritik.

Thorsten Mense hat in seinem ausgezeichneten Buch zur «Kritik des Nationalismus» die wichtigsten Überlegungen über den Nationalismus zusammengetragen.
pro zukunft, 1/2018

Moritz Zeiler:

Materialistische Staatskritik

Eine Einführung

Reihe: theorie.org

Kartoniert, 200 Seiten, 12,00 EUR
ISBN 3-89657-671-2

Die Analysen des Staates gehen in der Linken weit auseinander. Das Spektrum der Interpretationen reicht von der Idealisierung bis zur Dämonisierung, von der Übernahme des Staates bis zu seiner Abschaffung. Während der Staat für die einen als Garant des Allgemeinwohls gilt, betrachten ihn andere als das Instrument der kapitalistischen Klassenherrschaft und wieder andere sehen in ihm das Terrain sozialer Kämpfe. In seiner Einführung präsentiert Moritz Zeiler die zentralen Thesen marxistischer Theorie zum Staat: Die fragmentarischen Überlegungen bei Marx und Engels, die instrumentelle Staatstheorie bei Lenin, die Hegemonietheorien des Westlichen Marxismus von Gramsci, Althusser und Poulantzas sowie die Analysen von Paschukanis zum Verhältnis von Warenform, Rechtsform und Staatsform und später daran anknüpfende Arbeiten von Agnoli, Hirsch, Holloway und anderen. Ebenso zeichnet das Buch die linken Debatten über das Verhältnis von Staat und Faschismus nach – geht aber auch auf libertäre Staatskritik, feministische Ansätze und aktuelle Herausforderungen ein.

*Erfreulich ist insbesondere, wie Moritz Zeiler die vorgestellten theoretischen Ansätze nicht bloß in klarer und zugänglicher Sprache weitgehend voraussetzungsfrei darstellt, sondern zumeist historisch situiert und inhaltlich plausibilisiert – und auch seine Leser*innen dazu auffordert, bei der Lektüre den historischen Kontext der jeweiligen Theorieproduktion und -rezeption mitzudenken, Argumente und Behauptungen auf die Gegenwart anzuwenden, zu aktualisieren, zu kritisieren, sie gegebenenfalls auch zurückzuweisen, selbst wenn sie in den Kanon der linken Gewissheiten eingegangen sein mögen. Das ist teils harte Arbeit. Aber subversiv im besten Sinne.*

Moritz Assall in «Forum Recht», 2/18

Mirja Keller / Lena Kögler /
Moritz Krawinkel /
Jan Schlemermeyer:

Antifa
Geschichte und Organisierung

Reihe: theorie.org

3., aktualisierte Auflage 2018
Kartoniert, 180 Seiten, 12,00 EUR,
ISBN 3-89657-696-8

In dem Buch, «Antifa – Geschichte und Organisierung» verfolgen die Autor_innen die Vorläufer, Theorien und Praktiken der linksradikalen Antifaschist_innen und erläutern konkret die Unterschiede und Gemeinsamkeiten der gegenwärtigen Ausprägungen, wie Antideutsche, Antinationale oder Bewegungslinke.

Den Leser_innen bietet sich mit diesem Buch die Möglichkeit, Erkenntnisse über bereits erarbeitete und verworfene Theorien sowie Erfolge und Niederlagen der Praxis zu sammeln, was gerade für die moderne, sich im stetigen Wandel befindliche radikale Antifa von großer Bedeutung ist.

Das Buch hilft dabei, Wissen um die eigene Geschichte zu erlangen, damit das Rad nicht immer neu erfunden werden muss. Stattdessen können die Leser_innen die Entwicklung einer gesellschaftlich wirksamen, emanzipatorischen Bewegung vorantreiben.

In die Geschichte antifaschistischer Strategien führt das Buch aus der Reihe theorie.org hervorragend ein. Von der Antifaschistischen Aktion von 1932 bis hin zu den Spaltungen der Antifa zwischen Bewegungslinken, Antideutschen und Antinationalen bietet der Band einen schönen Überblick über die Geschichte der Antifa-Bewegungen.
Jens Kastner in Bildpunkt.
Zeitschrift der IG Bildende Kunst, Nr. 42

schmetterling verlag

Andreas Peham:

Kritik des Antisemitismus

Reihe: theorie.org

200 Seiten, kartoniert, 12,00 EUR

ISBN 3-89657-689-5

Seit jeher helfen Juden mit den ihnen zugeschriebenen bösen Taten oder Absichten, das Unerklärliche erklärbar zu machen und Sinn zu stiften. Mit der antisemitischen Feindbildproduktion lässt sich insbesondere in Krisen- und Umbruchzeiten die Sehnsucht nach einfachen, klaren Antworten befriedigen.

Vor diesem Hintergrund bietet diese kritische Einführung umfassendes Basiswissen für das Verständnis des Antisemitismus und bettet es inhaltlich in den Kontext linken Denkens und emanzipatorischen Handelns ein.

Sie zeigt Geschichte, Formen, Inhalte und Bilder des Antisemitismus auf, angefangen von der Antike, über Christentum und Mittelalter sowie die bürgerliche Gesellschaft bis hin zu Nationalssozialismus und dem «Neuen Antisemitismus» der Postmoderne. Sie interessiert sich für Funktionen und Wirkungsweisen des Antisemitismus, der seine aktuellen Motive vor allem aus einer spezifischen Bearbeitung des Nationalsozialismus und des Nahostkonfliktes bezieht, zeigt dabei gängige Theorien auf und setzt sich mit Israelfeindschaft, Antizionismus, islamischem Antisemitismus sowie dem Verhältnis Geschlecht/Sexismus und Antisemitismus auseinander.

Schließlich werden Ansätze und Konzepte zur Bekämpfung des Antisemitismus sowie Grundzüge antisemitistischer Arbeit in unterschiedlichen Bereichen kritisch beleuchtet.

schmetterling verlag